蓝石律所商事犯罪系列丛书

金融犯罪裁判精编及实务要点

主　编　何胜文

副主编　邱　岳

中国商务出版社

·北京·

图书在版编目（CIP）数据

金融犯罪裁判精编及实务要点 / 何胜文主编；邱岳
副主编. -- 北京：中国商务出版社，2025.1. --（蓝
石律所商事犯罪系列丛书）. -- ISBN 978-7-5103-5570
-7

Ⅰ. D924.335

中国国家版本馆 CIP 数据核字第 2025E1N582 号

金融犯罪裁判精编及实务要点

主　编　何胜文

副主编　邱　岳

出版发行　中国商务出版社有限公司

地　　址：北京市东城区安定门外大街东后巷 28 号　　邮　编：100710

网　　址：http://www.cctpress.com

联系电话：010—64515150（发行部）　　010—64212247（总编室）

　　　　　010—64243656（事业部）　　010—64248236（印制部）

责任编辑：李自满

排　　版　北京天逸合文化有限公司

印　　刷　宝蕾元仁浩（天津）印刷有限公司

开　　本　710 毫米×1000 毫米　1/16

印　　张：15　　　　　　　　　字　　数：241 千字

版　　次：2025 年 1 月第 1 版　　印　　次：2025 年 1 月第 1 次印刷

书　　号：ISBN 978-7-5103-5570-7

定　　价：98.00 元

编　委　会

主　编　何胜文

副主编　邱　岳

参　编　王　盾　王　姝　邓亚兵
　　　　　田晓燕　杨　帆

序　言

金融，作为国家经济的核心与命脉，是行走的财富，也是风险的前哨，风险的累积突破刑法的界限便演变为金融犯罪。金融犯罪虽是风险的后端，却也是最具破坏性的一环，对金融系统乃至整个经济社会的稳定和发展有着不可估量的负面影响。

金融犯罪作为一种特殊的犯罪类型，与金融市场的繁荣相伴相生。随着互联网技术的进步，金融犯罪不再局限于传统的诈骗、盗窃等简单形式，而是借助金融自由化与科技进步的东风，不断演变出更为复杂、隐蔽且危害性大的新形态，具有专业性强、行业属性突出、犯罪主体多元化等特点。犯罪主体多熟悉金融业务，涉及银行、证券、期货、基金等金融领域，通常以合法合规的商业表象为掩护实施违法犯罪行为，为广大投资者、金融市场乃至国家安全带来风险，需要引起社会各界的重视和关注。

在社会大众的认知里，金融犯罪是一个熟悉且陌生的词汇。熟悉是因为有关金融犯罪的报道经常见诸报端，陌生是因为金融犯罪不会出现在日常生活中，离普通人的生活很遥远，但事实上，金融犯罪离我们并不遥远，而且就在我们身边。

P2P网络借贷平台与大额借款人共谋欺诈，应当认定为集资诈骗罪还是非法吸收公众存款罪；行为人逾期给银行还款属于骗取贷款罪还是一般商业纠纷；单位以虚假销售合同、真实抵押向银行贷款后又如期归还的行为应当如何认定；操纵证券、期货市场中的抢帽子交易、虚假申报交易、利用技术优势交易等如何认定……类似的金融犯罪案例可能已经或正发生在你我他身上，困扰着、羁绊着我们的工作和生活，也牵绊着辩护律师的案件准备和庭审应对。其对公安机关的侦查、检察机关的指控、法院的裁判尺度以及对法官内心确认的影响都是细微且潜移默化的，而表现在外部却是具体又复杂的过程。

金融刑事犯罪不仅是简单的个体对个体的侵害，其带来的不公平待遇、困难处境及突如其来的侵害还会导致企业或个体处于茫然无措的状态，这个过程是一种负面情绪的传递，更会对社会不特定群体造成心理预期上的伤害，使得经济环境处于不确定之中。因此，关注金融犯罪不仅是个人的投资需求，也不仅是企业规避风险的需要，而是整个行业、整个经济社会健康发展的迫切需要。金融领域刑事犯罪，需要也期盼着更多人的关心和关注。

我们由衷地期望，无论是奋战在金融行业一线的从业者，在日常工作中时刻面临着各种金融风险与诱惑的考验，需要通过这些真实案例提高自身的风险防范意识和合规操作水平；还是肩负着维护社会公平正义使命的法律工作者，在处理金融犯罪案件时能够从本书中获取更多的思路与启示，准确适用法律，严厉打击犯罪，为金融市场的健康发展保驾护航；亦或是在商科院校中努力学习金融知识、渴望未来在金融领域一展身手的莘莘学子，能够将这些案例作为生动而深刻的教材，提前了解金融犯罪的复杂性与严重性，树立正确的职业道德观和价值观；甚至是对金融世界充满好奇与关切的普通读者，也能从本书中获得深刻的启示与洞见，增强自身的金融素养和风险意识，在日常的金融投资与理财活动中保持清醒的头脑，避免陷入金融犯罪的陷阱。

面对金融领域的行业现状，长久以来，蓝石律所持续关注金融犯罪，承办了一系列金融领域刑事案件，部分案件被最高人民法院、最高人民检察院及多个行政机关、司法机构评选为经典案例。大量的诉讼经验沉淀为蓝石律所最稳固的精神内核，故编撰此书，以期与读者共飨。

本书精心遴选并深入剖析了一系列极具代表性的金融犯罪案例，每一个案例都是一个鲜活的故事。在每一个案例中，通过裁判文书原文，我们都将追溯犯罪的起源，探寻犯罪者隐藏在深处的心理动机；详细解析犯罪者所运用的复杂而隐蔽的手段，从虚假的财务操作到狡诈的信息操纵，从复杂的关联交易到跨境的资金转移，抽丝剥茧，走进案件真相。

　　通过还原这些金融犯罪典型案例，以案说法、释法说理。案例皆附有裁判文书原文，一目了然，通俗易懂，读者可追根溯源，深入研究学习。本书选编的案例部分来源于最高人民法院案例库，部分来源于最高人民法院、最高人民检察院发布的典型案例，少部分来源于省级人民法院发布的典型案例，具有很强的指导意义。

　　本书分为三个部分，金融诈骗领域、证券期货市场领域、金融职务犯罪领域。编写体例包括实务要点、基本案情、关联索引、法律法规、裁判文书五个部分，希望能通过鲜活的案例引起大家的兴趣和共鸣。编写本书的初心是期望通过金融犯罪案例与社会各界共商共讨，能为法律界同行带来借鉴，为金融企业家、金融单位带来启示与参考，共同维护金融市场安全。最后，欢迎各界同仁到北京市蓝石律师事务所参观交流，共同为金融领域刑事辩护贡献法治力量。

本书编委会

2024 年 12 月

CONTENTS

目 录

第一部分 金融诈骗类犯罪审查要素

一、集资诈骗罪

实务要点

1. 集资诈骗罪中非法占有目的的认定，既要审查被告人实施的行为是否符合相关司法解释明确列举的非法占有目的的情形，还要审查非法募集资金的去向。大额借款人假借或伪造署名单位及个人名义，通过虚构资金用途、发布虚假借款标的形式进行欺诈借款，募集的资金并未用于生产经营活动，而主要用于放贷、偿还银行贷款和个人债务、购买股权、个人购房等，后在无法归还借款时，仍继续通过虚构事实、隐瞒真相等形式，骗取集资参与人投资款用于归还前期借款本息，导致数额巨大的投资款不能返还。综合集资行为的真实性、募集资金的目的、资金去向、还款能力等，上述大额借款人使用诈骗方法非法集资的行为应认定具有非法占有的目的。

2. P2P 网络借贷平台与大额借款人共谋的认定，应注意审查公司实际控制人、高管等对大额借款人发布虚假借款标的进行欺诈借款是否明知。公司实际控制人、高管明知某平台不具备盈利能力，大额借款人亦长期、反复借新还旧，客观上不可能归还逐渐累积的借款利息，非法募集的资金链必然会断裂，却仍然伙同上述大额借款人在平台上虚构借款人的信息、发布虚假标的进行欺诈借款的。公司实际控制人、高管在金融监管机构发出整改意见后，使用虚假公司借款代替虚假个人借款进行虚假整改，在后期出现大额借款人怠于借新还旧时，又主动帮助发布虚假标的进行借新还旧，不断扩大借款范围的。以上两种情况主观上均有基于骗取投资人钱款的故意，客观上实施了以诈骗方法非法集资的行为，应认定为与大额借款人共谋实施集资诈骗犯罪。

3. P2P 网络借贷平台与大额借款人共谋集资诈骗犯罪中，主犯的认定应当从犯意提起、在犯罪中所处地位、实际参与程度、对危害后果的影响、对非法募集资金的控制使用等方面进行综合审查。公司实际控制人策划、组织、领导集资诈骗犯罪活动，高层管理人员、客户经理分别参与公司决策、负责非法集资关键环节的工作，公司实际控制人、高管、骨干成员与对应的大额借款人各司其职、互相配合，在集资诈骗犯罪中起重要作用，均应认定为主犯。

案例：P2P 网络借贷平台与大额借款人共谋欺诈借款的认定——新疆某财富金融信息服务有限公司非法吸收公众存款案

基本案情

被告人李某甲为向社会融资，与被告人张某丙、陈某甲、桑某等人，于 2014 年 12 月 17 日成立新疆某财富金融信息服务有限公司（以下简称"新疆某某公司"）。新疆某某公司在未经有关部门批准从事金融业务的情况下，于 2015 年 2 月委托制作网站平台（以下简称"某某平台"）并上线运营。新疆某某公司于 2016 年至 2017 年先后成立并实际控制了 9 家子公司。新疆某某公司违反国家金融管理法律规定，通过网络、微信公众号、App 等途径向社会公开宣传，由新疆某某公司及 9 家子公司分别在各自负责区域收集有资金需求的借款人资料，并在某某平台发布借款标的公告，以承诺高息（10.8%~15% 不等的年化利率）为诱饵，向社会不特定群体募集资金。被告人赵某、张某丙、陈某甲、桑某、韩某甲、被告单位乌鲁木齐某某咨询管理有限公司等大额借款人，以他人名义或他人公司名义在某某平台发布虚假借款标的，在无法归还借款时，继续发布虚假标的进行借新还旧。为控制后期虚假标的所募集资金用于归还之前借款，新疆某某公司通过委托收款方式，将募集资金存至公司员工或其他关联人员银行卡中，为公司设立资金池。经审计，新疆某某公司及其实际控制的 9 家子公司在 2014 年 12 月 17 日至案发，通过某某平台非法募集资金累计人民币 351319 万余元，造成集资参与人损失 47783 万余元。

2014 年 12 月至 2017 年 7 月 28 日，被告人李某甲为新疆某某公司实际控制人；2017 年 7 月 29 日至案发，被告人张某甲为新疆某某公司法定代表人、实际控制人（2014 年 12 月起担任新疆某某公司总经理）。被告人王某甲、张某丙、郭某分别担任新疆某某公司信贷风控部总监、市场部总监、运营部总监，分别负责借款人资质审核、发标、催收业务、宣传推广、客户服务、网站运营维护、数据整理、对接存管方等工作。被告人王某丙、张某丁、白某青分别担任相关大额借款人的客户经理，负责上述大额借款人的建标、发标、催收及维护等工作。被告人韩某甲于 2015 年 6 月入职新疆某某公司市场部，2016 年 4 月任石河子市某某公司法定代表人、总经理。

新疆维吾尔自治区乌鲁木齐市中级人民法院于 2022 年 12 月 24 日以（2021）新 01 刑初 26 号刑事判决，认定被告单位乌鲁木齐某某咨询管理有限公司犯非法吸收公众存款罪，判处罚金人民币五十万元；被告人张某甲犯集资诈骗罪，判处有期徒刑十五年，并处罚金人民币五十万元，犯非法吸收公众存款罪，判处有期徒刑九年，并处罚金人民币五十万元，决定执行有期徒刑十八年，并处罚金人民币一百万元。（其他被告人略）在案扣押、冻结款项分别按比例发还集资参与人。在案查封、扣押的房产、车辆、股权、物品等变价后分别按比例发还集资参与人，不足部分责令本案被告单位、被告人继续退赔并按照同等原则分别发还。

宣判后，被告人张某甲、李某甲、赵某、王某甲、张某丙、陈某甲、张某乙、郭某不服，提出上诉。新疆维吾尔自治区高级人民法院于 2023 年 7 月 14 日作出（2023）新刑终 8 号刑事判决：一、维持新疆维吾尔自治区乌鲁木齐市中级人民法院（2021）新 01 刑初 26 号刑事判决第十五项，即在案扣押、冻结款项分别按比例发还集资参与人；在案查封、扣押的房产、车辆、股权、物品等变价后分别按比例发还集资参与人，不足部分责令本案被告单位、被告人继续退赔并按照同等原则分别发还。二、撤销新疆维吾尔自治区乌鲁木齐市中级人民法院（2021）新 01 刑初 26 号刑事判决第一项至第十四项关于各原审被告单位、原审被告人定罪量刑部分。

三、各原审被告单位、原审被告人均犯集资诈骗罪，并判处相应有期徒刑及罚金。

法律依据

《中华人民共和国刑法》

第一百七十六条　【非法吸收公众存款罪】非法吸收公众存款或者变相吸收公众存款，扰乱金融秩序的，处三年以下有期徒刑或者拘役，并处或者单处罚金；数额巨大或者有其他严重情节的，处三年以上十年以下有期徒刑，并处罚金；数额特别巨大或者有其他特别严重情节的，处十年以上有期徒刑，并处罚金。

单位犯前款罪的，对单位判处罚金，并对其直接负责的主管人员和其他直接责任人员，依照前款的规定处罚。

有前两款行为，在提起公诉前积极退赃退赔，减少损害结果发生的，可以从轻或者减轻处罚。

第一百九十二条　【集资诈骗罪】以非法占有为目的，使用诈骗方法非法集资，数额较大的，处三年以上七年以下有期徒刑，并处罚金；数额巨大或者有其他严重情节的，处七年以上有期徒刑或者无期徒刑，并处罚金或者没收财产。

单位犯前款罪的，对单位判处罚金，并对其直接负责的主管人员和其他直接责任人员，依照前款的规定处罚。

《最高人民法院关于审理非法集资刑事案件具体应用法律若干问题的解释》

第七条　以非法占有为目的，使用诈骗方法实施本解释第二条规定所列行为的，应当依照刑法第一百九十二条的规定，以集资诈骗罪定罪处罚。

使用诈骗方法非法集资，具有下列情形之一的，可以认定为"以非法占有为目的"：

（一）集资后不用于生产经营活动或者用于生产经营活动与筹集资金规模明显不成比例，致使集资款不能返还的；

（二）肆意挥霍集资款，致使集资款不能返还的；

（三）携带集资款逃匿的；

（四）将集资款用于违法犯罪活动的；

（五）抽逃、转移资金、隐匿财产，逃避返还资金的；

（六）隐匿、销毁账目，或者搞假破产、假倒闭，逃避返还资金的；

（七）拒不交代资金去向，逃避返还资金的；

（八）其他可以认定非法占有目的的情形。

集资诈骗罪中的非法占有目的，应当区分情形进行具体认定。行为人部分非法集资行为具有非法占有目的的，对该部分非法集资行为所涉集资款以集资诈骗罪定罪处罚；非法集资共同犯罪中部分行为人具有非法占有目的，其他行为人没有非法占有集资款的共同故意和行为的，对具有非法占有目的的行为人以集资诈骗罪定罪处罚。

关联索引

最高人民法院案例库案例

裁判文书

新疆维吾尔自治区高级人民法院
刑 事 判 决 书
（2023）新刑终 8 号

原公诉机关，新疆维吾尔自治区乌鲁木齐市人民检察院。

上诉人（原审被告人）张某甲，男，1974 年 1 月 14 日出生，大学本科文化，新疆某某金融信息服务有限公司法定代表人、总经理，住乌鲁木齐市经济技术开发区。2020 年 3 月 11 日被刑事拘留，同年 4 月 17 日被逮捕。现羁押于乌鲁木齐市第一看守所。

辩护人曹宏，新疆北方律师事务所律师。

辩护人王辉，新疆北方律师事务所律师。

上诉人（原审被告人）李某甲，女，1965 年 4 月 2 日出生，硕士研究生文化，乌鲁木齐某某咨询管理有限公司实际控制人、新疆某某金融信息服务有限公司前任实际控制人，住乌鲁木齐市水磨沟区。2020 年 3 月 11日被刑事拘留，同年 4 月 17 日被逮捕。现羁押于乌鲁木齐市第三看守所。

辩护人徐淳，新疆梦维律师事务所律师。

上诉人（原审被告人）赵某，男，1962 年 9 月 26 日出生，初中文化，新疆某某节能设备有限公司法定代表人、新疆某某金融信息服务有限公司前任法定代表人、董事长，住乌鲁木齐市天山区。2020 年 3 月 11 日被刑事拘留，同年 4 月 17 日被逮捕，2021 年 6 月 8 日被取保候审，2022 年 4 月 27 日被监视居住，2023 年 1 月 5 日被乌鲁木齐市中级人民法院逮捕。现羁押于乌鲁木齐市第一看守所。

指定辩护人李文辉，新疆天阳律师事务所律师。

上诉人（原审被告人）王某甲，男，1977 年 5 月 20 日出生，大学本科文化，新疆某某金融信息服务有限公司股东、风控部总监，住乌鲁木齐市经济技术开发区。2020 年 3 月 11 日被刑事拘留，同年 4 月 17 日被逮捕。现羁押于乌鲁木齐市第一看守所。

辩护人高文彬，新疆北方律师事务所律师。

上诉人（原审被告人）张某乙，女，1973 年 3 月 29 日出生，硕士研究生文化，新疆某某金融信息服务有限公司股东，住乌鲁木齐市天山区。2020 年 3 月 18 日被取保候审，2022 年 4 月 27 日被监视居住，2023 年 1 月 5 日被乌鲁木齐市中级人民法院逮捕。现羁押于乌鲁木齐市第三看守所。

辩护人肖翠平，新疆鼎卓律师事务所律师。

上诉人（原审被告人）陈某甲，女，1968 年 9 月 16 日出生，中专文化，新疆某某投资有限公司法定代表人，住乌鲁木齐市沙依巴克区。2020 年 3 月 18 日被取保候审，2022 年 4 月 27 日被监视居住，2023 年 1 月 5 日被乌鲁木齐市中级人民法院逮捕。现羁押于乌鲁木齐市第三看守所。

辩护人潘建军，新疆星河律师事务所律师。

上诉人（原审被告人）张某丙，男，1973 年 7 月 1 日出生，大学专科文化，新疆某某金融信息服务有限公司股东、市场部总监，住乌鲁木齐市头屯河区。2020 年 10 月 5 日被取保候审，2022 年 4 月 27 日被监视居住，2023 年 1 月 5 日被乌鲁木齐市中级人民法院逮捕。现羁押于乌鲁木齐市第一看守所。

辩护人雪军印，北京乾坤（乌鲁木齐）律师事务所律师。

上诉人（原审被告人）郭某，男，1980 年 12 月 16 日出生，大学专科文化，新疆某某金融信息服务有限公司隐名股东、运营部总监，住乌鲁木齐市头屯河区。2020 年 10 月 5 日被取保候审，2022 年 4 月 27 日被监视居住，2023 年 1 月 5 日被乌鲁木齐市中级人民法院逮捕。现羁押于乌鲁木齐市第一看守所。

辩护人裴斐，新疆梦维律师事务所律师。

原审被告单位乌鲁木齐某某咨询管理有限公司（原名称为乌鲁木齐某某小额贷款有限公司），住所地乌鲁木齐经济技术开发区。

法定代表人：王某乙。

原审被告人桑某，女，1973 年 6 月 17 日出生，硕士研究生文化，住乌鲁木齐市水磨沟区。2020 年 3 月 17 日被取保候审，2022 年 4 月 27 日被监视居住。

原审被告人王某丙，男，1991 年 2 月 18 日出生，大学专科文化，新疆某某金融信息服务有限公司客户经理，住乌鲁木齐市沙依巴克区。2020 年 3 月 11 日被刑事拘留，2020 年 4 月 9 日被取保候审，2022 年 4 月 27 日被监视居住。

原审被告人张某丁，男，1992 年 6 月 10 日出生，大学本科文化，新疆某某金融信息服务有限公司客户经理，住乌鲁木齐市头屯河区。2020 年 3 月 11 日被刑事拘留，2020 年 4 月 9 日被取保候审，2022 年 4 月 27 日被监视居住。

原审被告人白某青，男，1990 年 1 月 25 日出生，大学本科文化，新疆某某金融信息服务有限公司客户经理，住乌鲁木齐市。2020 年 10 月 12 日被取保候审，2022 年 4 月 27 日被监视居住。

原审被告人韩某甲，男，1986 年 3 月 12 日出生，大学本科文化，石河子市某某互联网信息服务有限公司负责人，住乌鲁木齐市水磨沟区。2020 年 9 月 30 日被取保候审，2022 年 4 月 27 日被监视居住。2023 年 1 月 5 日被乌鲁木齐市中级人民法院逮捕。现羁押于乌鲁木齐市第一看守所。

新疆维吾尔自治区乌鲁木齐市中级人民法院审理乌鲁木齐市人民检察院指控原审被告人张某甲犯非法吸收公众存款罪、集资诈骗罪、原审被告单位乌鲁木齐某某咨询管理有限公司、原审被告人李某甲、赵某、王某甲、张某乙、陈某甲、桑某、张某丙、郭某、王某丙、张某丁、白某青、韩某甲犯非法吸收公众存款罪一案，于 2022 年 12 月 24 日作出（2021）新 01 刑初 26 号刑事判决。宣判后，张某甲、李某甲、赵某、王某甲、张某乙、陈某甲、张某丙、郭某不服，提出上诉。本院依法组成合议庭，经过阅卷、依法讯问被告人、听取辩护人意见，认为本案不属于依法应当开庭审理的案件，决定不开庭审理。本院审理过程中，张某甲、王某甲、陈某甲申请撤回上诉。现已审理终结。

原判认定：

（一）非法吸收公众存款事实

被告人李某甲为向社会融资，联系被告人张某乙、陈某甲、桑某等人，于2014年12月17日发起成立新疆某某金融信息服务有限公司（以下简称"新疆某某公司"）；2014年12月17日至2017年7月28日，新疆某某公司法定代表人及董事长为被告人赵某，2017年7月29日至案发，新疆某某公司法定代表人为被告人张某甲（2015年至案发任新疆某某公司总经理）。新疆某某公司于2015年2月在互联网上线"某某平台"，开展互联网P2P借款业务，该公司未经有关部门依法批准，通过网络、微信公众号、APP等途径向社会公开宣传，鼓励会员推荐并设奖励，由新疆某某公司及九家子公司分别在各自负责区域收集有资金需求的借款人资料，新疆某某公司根据借款人资料在"某某平台"发布借款标的公告，承诺高息作为回报，由新疆某某公司及九家子公司公开吸纳社会不特定群体通过"某某平台"认购借款标的，新疆某某公司对借款人收取一定比例的服务费，收取到的服务费按照各区域借款人借款金额和投资人实际认购标的金额的一定比例进行分配。新疆某某公司及其关联方等，使用他人或企业资料在"某某平台"滚动发布虚假借款标的，在实际借款人无法归还借款时，又允许实际借款人继续发布虚假标的借新还旧，为了控制借新还旧所发布的虚假标的融资款能够用于借新还旧等目的，新疆某某公司将存管账户资金通过委托支付等方式，利用员工等内部人员或其他关联人员个人银行卡为公司设立资金池进行资金沉淀。新疆某某公司及九家子公司在2014年12月17日至2020年3月10日间通过"某某平台"发借款标的12281只，吸纳投资人17159人，共计351319万余元。产生未结清标的677只，未结清标的投资金额计47783万余元（未结清投资人2020人）。

新疆某某公司自2014年12月17日至2020年3月10日间在各地区直接吸纳投资人5909人，共计274148万余元。赵某任法定代表人期间

（2014年12月17日至2017年7月28日间）发标的7295只，吸纳投资人4792人，计154182万余元。张某甲任法定代表人期间（2017年7月29日至2020年3月10日间）发标的4172只，吸纳投资人1117人，计119965万余元。新疆某某公司使用其他企业的营业执照等资料，在"某某平台"发借款标的19只，标的金额共计1810万元。新疆某某公司将取得的借款资金，投入"某某平台"用于回购未结清债权。

被告单位乌鲁木齐某某咨询管理公司，自2014年12月17日至2020年3月10日间通过"某某平台"发标的402只，累计借款金额40700万元。采用借新还旧滚动模式形成未结清标的29只，涉及投资人666人，计2900万元。在平台所吸资金用于乌鲁木齐某某咨询管理公司使用。被告人李某甲系该实际控制人及新疆某某公司股东、实际控制人（被告人张某甲实际控制之前）。

被告人赵某自2014年12月17日至2015年7月28日间任新疆某某公司法定代表人，期间发标的7295只，吸纳投资人4792人，计154182万余元，其实际控制的新疆某某节能设备有限公司曾系新疆某某公司法人股东。赵某自2014年12月17日至2020年3月10日间用他人或其他公司的资料通过"某某平台"发标的301只，累计借款金额计27920万元。采用借新还旧模式滚动借款，最终形成未结清标的41只，涉及投资人698人，计3460万元。赵某在平台非吸得资金用于出借给他人等。

被告人张某乙系新疆某某公司股东，自2014年12月17日至2020年3月10日间通过"某某平台"发标的113只，共计11000万元。采用借新还旧滚动模式形成未结清标的14只，涉及投资人374人，计1160万元。张某乙在平台非吸得资金用于购买某某小贷公司股权等。

被告人陈某甲系五家渠市某某小额贷款有限公司法定代表人、新疆某某投资有限公司原股东，新疆某某投资有限公司系新疆某某公司法人股东。陈某甲自2014年12月17日至2020年3月10日间通过"某某平台"发标的238只，共计22910万元。采用借新还旧滚动模式形成未结清标的16只，涉及投资人417人，计1600万元。陈某甲在平台非吸得资金用于购买某某小贷公司股权等。

被告人桑某系新疆某某公司股东、五家渠市某某小额贷款有限公司股东、吐鲁番市某某小额贷款有限公司董事兼总经理。桑某自 2014 年 12 月 17 日至 2020 年 3 月 10 日间通过"某某平台"发标的 106 只，共计 9860 万元。采用借新还旧滚动模式形成未结清标的 5 只，涉及投资人 101 人，计 260 万元。桑某在平台非吸得资金用于资金周转等。

被告人王某甲于 2015 年 12 月入职新疆某某公司，任信贷部总监。自 2016 年 1 月至"某某平台"停标期间，"某某平台"共计发放标的借款 316917 万余元，未结清标的借款余额 47783 万余元。

被告人郭某于 2014 年 12 月入职新疆某某公司，任运营部总监，公司隐名股东，运营部主要负责公司 P2P 网站的运营及维护等。

被告人张某丙于 2015 年 1 月入职新疆某某公司，任市场部总监，公司股东，市场部主要负责市场宣传、消费分期业务、某某金融公司控股公司投资业务等。

被告人王某丙于 2015 年 1 月入职新疆某某公司，自 2018 年 1 月担任大额借款人赵某、张某乙、桑某的客户经理，负责上述大额借款人的建标、发标、催收及维护工作。上述大额借款人自 2018 年 1 月至"某某平台"停标期间，共计发放标的借款 149890 万元，未结清标的借款余额 4880 万元。

被告人张某丁于 2016 年 2 月入职新疆某某公司，自 2018 年 1 月担任大额借款人陈某甲、马某甲、何某甲、胡某、某某小贷公司的客户经理，负责上述大额借款人的建标、发标、催收及维护工作。上述大额借款人自 2018 年 1 月至"某某平台"停标期间，共计发放标的借款 29180 万元，未结清标的借款余额 5360 万元。

被告人白某青于 2015 年 5 月入职新疆某某公司信贷部，2017 年 1 月入职新疆某某公司风控部，自 2018 年 1 月担任大额借款人吴某、温某、陈某乙、韩某乙的客户经理，负责上述大额借款人的建标、发标及维护工作。上述大额借款人自 2018 年 1 月至"某某平台"停标期间，共计发放标的借款 12560 万元，未结清标的借款余额 4910 万元。

被告人韩某甲自 2016 年 4 月 19 日起任石河子市某某公司法定代表人、执行董事、总经理。该公司在石河子地区为"某某平台"吸纳投资人 2898 人，金额共计 6274 万余元。韩某甲在 2014 年 12 月 17 日至 2020 年 3 月 10

日间使用他人和企业信息在"某某平台"发布借款标的 8 只，计 240 万元。形成未结清标的 3 只，涉及投资人 68 人，未结清金额共计 140 万元。韩某甲在平台非吸得资金用于个人买房。

（二）集资诈骗事实

被告人张某甲自 2014 年至 2015 年间任石河子某某融资担保有限公司（以下简称"石河子某邦公司"）总经理，2015 年起任新疆某某公司总经理。

石河子某邦公司和新疆某某公司于 2017 年 5 月 8 日签订战略合作协议，协议约定双方可互相推荐借款项目，对双方均审核同意的项目由新疆某某公司通过"某某平台"发布借款标的，石河子某邦公司对其推荐并成功在"某某平台"取得借款的业务提供不可撤销连带保证担保。石河子某邦公司自 2014 年 12 月 17 日至 2020 年 3 月 10 日间通过"某某平台"推荐担保发布借款标的 1956 只，累计推荐担保借款金额 144037 万元。石河子某邦公司推荐和担保的借款人形成未结清标的 272 只，涉及投资人 1580人，未结清金额计 23990 万元。

张某甲在职期间，自 2018 年石河子某邦公司推荐及担保的借款标的出现大量逾期情况，2019 年 5 月石河子某邦公司停止运营。张某甲明知石河子某邦公司推荐担保的标的无法归还，在借款人不能如期偿还借款的情况下，继续通过发布虚假标的借新还旧的方式维持"某某平台"运转，自 2019年 5 月后，累计发标借款 22790 万元，造成借新还旧的标的无法归还。

另查明，2019 年 11 月 24 日至 2020 年 3 月 10 日期间，新疆某某公司联合"某某平台"借款人，对"某某平台"未结清标的投资人（2020 人）实施统一兑付："某某平台"统一向投资人以现金兑付 1412 万余元；以房产折抵兑付 9020 万余元；新疆某某公司组织线上借贷双方达成线下债权清偿协议，线下清偿转让债务金额 610 万余元，以电子商城积分付 106 万余元。以上清偿行为为本案公安机关立案侦查前发生，财产已兑付完毕，未作为本案扣押、查封、冻结的财产移送本院。目前，"某某平台"线下以房产兑付及债权转让后实际受损投资人为 1494 人，实际受损金额为 27629 万余元。

据此，原判认定被告单位乌鲁木齐某某咨询管理有限公司犯非法吸收公众存款罪，判处罚金人民币五十万元；被告人张某甲犯集资诈骗罪，判处有期徒刑十五年，并处罚金人民币五十万元；犯非法吸收公众存款罪，判处有期徒刑九年，并处罚金人民币五十万元，决定执行有期徒刑十八年，并处罚金人民币一百万元；被告人李某甲犯非法吸收公众存款罪，判处有期徒刑七年，并处罚金人民币十万元；被告人赵某犯非法吸收公众存款罪，判处有期徒刑四年六个月，并处罚金人民币五万元；被告人王某甲犯非法吸收公众存款罪，判处有期徒刑五年六个月，并处罚金人民币五万元；被告人张某乙犯非法吸收公众存款罪，判处有期徒刑五年，并处罚金人民币十万元；被告人陈某甲犯非法吸收公众存款罪，判处有期徒刑四年六个月，并处罚金人民币十万元；被告人桑某犯非法吸收公众存款罪，判处有期徒刑三年，缓刑三年，并处罚金人民币十万元；被告人张某丙犯非法吸收公众存款罪，判处有期徒刑五年六个月，并处罚金人民币五万元；被告人郭某犯非法吸收公众存款罪，判处有期徒刑五年，并处罚金人民币五万元；被告人王某丙犯非法吸收公众存款罪，判处有期徒刑三年，缓刑三年，并处罚金人民币五万元；被告人张某丁犯非法吸收公众存款罪，判处有期徒刑三年，缓刑三年，并处罚金人民币五万元；被告人白某青犯非法吸收公众存款罪，判处有期徒刑三年，缓刑三年，并处罚金人民币五万元；被告人韩某甲犯非法吸收公众存款罪，判处有期徒刑三年，并处罚金人民币五万元；在案扣押、冻结款项分别按比例发还集资参与人；在案查封、扣押的房产、车辆、股权、物品等变价后分别按比例发还集资参与人，不足部分责令本案被告单位、被告人继续退赔并按照同等原则分别发还。

张某甲上诉提出，其没有实际占有、挥霍集资款，没有非法占有目的，不构成集资诈骗罪；一审判处罚金过高，请求改判罚金金额。其辩护人提出，张某甲没有占有、使用、挥霍集资款，没有非法占有目的，不构成集资诈骗罪；张某甲具有自首情节，一审量刑过重，请求从轻处罚。

李某甲上诉提出，其有自首情节，积极提供财产线索，配合追赃挽损，一审量刑过重，请求从轻处罚。其辩护人提出相同辩护意见，另提出一审认定李某甲为新疆某某公司实际控制人有误，认定涉案金额 40700 万元有误。

赵某上诉提出，其于立案侦查前已通过债权转让方式，向集资参与人兑付 3460 万元房产；一审量刑畸重，请求免除刑事处罚或改判缓刑。其辩护人提出，赵某积极退赃，认罪认罚，具有自首情节，且系初犯，请求从轻处罚。

王某甲上诉提出，其在犯罪中起辅助作用，有自首情节，请求从轻处罚。其辩护人提出相同辩护意见，另提出王某甲虽作为公司风控部负责人，但对本案借新还旧未起到任何作用。

张某乙上诉提出，一审认定其涉案数额及未归还数额有误，马某乙以其名义募集的 300 万元、新疆某某节能技术开发有限公司以其名义募集的 100 万元及其支付的手续费、担保费、利息应分别予以扣除；其在立案前通过债权转让、以房抵债方式还款，一审量刑过重，请求从轻处罚。其辩护人提出相同辩护意见，另提出张某乙在犯罪中作用较小，积极退赃，且具有自首情节，请求改判缓刑或免于刑事处罚。

陈某甲上诉提出，其系从犯，认罪悔罪并足额退赔，且有自首情节，一审量刑过重，请求从轻处罚。其辩护人提出相同辩护意见。

张某丙上诉提出，其在犯罪中起次要作用，主动挽回部分损失；其有自首情节，认罪悔罪，积极协助侦查机关收集相关证据材料，且系初犯，请求从轻处罚。其辩护人提出相同辩护意见。

郭某上诉提出，其在犯罪中起次要作用，应认定为从犯；其有自首情节，积极协助侦查机关收集相关证据材料，且系初犯，一审量刑过重，请求改判缓刑。其辩护人提出相同辩护意见。

经审理查明：上诉人李某甲为向社会融资，与上诉人张某乙、陈某甲、原审被告人桑某等人，于 2014 年 12 月 17 日成立新疆某某金融信息服务有限公司（以下简称"新疆某某公司"）。新疆某某公司在未经有关部门批准从事金融业务的情况下，于 2015 年 2 月委托制作网址为 www.fhjr.com 的网站平台（以下简称"某某平台"）并上线运营。新疆某某公司于 2016 年至 2017 年先后成立并实际控制阿勒泰某某互联网信息服务公司（以下简称"阿勒泰某某公司"）、哈密某某互联网信息服务公司（以下简称"哈密某某公司"）、石河子市某某互联网信息服务有限公司（以下简称"石河子某某公司"）、伊宁市某某鼎益信息服务有限公司（以下简称"伊宁某某公司")、昌吉市某某互联网信息服务有限公司（以下简称"昌吉某某公司"）、巴州某某鼎鑫互联网信息服务有限公司（以下简称"巴州某某公司"）、河北某某鼎益互联网信息服务公司（以下简称"河北某某公司"）、武汉某某鼎鑫互联网科技有限公司（已注销）、河南新乡某某互联网信息服务有限公司（已注销）等9家子公司。新疆某某公司违反国家金融管理法律规定，通过网络、微信公众号、APP等途径向社会公开宣传，由新疆某某公司及上述9家子公司分别在各自负责区域收集有资金需求的借款人资料，并在"某某平台"发布借款标的公告，以承诺高息（10.8%~15%不等的年化利率）为诱饵，向社会不特定群体募集资金。上诉人赵某、张某乙、陈某甲、原审被告人桑某、韩某甲、原审被告单位乌鲁木齐某某咨询管理有限公司等大额借款人，以他人名义或他人公司名义在"某某平台"发布虚假借款标的，在无法归还借款时，继续发布虚假标的进行借新还旧。为控制后期虚假标的所募集资金用于归还之前借款，新疆某某公司通过委托收款方式，将募集资金存至公司员工或其他关联人员银行卡为公司设立资金池。经审计，新疆某某公司及其实际控制的9家子公司在2014年12月17日至案发通过"某某平台"非法募集资金累计351319万余元，造成集资参与人损失47783万余元。

2014年12月至2017年7月28日，上诉人李某甲为新疆某某公司实际控制人，期间，新疆某某公司非法募集资金154182万余元。

2017年7月29日至案发，上诉人张某甲为新疆某某公司法定代表人、实际控制人（2014年12月起担任新疆某某公司总经理），期间，新疆某某公司非法募集资金119965万余元。

上诉人王某甲于2015年12月至案发担任新疆某某公司信贷风控部总监，负责借款人资质审核、发标、催收业务等工作。任职期间，王某甲参与非法募集资金316917万余元，造成集资参与人损失47783万余元。

上诉人张某丙于2015年1月任新疆某某公司市场部总监，负责宣传推广、催收业务、客户服务等工作。任职期间，张某丙参与非法集资351300万余元，造成集资参与人损失47700万余元。

上诉人郭某于2014年12月任新疆某某公司运营部总监，负责网站运营维护、数据整理、对接存管方等工作。任职期间，参与非法集资351300

万余元，造成集资参与人损失 47700 万余元。

上诉人赵某于 2014 年 12 月至 2017 年 7 月 28 日任新疆某某公司法定代表人、董事长。2014 年 12 月 17 日至案发，赵某非法募集资金 27920 万元，造成集资参与人损失 3460 万元。

上诉人张某乙系新疆某某汇公司股东，2014 年 12 月 17 日至案发，张某乙非法募集资金 11000 万元，造成集资参与人损失 1060 万元。

上诉人陈某甲于 2014 年 12 月 17 日至案发，非法募集资金 22910 万元，造成集资参与人损失 1600 万元。

原审被告人桑某系新疆某某公司股东，2014 年 12 月 17 日至案发，桑某非法募集资金 9860 万元，造成集资参与人损失 260 万元。

原审被告单位乌鲁木齐某某咨询管理有限公司，2014 年 12 月 17 日至案发，乌鲁木齐某某咨询管理有限公司非法募集资金 40700 万元，造成集资参与人损失 2900 万元。

原审被告人王某丙于 2015 年 1 月入职新疆某某公司，2018 年 1 月起担任大额借款人赵某、张某乙、桑某的客户经理，负责上述大额借款人的建标、发标、催收及维护等工作。2018 年 1 月至案发，王某丙参与非法募集资金 149890 万元，造成集资参与人损失 4880 万元。

原审被告人张某丁于 2016 年 2 月入职新疆某某公司，2018 年 1 月起担任大额借款人陈某甲、马某甲、何某甲、胡某、乌鲁木齐某某咨询管理有限公司的客户经理，负责上述大额借款人的建标、发标、催收及维护工作。2018 年 1 月至案发，张某丁参与非法募集资金 29180 万元，造成集资参与人损失 5360 万元。

原审被告人白某青于 2015 年 5 月入职新疆某某公司信贷风控部，2018 年 1 月起担任大额借款人吴某、温某、陈某乙、韩某乙的客户经理，负责上述大额借款人的建标、发标、催收及维护工作。2018 年 1 月至案发，白某青参与非法募集资金 12560 万元，造成集资参与人损失 4910 万元。

原审被告人韩某甲于 2015 年 6 月入职新疆某某公司市场部，2016 年 4 月任石河子某某公司法定代表人、总经理。2016 年 4 月至案发，石河子某某公司非法募集资金 6274 万余元。2014 年 12 月 17 日至案发，韩某甲非法募集资金 240 万元，造成集资参与人损失 140 万元。

另查明，库尔勒市公安局于2019年12月17日对巴州某某公司涉嫌非法吸收公众存款立案调查。2020年3月10日至18日，各上诉人、原审被告人分别被公安机关传唤到案，并如实供述主要犯罪事实。新疆某某公司擅自组织线下清偿、擅自将相关上诉人、原审被告人、大额借款人等退赔的房产兑付给部分集资参与人。经司法会计鉴定补充意见认定，新疆某某公司兑付、线下清偿后，实际受损集资参与人1494人，集资参与人损失27629万余元。

上述事实，有第一审开庭审理中经质证确认的新疆某某公司及9家子公司、乌鲁木齐某某咨询管理有限公司的工商登记资料、公司股权转让协议、委托持股协议书、共同还款确认书、债转股及资管公司运作方案等书证、证人黄某、何某乙等新疆某某公司及子公司员工、股东的证言等证实涉案公司成立时间、注册资本、组织架构、运营模式、各被告人任职情况的证据；某某平台远程勘验笔录、手机勘验报告、证人于某、王某丁等集资参与人、新疆某某公司及子公司员工的证言、报案材料、战略合作协议、借款协议、银行流水、交易明细、相关业务明细表、还款明细表等书证证实向社会不特定人群公开宣传、推广并非法募集资金的证据；证人黄某等新疆某某公司及子公司员工的证言、证人韩某乙、李某乙等大额借款人或大额借款公司员工的证言证实新疆某某公司及大额借款人在非法募集资金过程中使用诈骗方法的证据；证人韩某乙、李某乙等大额借款人或大额借款公司员工的证言、银行流水等书证、司法会计鉴定意见等证实非法集资人数、数额、资金使用及去向的证据；上诉人李某甲、张某甲、王某甲、张某丙、郭某、赵某、张某乙、陈某甲，原审被告人王某丙、张某丁、白某青、桑某、韩某甲等亦供述。足以认定。

针对上诉人及其辩护人的上诉理由和辩护意见，结合本案的事实和证据，综合评判如下：

一、关于本案定性

经查，上诉人李某甲、张某甲、王某甲、张某丙、郭某、赵某、张某乙、陈某甲及原审被告人王某丙、张某丁、白某青、桑某、韩某甲等人的供述、证人黄某、林某、周某等新疆某某公司员工的证言、证人何某乙等新疆某某公司股东的证言及相关工商档案资料等证据证实，李某甲、张某甲先后作为新疆某某公司的实际控制人，王某甲、张某丙、郭某分别担任新疆某某公司信贷风控部总监、市场部总监、运营部总监，王某丙、张某丁、白某青为新疆某某公司客户经理。故关于认定李某甲为新疆某某公司实际控制人有误的辩护意见与查明的事实不符，不予采纳。

新疆某某公司先后在李某甲、张某甲的实际控制下，违反国家金融管理法律规定，通过网络、微信公众号、APP等途径向社会公开宣传，以承诺高息（10.8%～15%不等的年化利率）为诱饵，向社会不特定群体募集资金。为控制后期虚假标的所募集资金用于归还之前借款，新疆某某公司通过委托收款方式，将募集资金存至公司员工或其他关联人员银行卡为公司设立资金池。新疆某某公司及各子公司累计分红、发放奖金2100余万元。李某甲、张某甲先后负责公司经营管理，王某甲、张某丙、郭某、王某丙、张某丁、白某青分别负责业务推广、网站维护、资质审核、借款催收、客户服务等非法集资全链条工作。上述公司实际控制人、高管的行为符合非法集资的违法性、公开性、利诱性、社会性特征，应认定为非法集资行为。

上诉人李某甲、张某甲、王某甲、张某丙、郭某、赵某、张某乙、陈某甲及原审被告人王某丙、张某丁、白某青、桑某、韩某甲等人的供述、司法会计鉴定意见、借款协议、交易明细等证据证实，赵某、张某乙、陈某甲、桑某、韩某甲、乌鲁木齐某某咨询管理有限公司等为某某平台大额借款人。赵某假借90余家、张某乙假借30余家、陈某甲假借50余家、桑某假借30余家、韩某甲假借或伪造9家、乌鲁木齐某某咨询管理有限公司假借130余家单位及个人名义，通过虚构资金用途、发布虚假借款标的形式进行欺诈借款，募集的资金并未用于生产经营活动，而分别主要用于放贷、偿还银行贷款、个人债务、购买股权、个人购房等，借款后明知其盈利能力不具有支付全部本息的现实可能性并在平台多次督促还款亦无法归还借款时，仍继续通过虚构借款人信息、发布虚假标的等虚构事实、隐瞒真相形式，骗取集资参与人投资款用于归还前期借款本息，导致数额巨大的投资款不能返还，综合集资行为的真实性、募集资金的目的、资金去向、还款能力等，上述大额借款人使用诈骗方法非法集资的行为符合《最高人民法院关于审理非法集资刑事案件具体应用法律若干问题的解释》等规定的"集资后不用于生产经营活动或者用于生产经营活动与筹集资金规模明显不成比例""明知没有归还能力而大量骗取资金""归还本息主要通过借新还旧来实现"等认定非法占有目的的情形，应认定具有非法占有目的，各上诉人、原审被告人行为均构成集资诈骗罪。

上述公司实际控制人、高管明知某某平台不具备盈利能力，大额借款人亦长期、反复借新还旧，客观上不可能归还逐渐累积的借款利息，非法募集的资金链必然会断裂，仍然大肆伙同上述大额借款人在平台上虚构借款人信息、发布虚假标的进行欺诈借款；且在自治区金融监管机构向新疆某某公司发出整改意见后，使用虚假公司借款代替虚假个人借款进行虚假整改；在后期出现大额借款人怠于借新还旧时，又主动帮助发布虚假标的进行借新还旧，不断扩大借款范围，主观上均有基于骗取投资人钱款的故意，客观上实施了以诈骗方法非法集资的行为，均构成集资诈骗罪。故关于张某甲没有非法占有目的，不构成集资诈骗罪的上诉理由和辩护意见与查明的事实不符，不予采纳。

在乌鲁木齐某某咨询管理有限公司集资诈骗犯罪中，李某甲作为该公司直接负责的主管人员，亦构成集资诈骗罪；韩某甲按照新疆某某公司委派，筹建石河子某某公司并担任法定代表人、总经理，负责与大额借款人石河子某邦担保公司对接借款业务，并向2898名集资参与人非法募集资金6200余万元，韩某甲主观上明知大额借款人在平台上虚构借款人信息、发布虚假标的进行欺诈借款，客观上帮助借新还旧，亦构成集资诈骗罪。

二、关于在共同犯罪中的作用

经查，上诉人李某甲、张某甲先后作为新疆某某公司实际控制人，组织、策划、领导集资诈骗犯罪活动；上诉人王某甲、张某丙、郭某分别作为公司信贷风控部总监、市场部总监、运营部总监，分别负责借款人资质审核、发标、催收业务、宣传推广、客户服务、网站运营维护、数据整理、对接存管方等实施工作，参与公司决策，均系公司高层管理人员；原审被告人王某丙、张某丁、白某青作为客户经理，分别负责相关大额借款人的建标、发标、催收及维护等关键环节工作，均系骨干成员，属于主要实行犯。

上述公司实际控制人、高管、骨干成员与对应的大额借款人各司其职、互相配合，在集资诈骗犯罪中起重要作用，均应认定为主犯。故关于王某甲、张某丙、郭某在犯罪中起辅助或次要作用的上诉理由和辩护意见，张某乙在犯罪中作用较小的辩护意见，陈某甲系从犯的上诉理由和辩护意见均不能成立，不予采纳。一审关于王某丙、张某丁、白某青在犯罪中起次要、辅助作用，在共同犯罪中系从犯的认定有误，本院予以纠正。

三、关于犯罪数额的认定

（一）关于一审认定李某甲涉案数额 40700 万元有误的辩护意见，经查，（1）2014 年 12 月至 2017 年 7 月 28 日间，上诉人李某甲组织、策划、领导新疆某某公司集资诈骗活动，应以其作为实际控制人期间公司集资诈骗全额来认定其犯罪数额。司法会计鉴定意见认定新疆某某公司在李某甲作为实际控制人期间非法集资 154182 万余元，但该数额不包含各子公司非法集资数额，已属于对被告人有利的认定，故认定李某甲任职期间涉案金额为 154182 万余元；（2）李某甲作为原审被告单位乌鲁木齐某某咨询管理有限公司集资诈骗活动直接负责的主管人员，应以该公司集资诈骗的 40700 万元认定其犯罪数额。上述二笔犯罪数额有重合，应去重后相加作为李某甲犯罪数额，但司法会计鉴定意见未进行计算，从有利于被告人的原则，认定李某甲犯罪数额为 154182 万余元更为适当。一审仅以乌鲁木齐某某咨询管理有限公司集资诈骗的 40700 万元来认定李某甲涉案数额有误，该辩护意见与查明的事实相符，予以采纳。

（二）关于一审认定张某乙涉案数额及未归还数额有误，马某乙以张某乙名义募集的 300 万元、新疆某某节能技术开发有限公司以张某乙名义募集的 100 万元及张某甲支付的手续费、担保费、利息应分别予以扣除的上诉理由和辩护意见，经查，（1）马某乙借款受阻时，张某乙受马某乙请托，帮助在某某平台发布借款标的 300 万元，所筹集资金由张某乙借给马某乙使用，张某乙亦通过诉讼程序向马某乙索要借款，张某乙后期继续发布虚假标的用于归还该借款本息，该募集资金行为不能割裂评价，应当作为张某乙非法集资款数额。故关于马某乙以张某乙名义募集的 300 万元应予扣除的上诉理由和辩护意见不能成立，不予采纳。（2）新疆某某节能技术开发有限公司先后于 2017 年 12 月 28 日、2019 年 9 月 24 日各借款 100 万元，系新疆某某公司借新还旧中一个环节，无证据证实该笔借款系张某乙募集、使用，张某乙亦始终未供认，应予以扣除。故关于新疆某某节能技术开发有限公司以张某乙名义募集的100万元应予扣除的上诉理由和辩护意见成立，予以采纳。（3）本案全案为集资诈骗犯罪，属于目的犯，应以实际骗取的数额计算，张某乙为实施集资诈骗活动而支付的手续费、担保费不予扣除；《最高人民法院关于审理非法集资刑事案件具体应用法律若干问题的解释》规定"行为人为实施集资诈骗活动而支付的利息，除本金未归还可予折抵本金以外，应当计入诈骗数额"，系出于实践中很难要求本金尚未得到清偿的集资参与人先将利息退出后再按比例统一偿付的考虑，而支付利息本质上属于对实际骗取资金的处分，原则上应当计入诈骗数额。故关于张某乙支付的手续费、担保费、利息应分别予以扣除的上诉理由和辩护意见不能成立，不予采纳。

四、关于量刑

经查，本案各上诉人、原审被告人集资诈骗数额巨大，根据从旧兼从轻原则，应判处七年以上有期徒刑或者无期徒刑，并处罚金或者没收财产。根据《中华人民共和国刑事诉讼法》中上诉不加刑原则的规定，并结合各上诉人在共同犯罪中的地位、作用，对相关上诉人的刑期不予改判加重。张某甲、李某甲有自首情节，且李某甲认罪认罚，依法可从轻处罚，一审法院以张某甲犯集资诈骗罪判处有期徒刑十五年、判处李某甲有期徒刑七年，均在法律规定的量刑幅度内；赵某、张某乙、陈某甲、王某甲、张某丙、郭某有自首情节，并主动退赔全部或部分数额，赵某、陈某甲、王某甲、张某丙、郭某认罪认罚，张某丙、郭某积极协助侦查机关收集相关证据材料，依法可减轻处罚，一审法院对该六人的量刑符合法律规定。故关于各上诉人量刑过重、请求从轻处罚的上诉理由和辩护意见不能成立，不予采纳。

本院认为，上诉人李某甲、张某甲、王某甲、张某丙、郭某、赵某、张某乙、陈某甲、原审被告人王某丙、张某丁、白某青、桑某、韩某甲、原审被告单位乌鲁木齐某某咨询管理有限公司以非法占有为目的，使用诈骗方法进行非法集资，数额巨大，其行为均构成集资诈骗罪。原判认定的事实清楚，证据确实、充分。审判程序合法。但定性有误，应予纠正。张某甲、王某甲、陈某甲虽自愿申请撤回上诉，但本院不予准许。依照《中华人民共和国刑法》第一百九十二条、第二十五条第一款、第二十六条、第三十条、第三十一条、第六十七条、第五十二条、第五十三条、第六十一条、第六十四条和《中华人民共和国刑事诉讼法》第二百三十六条第一款第（二）项、第二百三十七条之规定、《最高人民法院关于适用〈中华人民共和国刑事诉讼法〉的解释》第三百八十三条第二款、第四百〇一条之规定，判决如下：一、维持新疆维吾尔自治区乌鲁木齐市中级人民法院（2021）新01刑初26号刑事判决第十五项，即在案扣押、冻结款项分别按比例发还集资参与人；在案查封、扣押的房产、车辆、股权、物品等变价后分别按比例发还集资参与人，不足部分责令本案被告单位、被告人继续退赔并按照同等原则分别发还。二、撤销新疆维吾尔自治区乌鲁木齐市中级人民法院（2021）新01刑初26号刑事判决第一项至第十四项，即被告单位乌鲁木齐某某咨询管理有限公司犯非法吸收公众存款罪，判处罚金人民币五十万元；被告人张某甲犯集资诈骗罪，判处有期徒刑十五年，并处罚金人民币五十万元；犯非法吸收公众存款罪，判处有期徒刑九年，并处罚金人民币五十万元，决定执行有期徒刑十八年，并处罚金人民币一百万元；被告人李某甲犯非法吸收公众存款罪，判处有期徒刑七年，并处罚金人民币十万元；被告人赵某犯非法吸收公众存款罪，判处有期徒刑四年六个月，并处罚金人民币五万元；被告人王某甲犯非法吸收公众存款罪，判处有期徒刑五年六个月，并处罚金人民币五万元；被告人张某乙犯非法吸收公众存款罪，判处有期徒刑五年，并处罚金人民币十万元；被告人陈某甲犯非法吸收公众存款罪，判处有期徒刑四年六个月，并处罚金人民币十万元；被告人桑某犯非法吸收公众存款罪，判处有期徒刑三年，缓刑三年，并处罚金人民币十万元；被告人张某丙犯非法吸收公众存款罪，判处有期徒刑五年六个月，并处罚金人民币五万元；被告人郭某犯非法吸收公众存款罪，判处有期徒刑五年，并处罚金人民币五万元；被告人王某丙犯非法吸收公众存款罪，判处有期徒刑三年，缓刑三年，并处罚金人民币五万元；被告人张某丁犯非法吸收公众存款罪，判处有期徒刑三年，缓刑三年，并处罚金人民币五万元；被告人白某青犯非法吸收公众存款罪，判处有期徒刑三年，缓刑三年，并处罚金人民币五万元；被告人韩某甲犯非法吸收公众存款罪，判处有期徒刑三年，并处罚金人民币五万元。三、原审被告单位乌鲁木齐某某咨询管理有限公司犯集资诈骗罪，判处罚金人民币五十万元。（罚金于本判决生效后十日内缴纳。）四、上诉人（原审被告人）张某甲犯集资诈骗罪，判处有期徒刑十五年，并处罚金人民币五十万元。（刑期从判决执行之日起计算。判决执行以前先行羁押的，羁押一日折抵刑期一日，即自2020年3月11日起至2035年3月10日止。罚金于本判决生效后十日内缴纳。）五、上诉人（原审被告人）李某甲犯集资诈骗罪，判处有期徒刑七年，并处罚金人民币十万元。（刑期从判决执行之日起计算。判决执行以前先行羁押的，羁押一日折抵刑期一日，即自2020年3月11日起至2027年3月10日止。罚金于本判决生效后十日内缴纳。）六、上诉人（原审被告人）赵某犯集资诈骗罪，判处有期徒刑四年六个月，并处罚金人民币五万元。（刑期从判决执行之日起计算。判决执行以前先行羁押的，羁押一日折抵刑期一日。即自2023年1月5日起至2026年4月5日止。罚金于本判决生效后十日内缴纳。）七、上诉人（原审被告人）王某甲犯集资诈骗罪，判处有期徒刑五年六个月，并处罚金人民币五万元。（刑期从判决执行之日起计算。判决执行以前先行羁押的，羁押一日折抵刑期一日，即自2020年3月11日起至2025年9月10日止。罚金于本判决生效后十日内缴纳。）八、上诉人（原审被告人）张某乙犯集资诈骗罪，判处有期徒刑五年，并处罚金人民币十万元。（刑期从判决执行之日起计算。判决执行以前先行羁押的，羁押一日折抵刑期一日。即自2023年1月5日起至2028年1月4日止。罚金于本判决生效后十日内缴纳。）九、上诉人（原审被告人）陈某甲犯集资诈骗罪，判处有期徒刑四年六个月，并处罚金人民币十万元。（刑期从判决执行之日起计算。判决执行以前先行羁押的，羁押一日折抵刑期一日。即自2023年1月5日起至2027年7月4日止。罚金于本判决生效后十日内缴纳。）十、上诉人（原审被告人）张某丙犯集资诈骗罪，判处有期徒刑五年六个月，并处罚金人民币五万元。（刑期从判决执行之日起计算。判决执行以前先行羁押的，羁押一日折抵刑期一日。即自2023年1月5日起至2028年7月4日止。罚金于本判决生效后十日内缴纳。）十一、上诉人（原审被告人）郭某犯集资诈骗罪，判处有期徒刑五年，并处罚金人民币五万元。（刑期从判决执行之日起计算。判决执行以前先行羁押的，羁押一日折抵刑期一日。即自2023年1月

5 日起至 2028 年 1 月 4 日止。罚金于本判决生效后十日内缴纳。）十二、原审被告人桑某犯集资诈骗罪，判处有期徒刑三年，缓刑三年，并处罚金人民币十万元。（缓刑考验期自判决生效之日起计算，罚金于本判决生效后十日内缴纳。）十三、原审被告人王某丙犯集资诈骗罪，判处有期徒刑三年，缓刑三年，并处罚金人民币五万元。（缓刑考验期自判决生效之日起计算，罚金于本判决生效后十日内缴纳。）十四、原审被告人张某丁犯集资诈骗罪，判处有期徒刑三年，缓刑三年，并处罚金人民币五万元。（缓刑考验期自判决生效之日起计算，罚金于本判决生效后十日内缴纳。）十五、原审被告人白某青犯集资诈骗罪，判处有期徒刑三年，缓刑三年，并处罚金人民币五万元。（缓刑考验期自判决生效之日起计算，罚金于本判决生效后十日内缴纳。）十六、原审被告人韩某甲犯集资诈骗罪，判处有期徒刑三年，并处罚金人民币五万元。（刑期从判决执行之日起计算。判决执行以前先行羁押的，羁押一日折抵刑期一日。即自 2023 年 1 月 5 日起至 2026 年 1 月 4 日止。罚金于本判决生效后十日内缴纳。）本判决为终审判决。

二、骗取贷款、票据承兑、金融票证罪

实务要点 1

1. 骗取贷款罪中非法占有目的的认定。设立骗取贷款罪是保护信贷资金安全、防范金融风险，而非使用刑事手段惩罚一切不合规范的贷款行为。使用欺骗手段从银行或者其他金融机构获得融资贷款，是否具有非法占有目的，要综合考量企业有无实际生产经营行为、实际投资项目、资债结构及所贷资金的大部分用途等情况，不宜单纯以最终未能偿还贷款的客观结果而认定企业具有非法占有目的。一是从金融机构贷款用途来看，如果企业绝大部分贷款用来还款和生产经营，偿还企业因经营所欠债务是为了企业的存续，就是广义上的生产经营；二是从还款能力来看，在案涉贷款发生前后有实际生产经营行为以及实际投资项目；三是从还款意愿来看，贷款到期后全部归还，不存在获取资金后逃跑、肆意挥霍所骗取资金、进行违法犯罪活动等逃避还款行为；四是贷款银行进行过风险评估调查，认为企业的经营情况良好，符合银行放贷条件。综合考察上述四种情

况，审慎认定骗取贷款犯罪中的"非法占有目的"。

2. 骗取贷款罪中无罪的认定情形。下面的案例中，根据建设银行某支行出具的证明及相关书证，被告人李某等人虽系假借姜某1、姜某2、代某、田某、武某2五人名义办理按揭贷款，但所购商铺均进行了抵押登记，并扣划了保证金，即上述贷款已向银行提供了符合要求的担保，不至于给银行造成实际损失。同时，贷款出现逾期后，建设银行某支行已就其债权依据合同约定向利辛县人民法院提起民事诉讼，且利辛县人民法院已经作出生效裁判，并查封了相关抵押房产。综上，根据现有证据材料，公诉机关未能举证证明李某、赵某、梁某芳三名被告人骗取贷款的行为给银行造成20万元以上的经济损失，或者致使100万元以上的贷款处于危险之中危及贷款安全的事实，不属于《中华人民共和国刑法》第一百七十五条之一第一款规定的有其他严重情节。故公诉机关指控三名被告人犯骗取贷款罪的事实不清、证据不足，指控罪名不能成立。

案例：骗取贷款罪与一般商业贷款纠纷的区分——李某等骗取贷款案

基本案情

2011 年底至 2012 年 9 月期间，时任龙居公司法定代表人的武某 1（另案处理）与被告人李某（该公司实际投资人）、赵某（会计）及田某等人商议，以虚假销售的方式，将龙居公司开发的龙居大厦项目的八间上下商铺分别登记在田某、姜某 1、姜某 2、代某、武某 2 五人名下（均另案处理），上述五人表示同意。其中，将龙居大厦的一幢 109（209）铺登记在田某 1 的名下，以该商铺抵押从建设银行某支行贷款 95 万元；将龙居大厦的二幢 102（202）铺、103（203）铺登记在姜某 1 的名下，以该商铺抵押从建设银行某支行分别贷款 149 万元、130 万元；将龙居大厦的二幢 301（302）铺登记在姜某 2 的名下，以该商铺抵押从建设银行某支行贷款 399 万元；将龙居大厦的一幢 110（210）和 111（211）铺登记在代某名下，以该商铺抵押从建设银行某支行贷款共计 296 万元；将龙居大厦的一幢 106（206）和 107（207）铺登记在武某 2 名下，以该商铺抵押从建设银行某支行贷款 294 万元。以田某、姜某 1、姜某 2、代某、武某 2 的名字购买登记的龙居大厦上述商铺均已在某商品房网上备案。龙居公司以上述五人的名字从建设银行某支行办理按揭贷款共计 1363 万元，在签订贷款合同时，提供了房屋抵押贷款所需的相关资料。该贷款实际是龙居公司使用，后李某再安排龙居公司的会计赵某到建设银行某支行用现金偿还银行的按揭贷款。

2014 年 6 月，建设银行某支行通知武某 2 其商铺按揭贷款逾期未还款，武某 2 担心自己的信誉度受影响，自己向银行偿还了该笔按揭贷款（至案发前一直处正常还款状态）。由于龙居公司资金紧张，不能按月到建设银行某支行偿还贷款，2015 年 9 月之后，姜某 1、田某、代某、姜某 2 开始拖欠贷款。

建设银行某支行就涉案的拖欠贷款于 2015 年 9 月以金融借款合同纠纷或民间借贷纠纷提起民事诉讼。安徽省利辛县人民法院分别作出了相应的民事调解及判决，裁判文书生效后，建设银行某支行申请执行。在执行期间，已将姜某 1 和梁某芳、代某和赵某名下抵押登记的龙居大厦商铺查封。姜某 2 和孙某琴、田某和赵某名下登记的龙居大厦商铺，截至 2016 年 12 月份处于正常还款状态。

安徽省利辛县人民法院于 2017 年 5 月 15 日作出（2016）皖 1623 刑初 307 号刑事判决，认定被告人李某、赵某、梁某芳无罪。宣判后，被告人李某、赵某、梁某芳未提出上诉，检察机关提出抗诉。安徽省亳州市中级人民法院于 2017 年 9 月 30 日作出（2017）皖 16 刑终 332 号刑事裁定，准许安徽省亳州市人民检察院撤回抗诉。

法律依据

《中华人民共和国刑法》

第一百七十五条之一　【骗取贷款、票据承兑、金融票证罪】以欺骗手段取得银行或者其他金融机构贷款、票据承兑、信用证、保函等，给银行或者其他金融机构造成重大损失的，处三年以下有期徒刑或者拘役，并处或者单处罚金；给银行或者其他金融机构造成特别重大损失或者有其他特别严重情节的，处三年以上七年以下有期徒刑，并处罚金。

单位犯前款罪的，对单位判处罚金，并对其直接负责的主管人员和其他直接责任人员，依照前款的规定处罚。

关联索引

最高人民法院案例库案例

裁判文书

李某等骗取贷款案

安徽省利辛县人民法院

刑 事 判 决 书

（2016）皖 1623 刑初 307 号

公诉机关：利辛县人民检察院。

被告人李某（曾用名姜某 3）。因涉嫌犯骗取贷款罪于 2015 年 11 月 26 日被利辛县公安局刑事拘留，同年 12 月 21 日被利辛县人民检察院批准逮捕，次日由利辛县公安局执行逮捕。现羁押于利辛县看守所。

辩护人孙斌，安徽和协律师事务所律师。

被告人赵某（曾用名赵某 2）。因涉嫌犯骗取贷款罪于 2015 年 11 月 14 日被利辛县公安局刑事拘留，同年 12 月 21 日被利辛县人民检察院批准逮捕，次日由利辛县公安局执行逮捕。现羁押于利辛县看守所。

辩护人张凌峰，安徽宝诚律师事务所律师。

被告人梁某芳。因涉嫌犯骗取贷款罪于 2015 年 11 月 15 日被利辛县公安局刑事拘留，同年 12 月 21 日经利辛县人民检察院批准逮捕，次日由利辛县公安局执行逮捕。现羁押于亳州市看守所。

辩护人孙磊，安徽臻圆律师事务所律师。

利辛县人民检察院以利检刑诉（2016）299 号起诉书指控被告人李某、赵某、梁某芳犯骗取贷款罪一案，于 2016 年 5 月 20 日向本院提起公诉。期间，退回补充侦查二次。本院依法组成合议庭，于 2017 年 1 月 9 日公开开庭审理了本案。利辛县人民检察院指派代理检察员李飞出庭支持公诉，被告人李某及其辩护人孙斌、被告人赵某及其辩护人张凌峰、被告人梁某芳及其辩护人孙磊均到庭参加诉讼。本案现已审理终结。

利辛县人民检察院指控：2011 年底至 2012 年 9 月份期间，时任利辛县龙居置业有限责任公司（以下简称：龙居公司）法人代表武某 1（另案处理）与被告人李某（该公司实际投资人）、赵某（会计）及田某为骗取金融机构贷款，以虚假销售的方式，将龙居公司开发的龙居大厦项目的八间商铺分别备案在田某、姜某1、姜某2、代某、武某2五人名下（该五人均另案处理），并提供虚假销售合同、首付款凭证等资料，后以田某、姜某1、姜某2、代某、武某2五人名字从中国建设银行股份有限公司某支行（以下简称：建设银行某支行）骗取按揭贷款1363万元。其中，被告人梁某芳在明知李某骗取贷款时，为李某提供便利条件，帮助李某完成骗取贷款279万元。公诉机关向本院移送了相关书证、证人证言、被告人的供述与辩解等证据，认为被告人李某、赵某、梁某芳的行为已触犯《中华人民共和国刑法》第一百七十五条之一、第二十五条第一款的规定，提请本院以骗取贷款罪追究三被告人的刑事责任。

被告人李某辩解：从银行贷款是事实，但没有骗取贷款的目的，其抵押的房产价值大于银行贷款金额，该行为没有给银行造成损失，该贷款行为应属于民法调整范围。

辩护人的辩护意见是：（1）被告人李某没有采用欺骗行为和隐瞒真相的手段，取得金融机构的贷款，该贷款过程中的瑕疵行为，尚不足上升到刑事法律调整的范围；（2）该涉案抵押的商铺已被银行申请法院查封，虽然没有执行终结，但不属于还款不能的情况，被告人的行为没有给银行造成损失；（3）公诉机关指控被告人李某的罪名不能成立，本案的事实不清，证据不足。

被告人赵某辩解：他只是打工的，并没有同李某一起策划骗贷，也没有给银行造成损失，其行为应属于民法调整。

辩护人的辩护意见是：（1）对指控被告人赵某的基本事实无异议，本案只是民事纠纷，不应认定为犯罪；（2）公诉机关指控被告人的罪名不能成立，应宣告被告人赵某无罪。

被告人梁某芳对起诉书指控的罪名及事实无异议。

辩护人的辩护意见是：（1）本案不存在虚假合同，梁某芳的行为没有影响金融机构的管理秩序；（2）被告人梁某芳不构成犯罪。

经审理查明：2011年底至2012年9月期间，时任龙居公司的法定代表人武某1（另案处理）与被告人李某（该公司实际投资人）、赵某（会计）及田某等人商议，以虚假销售的方式，将龙居公司开发的龙居大厦项目的八间上下商铺分别登记在田某、姜某1、姜某2、代某、武某2五人名下（该五人均另案处理），上述五人均表示同意。其中，将龙居大厦的一幢109（209）铺登记在田某的名下，以该商铺抵押从建设银行某支行贷款95万元；将龙居大厦的二幢102（202）铺、103（203）铺登记在姜某1的名下，以该商铺抵押从建设银行某支行分别贷款149万元、130万元；将龙居大厦的二幢301（302）铺登记在姜某2的名下，以该商铺抵押从建设银行某支行贷款399万元；将龙居大厦的一幢110（210）铺、111（211）铺登记在代某名下，以该商铺抵押从建设银行某支行贷款共计296万元；将龙居大厦的一幢106（206）铺、107（207）铺登记在武某2名下，以该商铺抵押从建设银行某支行贷款294万元。以田某、姜某1、姜某2、代某、武某2的名字购买登记的龙居大厦上述商铺均已在利辛商品房网上备案。龙居公司以上述五人的名字从建设银行某支行办理按揭贷款共计1363万元，在签订贷款合同时，提供了房屋抵押贷款所需的相关资料。该贷款实际是龙居公司所使用，后李某再安排龙居公司的会计赵某到建设银行某支行用现金偿还银行的按揭贷款。

2014年6月，建设银行某支行通知武某2的商铺按揭贷款逾期未还款，武某2为担心自己的信誉度受影响，武某2自己向银行偿还该笔按揭贷款（至案发前一直处正常还款状态）。由于龙居公司的资金紧张，不能按月到建设银行某支行偿还贷款，2015年9月之后，姜某1、田某、代某、姜某2开始拖欠贷款。

建设银行某支行就涉案的拖欠贷款于2015年9月，已向本院分别对姜某2和孙某、田某和赵某、代某和赵某、姜某1和梁某芳及龙居公司以金融借款合同纠纷或民间借贷纠纷提起民事诉讼。

本院分别作出了相应的民事调解及判决，民事诉讼的调解书、判决书生效后，建设银行某支行申请本院执行，在执行期间，已将姜某1和梁某芳、代某和赵某名下抵押登记的龙居大厦商铺查封。姜某2和孙某、田某和赵某，截至2016年12月份处于正常还款状态。

上述事实，有经过法庭举证、质证的下列证据证明：

1. 受案登记表、立案决定书：证明2015年11月11日，利辛县公安局经济犯罪侦查大队在工作中发现，2012年，龙居公司赵某等人虚构他人购买商品房，签订虚假购房合同，向建设银行某支行申请购房按揭贷款1000 余万元，后逾期不归还贷款，给银行造成重大损失，涉嫌骗取贷款。利辛县公安局于同月 14 日立案侦查。

2. 户籍证明：证明被告人李某、赵某、梁某芳等人的出生日期，均已达到负完全刑事责任的年龄。

3. 到案经过：证明利辛县公安局分别于 2015 年 11 月 14 日、15 日、26 日传唤赵某、梁某芳、李某，并于当日对三被告人执行刑事拘留。

4. 前科查询证明：证明被告人李某、梁某芳无违法犯罪记录；被告人赵某因嫖娼于 2009 年 4 月 29 日被上海市公安局闵行分局行政拘留 5 日。

5. 营业执照副本复印件、金融许可证：证明中国建设银行股份有限公司利辛县支行的资格。

6. 龙居公司的变更信息：证明龙居公司于 2010 年 11 月 2 日成立以及其公司法定代表人的变更情况。

7. 贷款申请资料及合同、收据等：证明田某、姜某 1、姜某 2、武某 2、代某的贷款申请审查资料，龙居公司分别与上述五人签订房屋买卖合同，并出具交款发票。上述五人购买的龙居大厦商铺分别在利辛商品房网上备案。

8. 交易明细：证明建设银行分别于 2012 年 1 月 5 日、同月 19 日、同年 3 月 26 日、同年 6 月 5 日、同年 9 月 7 日向田某发放贷款 95 万元、向姜某 1 发放两笔贷款共计 279 万元、向姜某 2 发放贷款 399 万元、向代某发放贷款 296 万元、向武某 2 发放贷款 294 万元。

9. 已生效的民事法律文书：证明建设银行某支行于 2015 年 9 月 11 日、同月 21 日、同月 30 日，分别向涉案的代某与赵某、姜某 1 与梁某芳、田某与赵某、姜某 2 与孙某及利辛县龙居公司以民间借贷纠纷或金融借款合同纠纷提起民事诉讼，本院分别作出相应的调解及判决。即：

（1）本院于 2015 年 9 月 30 日作出（2015）利民二初字第 00555 号民事调解书（姜某 2 与孙某贷款 399 万元）。

（2）本院于 2015 年 11 月 11 日作出（2015）利民二初字第 00556 号民事判决书判决（代某与赵某贷款 296 万元）。

（3）本院于 2015 年 11 月 11 日作出（2015）利民二初字第 00580 号

民事判决书（姜某 1 与梁某芳贷款 149 万元）。

（4）本院于 2015 年 11 月 11 日作出（2015）利民二初字第 00583 号民事判决书（姜某 1 与梁某芳贷款 130 万元）。

（5）本院于 2015 年 11 月 10 日作出（2015）利民二初字第 00582 号民事判决书（田某与赵某贷款 95 万元）。

10. 建设银行某支行出具的情况说明：证明建设银行某支行分别给姜某 1、姜某 2、代某、田某、武某 2 办理按揭贷款，共计 1363 万元，上述五人均向建设银行某支行提供了符合要求的各项借款资料，所购的商铺均预抵押登记，并进行了保证金扣划。武某 2 截至 2016 年 12 月 7 日是正常还款；田某、姜某 2 分别在 2016 年 12 月 5 日、同月 27 日是正常还款状态；当姜某 1 的两笔贷款 279 万元及代某的贷款 296 万元出现逾期还款等违约情况后，依据合同约定向利辛县人民法院提起民事诉讼。经利辛县人民法院调解、判决后均已结案，现处于申请强制执行阶段，已将姜某 1 和梁某芳、代某和赵某名下抵押登记的龙居大厦商铺查封。

11. 利辛县公安局出具的情况说明：证明被告人李某等人从建设银行某支行贷款共计 1363 万元，按揭款转入赵某的个人账户，该个人账户资金来源及去向复杂，无法进一步核实按揭贷款资金去向及用途。

12. 证人武某 1 的证言：证明龙居公司是 2010 年下半年成立的，2011 年 4 月份左右，该公司开发了"龙居大厦"的项目。他和赵某、张某 2 是股东，赵某名下的股份是李某的，李某因为是公务员身份，所以就没有参与工商登记。公司运行是李某主持，李某是实际控制人，他不问事，田某和赵某是会计，田某主要负责房产局和银行的业务，赵某是现金会计，他是公司的法定代表人。因为李某又参与了另一个小区的项目开发，公司的资金就紧张了，从外面借款利息太高，套银行的贷款利息低，他和李某等人讨论后决定从银行套钱，他和李某负责对外找合适的假按揭购房人，田某、赵某负责具体操作。当时李某找的是田某、姜某 2、姜某 1、代某，他找的是他三姐武某 2 和朱某，朱某没有通过银行审批。具体操作是：找来的人和龙居公司签订购买商铺的购房合同，后公司通过银行转账方式把个人购买商铺的预付款弄好，由公司出具相关手续到银行办理按揭贷款，贷款下来以后，钱由公司使用，每个月的月供公司安排会计赵某用现金到银行去还款。也就是说他们找的几个人从龙居公司假购房，只要在购房合同和按揭贷款手续上签字，并以各自的名字办理一张银行卡，其他手续都是龙居公司办理，上述五人也不需要付按揭贷款的首付款，公司通过转账把首付款转到上述五人的个人账户上，再把个人账户的这笔钱转入龙居公司账户，从银行转账单上能看出来购买商铺的个人账户已把首付款支付给龙居公司，其实，这些钱都是龙居公司的钱。

13. 证人姜某 1（李某弟弟）的证言：证明 2011 年底，他哥李某开发的龙居公司资金困难。李某让他以自己的名字购买两套商铺，从建设银行某支行贷款给龙居公司使用，缓解龙居公司的资金压力。李某是龙居公司的投资人，武某 1 是法定代表人，赵某、田某等人也在龙居公司工作。他和龙居公司签订商铺的买卖合同后，赵某和田某负责具体操作，等需要到银行去签字时，他再去签字，钱批下来后，贷款交给龙居公司使用，以后的月供也是龙居公司安排赵某去还。他在龙居公司购买的商铺，从建设银行某支行贷款 200 余万元。首付款是龙居公司的钱，李某安排赵某把首付款转到他和梁某芳账户上后，他再把钱转给龙居公司，从表面上是他通过转账把首付款支付给龙居公司了，其实转给龙居公司的钱还是龙居公司的钱。具体的手续和银行转账都是赵某和田某做的，贷款手续的签字是他和梁某芳本人签的字。

14. 证人代某的证言：证明她以购买的龙居大厦上下两间商铺作抵押在银行办理了按揭贷款，月供都是李某安排人付的，按揭贷款手续上面都是她本人签的字，她不用付首付款和月供。李某以她的名字从银行套钱的目的是因为社会上借款利息高，银行贷款利息低。帮助李某从银行套钱的还有姜某 2、姜某 1、田某，都是和她一样没有付首付款和月供。

15. 证人田某的证言：证明 2011 年底，龙居公司的资金困难，李某要以他的名字和龙居公司签订商品房买卖合同，再从银行套钱给龙居公司用。他在龙居公司名下登记的房号是 109（209），签好协议后，赵某把首付款从龙居公司的账户上转到他个人卡上，他再把钱转给龙居公司的账户，从银行流水看就是他向龙居公司交的首付款。龙居公司给他出具的首付款收据后，带着其他资料到建设银行某支行去申请银行按揭贷款 95 万元，贷款下来后，钱给龙居公司用，月供是赵某给他以后，他再到银行去存的。龙居公司后期还不上月供时，他自己支付了 7 个月的月供。用现金还款的目的是为了避免被人发现，如果用银行转账，容易被发现是假按揭。因为李某是公安局的干警，虽然在龙居公司没有职位，但龙居公司实际是李某掌握的，李某安排他和赵某负责上述五人的按揭贷款具体操作。和他一样办理假按揭的还有姜某 1、姜某 2、代某、武某 2。

16. 证人姜某 2（李某弟弟）的证言：证明 2011 年底，他哥李某因为资金困难找到他，想用他的名字购买商铺，贷款出来后给龙居公司用，因为银行的按揭贷款利息比社会上的融资成本低，他想帮李某，就同意了。办理贷款的手续都是李某准备好的，首付款证明也是李某安排龙居公司的人操作的，他名下登记的商铺是龙居大厦的一幢 301（302），贷款金额是399 万元。贷款下来以后，前期的月供是赵某还的，后来是他二嫂梁某芳去替他们几个还的。假购房的还有姜某 1、代某、武某 2、田某一共五人。2015 年 9 月份，李某的资金链断裂，他怕影响他的征信系统，以后的钱都是他自己还的。

17. 证人武某 2 的证言：证明她弟弟武某 1 是龙居公司的法定代表人，龙居公司的资金紧张，武某 1 提出以她的名字从龙居大厦登记两间商铺，从银行办理贷款，贷款给龙居公司用，购买商铺的首付款和贷款以后的月供她都不需要负责。签订购买龙居大厦的商铺资料都是武某 1 让田某领着她去办的手续。按揭贷款一共是 200 余万元。2014 年 6 月份，建设银行某支行打电话说她名下的按揭贷款逾期没有还款，她为了保住自己的银行信誉度，自 2014 年 11 月份以后，她开始自己每个月偿还银行的贷款。

18. 证人张某 1 的证言：证明他于 2011 年 2 月至 2013 年 1 月在龙居公司工作，负责打印龙居公司商品房屋的合同和备案，姜某 2、代某、田某、武某 2、姜某 1 的合同都是他按照李某的安排签订，并到房产局备案的。李某是公司的老总，武某 1 是法定代表人，赵某和田某是会计。

19. 被告人李某的供述和辩解：2010 年下半年，他和武某 1、赵某、张某 2 共同出资成立了龙居公司，武某 1 是公司的法定代表人，他是龙居公司的实际投资人。大约在 2011 年 3 月份，他和武某 1、赵某等人又开发了一个新小区，同年年底，新项目因资金链断裂导致项目无法进行，为了继续开发项目，2012年初，他和武某1、赵某、田某等人在龙居公司的办公室里，商议决定以假销售的方式从银行办理按揭贷款。他和武某1商议后，分别负责找合适的亲戚来购房，他找的是田某、姜某1、姜某2、代某，武某1找的是武某2、朱某，但是朱某的贷款手续没有通过银行审批。其中，姜某2和姜某1是他弟弟，代某是他表弟赵某的妻子，田某是他表妹夫。公司负责做相关的按揭贷款手续，田某负责协调银行按揭贷款的审批，赵某负责资金的转款并协助田某办理相关手续，具体的细节他不参与。以亲戚的名字购房的首付款、月供都是他们公司负责，购房人不需要出一分钱，至于赵某、田某怎么转款，通过什么账户转款他都不过问。贷款下来以后，钱归龙居公司使用，因为按揭贷款的利息要比他从社会上融资低得多。以姜某2、姜某1、代某、田某、武某2名字办理的按揭贷款共计1000余万元。这五人都没付首付款，都是公司的钱进入个人账户，再把个人账户的钱转给龙居公司，这样从账面上看就能反映出来上述五人向龙居公司交了首付款，其实还是龙居公司的钱。后因为资金困难，上述五人的月供就开始出现逾期不能按时还款，之后，武某2自己还的月供。这五人都是在公司后期财务资金紧张时，才用自己的钱偿还了一部分月供。

20. 被告人赵某的供述和辩解：2011年，龙居公司成立时，他和武某1、张某2是股东，法定代表人是武某1，后来又变更为其他人了。他和武某1没有实际投资，实际是李某和张某2出资的。龙居公司实际的控制人和运营都是李某，他在龙居公司是现金会计和兼职司机，他并不是龙居公司的股东，龙居公司只是用他的名字登记一下，因为李某是公安局的干警，所以龙居公司才以他的名字当股东，公司每个月发给他2000元的工资。2011年底，在龙居公司售楼部二楼，他和李某同武某1、田某等人商量，以别人的名字购买龙居大厦的房子，然后到银行去办理按揭贷款，把银行的钱套过来以后，用于项目和其他资金的利息，因为从外面借款利息太高，从银行贷款利息低。用田某、姜某2、姜某1、代某、武某2五人的名字从利辛县龙居大厦购买商铺，购买商铺的首付款由龙居公司负责，再把上述五人的收入证明弄好，他们拿着相关资料到银行去申请按揭贷款，贷款批下来以后，贷款的钱会转入龙居公司的账户，按李某的安排，每个月的月供是他提前取好现金，在规定的时间内存到建行银行某支行的贷款卡里，他

负责还月供到 2013 年下半年，以后就交给梁某芳了。田某、姜某 2、姜某
1、代某、武某 2 五人都知道自己签的是假购房合同，因为他们不需要出一
分钱，只负责签字，其他的手续都由他和田某办理，房子还是龙居公司
的，龙居公司只是用他们的名字套钱，他们一共从建设银行某支行贷款
1000 余万元。

21. 被告人梁某芳的供述和辩解：2012 年的一天，田某给她打电话说
龙居公司需要以姜某 1 的名字登记两间商铺在银行办理按揭贷款手续，并
让她到建设银行某支行签字，因为她和姜某 1 是夫妻。赵某先把钱打到她
和姜某 1 的账户上，然后姜某 1 再把钱转到龙居公司的账户上，在账面上
就显示姜某 1 把购买商铺的首付款交了，这样公司就可以给她开首付款收
据凭证。2012 年，姜某 1 从龙居大厦假购房贷款下来后，赵某每个月用现
金存款去还月供。2013 年下半年，她任龙居公司的出纳会计，赵某让她每
个月从银行取现金分别给田某、代某、姜某 1、姜某 2、武某 2 偿还月供，
不能用银行转账，否则容易被发现。

本院认为：公诉机关指控被告人李某、赵某从建设银行某支行获取贷
款 1363 万元，其中，被告人梁某芳帮助李某获取贷款 279 万元的事实清
楚。但根据建设银行某支行出具的证明及相关书证，李某等人虽系假借姜
某 1、姜某 2、代某、田某、武某 2 五人名义办理按揭贷款，但所购商铺均
进行了抵押登记，并扣划了保证金，即上述贷款已向银行提供了符合要求
的担保，不至于给银行造成实际损失。同时，贷款出现逾期后，建设银行
某支行已就其债权依据合同约定向利辛县人民法院提起民事诉讼，且利辛
县人民法院已经作出生效裁判，并查封了相关抵押房产。综上，根据现有
证据材料，公诉机关未能举证证明李某、赵某、梁某芳三被告人骗取贷款
的行为给银行造成 20 万元以上的经济损失，或者致使 100 万元以上的贷款
处于危险之中危及贷款安全的事实，不属于《中华人民共和国刑法》第一
百七十五条之一第一款规定的有其他严重情节。故公诉机关指控三被告人
犯骗取贷款罪的事实不清、证据不足，指控罪名不能成立。对被告人李
某、赵某辩解其不构成犯罪及其相应的辩护人对三被告人的行为不构成骗
取贷款罪的辩护意见，本院予以采纳。案经本院审判委员会讨论决定，依
照《中华人民共和国刑事诉讼法》第一百九十五条第（三）项的规定，判

决如下：一、被告人李某无罪。二、被告人赵某无罪。三、被告人梁某芳无罪。

实务要点 2

1. 骗取贷款罪的实质要件。骗取贷款罪不仅要关注骗取的外在表现形式，更应当进行实质把握。对于在贷款中提供虚假销售合同，但抵押合同真实，且贷款到期全部归还，没有给银行或者其他金融机构造成损失或者有其他严重情节的，且银行在放贷之前对企业经营状况进行了调查核实，认为企业符合放贷条件，放贷银行应当对调查核实的真实性承担责任。综上，企业是否构成骗取贷款罪应从实质要件把握，不宜轻易认定为犯罪。

2. "借新还旧"归还贷款的性质认定。本案中，被告单位及被告人未利用银行管理漏洞，也未与银行工作人员勾结来骗取贷款。被告单位及被告人利用"借新还旧"来归还贷款，一方面降低银行不良贷款率，另一方面也可以避免企业出现不良资信。在被告单位及被告人向银行贷款过程中，给银行提供的购销合同虽然是虚假的，但足额提供了真实的抵押物，在被告单位及被告人不能归还贷款时，抵押物变现也可以足额偿还贷款本息；同时，在案发前被告单位及被告人已偿还全部贷款本息，因此，该事实不宜作为犯罪处理。

案例：单位以虚假销售合同、真实抵押向银行贷款后如期归还行为性质的认定——内蒙古某集团股份有限公司等骗取贷款案

基本案情

2000 年 12 月至 2013 年 6 月间，内蒙古某集团股份有限公司（以下简称某集团）董事长郭某甲为了公司的发展，先后请托时任内蒙古某甲商业银行董事长（后任内蒙古某乙银行董事长）的杨某某（另案处理），在某集团从内蒙古某甲商业银行和内蒙古某乙银行先后获得贷款累计 118120 万元，在内蒙古某甲商业银行购买某甲国际大厦作为某支行商业和办公用房，购买某乙国际大厦作为总行营业办公用房等事项上提供帮助。为了感谢杨某某在上述事项上的帮助，被告人郭某甲先后向杨某某行贿现金、商品房、商铺、车库等共计 23371382 元。

2011年10月，某集团向内蒙古某乙银行贷款的1.75亿元临近到期，被告人郭某甲让某集团财务总监郭某乙（另案处理）从内蒙古某乙银行某支行办理还旧贷新的贷款手续。后郭某乙提供了抵押合同、抵押合同补充说明及虚假的钢材购销合同等贷款材料，向内蒙古某乙银行某支行申请短期流动资金贷款1.65亿元，内蒙古某乙银行股份有限公司某支行，对某集团经营情况及还款来源、贷款用途、企业财务情况、贷款抵押情况等进行调查，调查后同意发放某集团申请的1.65亿元流动资金贷款，约定贷款期限一年，利率上浮70%，按年利率11.152%执行，并用某项目的在建工程81548.23平方米及所分摊的土地13511平方米使用权作为抵押。内蒙古某乙银行股份有限公司某支行于2011年11月29日起，先后分五笔款将1.65亿元贷款汇到了某商贸有限公司账户。后某集团将该笔贷款的一部分资金用于归还公司的其他贷款，另一部分用于某集团工程等支出。某集团于2012年11月29日起分多次将1.65亿元贷款全部归还内蒙古某乙银行某支行。

内蒙古自治区乌拉特前旗人民法院于2016年12月25日作出（2016）内0823刑初54号刑事判决：一、被告单位内蒙古某集团股份有限公司犯单位行贿罪，判处罚金人民币600万元；二、被告人郭某甲犯单位行贿罪，判处有期徒刑一年零七个月；三、被告单位退缴的人民币100万元，予以没收。宣判后，内蒙古自治区乌拉特前旗人民检察院提出抗诉。内蒙古自治区巴彦淖尔市中级人民法院于2018年11月16日作出（2017）内08刑终40号刑事裁定，驳回抗诉，维持原判。

法律依据

《中华人民共和国刑法》

第一百七十五条之一 【骗取贷款、票据承兑、金融票证罪】以欺骗手段取得银行或者其他金融机构贷款、票据承兑、信用证、保函等，给银行或者其他金融机构造成重大损失的，处三年以下有期徒刑或者拘役，并处或者单处罚金；给银行或者其他金融机构造成特别重大损失或者有其他特别严重情节的，处三年以上七年以下有期徒刑，并处罚金。

单位犯前款罪的，对单位判处罚金，并对其直接负责的主管人员和其他直接责任人员，依照前款的规定处罚。

关联索引

最高人民法院案例库案例

裁判文书

内蒙古某集团股份有限公司、郭某甲单位行贿罪二审刑事裁定书
内蒙古自治区巴彦淖尔市中级人民法院
刑 事 裁 定 书
（2017）内 08 刑终 40 号

抗诉机关乌拉特前旗人民检察院。

原审被告单位内蒙古某集团股份有限公司，住所地内蒙古自治区呼和浩特市赛罕区新建东街 68 号。

诉讼代表人常某雄，系该公司副总裁。

辩护人王彩霞，内蒙古融兴律师事务所律师。

原审被告人郭某甲，男，1954 年 4 月 24 日出生，身份号码×××，汉族，硕士研究生，系内蒙古某集团股份有限公司董事长，现住呼和浩特市。2014 年 10 月 19 日因涉嫌行贿罪，经内蒙古自治区人民检察院决定指定居所监视居住，2014 年 11 月 26 日被巴彦淖尔市公安局刑事拘留，2014 年 12 月 13 日被逮捕，2016 年 6 月 3 日被取保候审，同年 12 月 27 日被乌拉特前旗人民法院逮捕，同年 12 月 28 日被乌拉特前旗人民法院决定取保候审于现住址。

辩护人那日苏，内蒙古融兴律师事务所律师。

乌拉特前旗人民法院审理乌拉特前旗人民检察院指控被告单位内蒙古某集团股份有限公司、被告人郭某甲犯单位行贿罪、骗取贷款罪一案，于 2016 年 12 月 25 日作出（2016）内 0823 刑初 54 号刑事判决，宣判后，被告单位内蒙古某集团股份有限公司、被告人郭某甲无异议，同级人民检察院以"部分事实未认定"等为由，向本院提出抗诉。本院于 2017 年 2 月 20 日立案，并依法组成合议庭，经巴彦淖尔市人民检察院阅卷，于 2018 年 9 月 17 日公开开庭审理了本案。巴彦淖尔市人民检察院检察员孙凯出庭履行职务，原审被告单位诉讼代表人常某雄及其辩护人王彩霞、原审被告人郭某甲及其辩护人那日苏到庭参加诉讼。现已审理终结。

乌拉特前旗人民法院判决认定：

一、被告单位内蒙古某集团股份有限公司、被告人郭某甲犯单位行贿罪的犯罪事实和证据。

2000年12月至2013年6月间，内蒙古某集团股份有限公司（以下简称某集团）董事长郭某甲为了公司的发展，先后请托时任内蒙古某甲商业银行董事长（后任内蒙古某乙银行董事长）的杨某某（另案处理），在某集团从内蒙古某甲商业银行和内蒙古某乙银行先后获得贷款累计人民币118120万元、在内蒙古某甲商业银行购买某甲国际大厦作为某支行商业和办公用房、购买某乙国际大厦作为总行营业办公用房等事项上提供的帮助，为了感谢杨某某在上述事项上的帮助，被告人郭某甲先后向杨某某行贿现金、商品房、商铺、车库等共计折合人民币2337.1382万元。

（一）2008年，某集团在呼市如意开发区开发某乙国际房地产项目，时任该公司董事长的被告人郭某甲请托时任内蒙古某甲商业银行董事长杨某某，购买了某集团开发的某乙国际大厦作为内蒙古某甲商业银行总行营业办公用房。被告人郭某甲为了感谢杨某某提供的帮助，承诺杨某某需要用钱时可以提供帮助。2008年12月18日，杨某某的情妇张某1（另案处理）与杨某某的朋友宋某（另案处理）各自出资50万元共同成立了内蒙古某矿业发展有限公司，因该公司投资成立后未获利，2009年上半年，杨某某和宋某商议成立一个投资公司，注册资金由杨某某解决，由宋某负责经营。2009年6月份，杨某某向被告人郭某甲提出准备成立一个投资公司，注册资金需要2000万元，让被告人郭某甲出资，被告人郭某甲表示同意。后杨某某让宋某和被告人郭某甲联系商议具体事宜，并让宋某注意规避某集团和杨某某之间的行、受贿事实。后宋某联系被告人郭某甲商定出资事宜，并商定在工商注册资料中不能反映某集团。按照约定，某集团出资的1980万元分两笔990万元打款，一笔由某集团出资向宋某为法定代表人的隆某（北京）投资公司（以下简称隆某公司）转款，以隆某公司名义入股990万元；一笔由某集团出资以被告人郭某甲亲属李某个人名义入股990万元。2009年7月8日、7月17日这两笔990万元分别以隆某公司和李某名义汇入内蒙古某矿业发展有限公司账户。2009年7月29日，内蒙古某矿业发展有限公司变更为内蒙古某投资开发有限公司（以下简称某公司），宋某为法定代表人，杨某某为该公司的实际控制人。某公司注册成立后，被告人郭某甲经请示杨某某同意，某集团向某公司借款 1000 万元。2009 年 7 月 29 日和 8 月 11 日分两次从某公司账户汇入某集团账户共计1000 万元，期间某集团向某公司支付利息 120 万元。案发后，某集团财务总监郭某乙退缴了从某公司借出的给杨某某行贿的 100 万元赃款。

上述事实，有下列经庭审举证、质证、认证的证据证实：

1. 指定立案管辖的批复、立案决定书，证实内蒙古自治区人民检察院指定该案由巴彦淖尔市人民检察院立案管辖。

2. 交办案件通知书、指定管辖批复，证实内蒙古自治区人民检察院同意该案交由乌拉特前旗人民检察院审查起诉。

3. 指定审理函，证实内蒙古自治区高级人民法院指定该案由乌拉特前旗人民法院审理。

4. 营业执照、组织机构代码证、企业法人营业执照、法定代表人登记表、内蒙古某集团股份有限公司工商注册资料，证实内蒙古某集团股份有限公司于 1992 年 9 月 30 日成立，法定代表人（董事长）为郭某甲，单位所在地呼和浩特市赛罕区新建东街 68 号。

5. 杨某某的任职令、干部任免职文件、内蒙古某甲商业银行股份有限公司的企业法人营业执照、组织机构代码证，证实中国共产党呼和浩特市委员会于 2000 年 10 月 26 日同意杨某某比照副厅级干部管理，内蒙古自治区人民政府于 2010 年 4 月 21 日任命杨某某为内蒙古某乙银行董事长，为该企业的法定代表人。

6. 内蒙古某集团公司借款申请书、贷款审批书、质押借款合同、抵押借款合同、内蒙古某集团有限公司贷前再调查报告、某集团贷款情况一览表，证实内蒙古某集团有限公司从 2000 年以来至 2013 年 6 月在内蒙古某甲商业银行、内蒙古某乙银行累计贷款 118120 万元的事实。

7. 抵贷资产置换为总行营业办公用房的请示、批复、董事会决议、会议纪要、商品房买卖合同及付款资料，证实内蒙古某甲商业银行同意将某集团在建的某乙国际大厦置换为内蒙古某甲商业银行总行营业办公用房的事实。

8. 关于购置总行办公大楼负二层的议案、审查意见、批复、董事会决议、会议纪要及文件、商品房买卖合同及付款资料，证实内蒙古某乙银行同意购置内蒙古某集团股份有限公司的奈某国际大楼负二层的事实。

9. 内蒙古自治区审计报告，证实原内蒙古某甲商业银行违规购置内蒙古某集团股份有限公司的办公楼，该笔交易内蒙古某乙银行未进行可行性论证，也未经监事会审批和备案银监会的事实。

10. 企业法人营业执照、组织机构代码证、工商注册资料、财务资料，证实2008年12月18日成立内蒙古某矿业发展有限公司，某恒润国际文化传媒有限公司和北京某投资有限公司各出资50万元，2009年7月份该公司变更为内蒙古某投资开发有限公司，北京某投资有限公司增加出资990万元，李某出资990万元，法人是宋某。

11. 银行转款凭证、财务资料，证实某集团公司于2009年7月8日通过某商贸有限公司汇入北京某投资有限公司人民币990万元的事实。

12. 银行汇款凭证、财务记账凭证，证实2009年7月8日北京某投资有限公司汇入内蒙古某投资开发有限公司人民币990万元；2009年7月17日李某汇入内蒙古某投资开发有限公司人民币990万元的事实。

13. 委托持股协议，证实北京某投资有限公司以自己的名义代内蒙古某集团股份有限公司持有内蒙古某投资开发有限公司33%的股权，计人民币990万元的事实。

14. 银行汇款凭证、收款收据、财务记账凭证，证实2009年7月29日内蒙古某投资开发有限公司汇入内蒙古某集团股份有限公司人民币500万元，2009年8月11日内蒙古某投资开发有限公司汇入内蒙古某集团股份有限公司人民币500万元的事实。

15. 合作协议书、补充协议，证实2009年7月29日内蒙古某投资开发有限公司愿以1000万元资金与内蒙古某集团股份有限公司合作房地产开发项目，期间，内蒙古某集团股份有限公司分配给内蒙古某投资开发有限公司120万元投资收益的事实。

16. 终止执行合作协议书的合同，证实自2010年8月26日起内蒙古某投资开发有限公司将1000万元投资款转为借款资金，并约定内蒙古某集团股份有限公司于2014年1月19日前将借款1000万元归还的事实。

17. 扣押清单、个人汇款委托书、收款凭证、说明、内蒙古自治区单位资金往来收据，证实郭某1经办的内蒙古某集团股份有限公司给巴彦淖尔市人民检察院退缴人民币100万元的事实。

18. 证人杨某某的证言，证实他在筹备内蒙古某甲商业银行寻找股东期间，认识郭某甲的，他在担任内蒙古某甲商业银行董事长期间，郭某甲的企业一直在内蒙古某甲商业银行贷款，在贷款速度、贷款数额、贷款转贷业务等方面他给予过帮助。2008年内蒙古某甲商业银行准备更名为内蒙古某乙银行，并盖一座新的办公楼，当时，郭某甲也是内蒙古某甲商业银行的董事，在开董事会时，郭某甲提出让内蒙古某乙银行购买某乙国际大厦作为办公楼，郭某甲私下找到他，让他帮忙，通过这样以房抵贷，某甲国际大厦的楼房整体销售了，减轻了贷款的压力，企业也快速地回笼了资金。事后，郭某甲感谢他说，以后需要房子和钱尽管和他说。2008年，为了让张某1挣点钱，他和宋某共同商议要成立一个公司，他找到郭某甲说要成立一个公司，需要2000万元股本，郭某甲表示同意。后他将郭某甲送的2000万元告诉了宋某。为了规避郭某甲送钱一事，他让宋某和郭某甲商议某投资公司成立及打款的具体事宜。宋某告诉他郭某甲的妹妹担任挂名股东，他让宋某也以挂名股东的身份承担一部分股份。某公司成立后，宋某打电话说郭某甲要从某公司借款1000万元，并签订了借款协议，约定了利息。

19. 证人张某1的证言，证实2008年她和宋某各出资50万元成立了一个某矿业公司，公司成立后，一直没有具体业务，后宋某说想把矿业公司变更成投资公司，杨某某说郭某甲已将2000万元注册资金解决了，某公司成立后，宋某是法人，宋某以北京隆某公司名义注入资金990万元，这990万元是奈某公司出的，李某的990万元也是奈某公司出资的，李某没有实际参与过公司的经营管理。

20. 证人宋某的证言，证实2008年杨某某提出要成立一个矿业公司，后他和张某1各出资50万元成立某矿业公司，公司成立后，一直没有具体业务。2009年杨某某提出要把公司扩大注资，具体让他和郭某甲商议，他找到郭某甲，郭某甲说目前只能拿出2000万元，郭某甲说注册这个投资公司不要以某集团名义，提出可以找人代持，在公司实际注册时为了凑整数，通过计算出资990万元正好是33%，后来某集团公司转出两笔990万元，他以北京隆某公司名义出资 990 万元，以李某名义出资 990 万元，这 1980 万元是郭某甲送给杨某某的，所以杨某某说了算。公司成立后郭某甲提出要借用 1000 万元，可以给付利息，杨某某说按 3 分钱的利息，郭某甲表示同意，后来还签订了借款协议。

21. 证人山某的证言，证实她是北京某投资有限公司的挂名法人，公司一直是由宋某经营管理，她没有具体参与过公司的经营管理。

22. 证人郭某乙（郭某甲的妹妹）的证言，证实她是某集团公司的财务总监，2009 年 7 月份，郭某甲说要组建一个公司，但持股人不能和某集团有关系，郭某甲让李某代持股，郭某甲让她给李某转过 990 万元钱，给北京隆某公司转过 990 万元代持股款。后某集团向某公司借款 1000 万元，并签订了一个合作投资协议，后来转为借款，某集团给某公司支付过 120 万元利息。

23. 证人李某的证言，证实 2009 年夏天，郭某甲打电话说要成立一个公司，让她用北京某地产公司的钱，以她的名义出资 1000 万元，需要签字的时候签字，其他的事情不用她管，后来宋某找她签的字。郭某乙给她打款 990 万元，她又给某公司打了 990 万元款。

24. 证人卢某的证言，证实 2008 年 12 月至 2014 年她担任某投资公司的会计，2009 年 7 月份，某公司与某集团公司签过一份投资协议，协议内容是某公司向某集团投资 1000 万元，投资期限 12 个月，奈某向某公司固定分红 360 万元，也就是按三分钱计息。2011 年 6 月份，某集团公司给某公司支付过 120 万元的分红款。

25. 证人刘某的证言，证实 2008 年 12 月至 2014 年他在某公司担任出纳，2009 年宋某指示他和卢某给某集团公司投资 1000 万元，这笔款至今没有归还。

26. 证人周某的证言，证实 2004 年至今她担任某集团公司的会计，某集团公司与某公司有一笔 1000 万元的借款，一直没有归还。

27. 被告人郭某甲的供述，证实 2006 年或 2007 年，他听说内蒙古某乙银行要更换办公楼，就找到内蒙古某乙银行董事长杨某某，提出内蒙古某乙银行能不能购买某集团在建的奈某如意国际大楼，杨某某表示同意购买，他和杨某某说事成后给他送 2000 万元，并说需要钱时和他说。后内蒙古某乙银行购买了奈某公司的大楼，公司盈利了大约5000万元，而且资金回笼比较快，减轻了公司在其他银行的贷款压力。2008年或2009年的一天，杨某某把他叫到办公室，说要成立投资公司，让他出资2000万元，并说不要直接以某集团的名义出这2000万元，具体事情让他和宋某联系。过了几天，他和宋某商量其中的1000万元股份由宋某代持，剩余的1000万元股份由李某代持。后他安排财务总监郭某乙负责打款。公司成立后，他向公司借款1000万元。当时杨某某和宋某都表示同意，但是要求他支付利息。期间支付过100多万元的利息，但这1000万元借款至今也没有归还。

28. 户籍证明，证实被告人郭某甲的身份、住址等情况。

（二）2000年9月份，张某1向杨某某提出购买内蒙古某地产开发有限责任公司（系某集团的子公司，以下简称某地产公司）开发的奈某公寓商品楼，杨某某向被告人郭某甲提出在奈某公寓购房的要求。为了感谢杨某某在某集团从内蒙古某甲商业银行办理贷款、贷款延期等方面提供的帮助，2000年9月29日，被告人郭某甲安排某地产公司的工作人员开具两张收到张某加（张某1的父亲）购奈某公寓房款和购煤气、有线、可视对讲门铃款共计221382元的收据一并交给杨某某。杨某某收下收据后交给张某1，张某1持上述两张收据办理了购房手续，并将该套房户名由张某加变更为张某1，后该套房被张某1的姐姐张某2出售。

上述事实，有下列经庭审举证、质证、认证的证据证实：

1. 商品楼销售合同书、商品店铺销售合同书、付款收据、房屋产权档案资料，证实2000年9月29日张某1购买奈某公寓9#-3-2号房屋，该房屋的房款、煤气、有线、对讲门铃等总价值221382元的事实。

2. 证人杨某某的证言，证实2000年上半年，张某1提出想在某集团买一套住宅，他和郭某甲说想购买一套住宅，后郭某甲交给他一张20多万元的购房交款收据，后他给了张某1。张某1将房屋户名变更为张某1，后张某1将房卖了。

3. 证人张某1的证言，证实2000年，她和杨某某提出想给自己父母亲买套房，杨某某领她去奈某公寓看了一套住宅，后杨某某把钥匙和收据交给她，这套房是以她父亲张某加的名字登记的，后来办理购房手续时变更在她自己名下，后她姐把这套房卖了。

4. 证人张某 2 的证言，证实 2001 年张某 1 以 25 万元的价格在奈某公寓购买了一套房。2007 年她花了 29 万元买下了该套房，但是一直没有变户，2013 年她将该套房卖给了乌海的一个退休教师。

5. 证人张某 3 的证言，证实她从 1994 年至今在某集团房地产公司工作，2000 年的时候，郭某甲让她在没有收到房款的情况下，出具过两张购房收据。

6. 被告人郭某甲的供述，证实杨某某是内蒙古某乙银行的董事长，奈某公司从内蒙古某乙银行贷款时，杨某某在办理贷款、贷款延期、加快发放贷款速度等方面提供了帮助，同时，为了以后办理贷款方面还需要杨某某提供帮助。2000 年，具体时间记不清了，杨某某跟他说想给朋友购买某地产公司开发的奈某公寓的住宅，他和杨某某去奈某公寓看的房，后杨某某让他先把买房手续办了，他让某地产公司销售副经理张某 3 办理的手续，并出具了收据，他将收据交给了杨某某。

（三）2000 年 11 月份，张某 1 选中了奈某公寓的一套商铺后向杨某某提出准备购买。杨某某再次联系被告人郭某甲提出购买商铺的要求，为了感谢杨某某在上述事情上的帮忙，被告人郭某甲从某地产公司支取 25 万元现金送给杨某某，并告诉杨某某是购买商铺的价款，让杨某某直接去某地产公司办理购房手续。杨某某收下该款后交给张某 1，后张某 1 办理了购买商铺的手续。

上述事实，有下列经庭审举证、质证、认证的证据证实：

1. 房屋产权档案资料、商品店铺销售合同书，证实 2000 年 11 月 23 日张某 1 购买奈某公寓 8 号楼 18 号商铺，价值 25 万元。

2. 证人杨某某的证言，证实 2000 年，奈某公寓的商铺盖好了，张某 1 又提出想购买一套商铺，他和郭某甲说了想购买奈某公寓的商铺一事，后郭某甲交给他一个装有 25 万元的纸袋，说是购买商铺的钱。他将钱交给了张某 1，张某 1 具体办理的购买商铺的手续。

3. 证人张某 1 的证言，证实 2000 年时，杨某某跟她说奈某公寓有一套商铺要买下来，并交给她 25 万元，她去售楼部办理的购买手续。

4. 被告人郭某甲的供述，证实 2000 年，杨某某说想给他的朋友在奈某公寓购买一套商铺，他给某集团房地产售楼部打了一张借条，拿了 25 万元钱交给了杨某某。

（四）2004 年底 2005 年初的一天，张某 1 向杨某某提出购买奈某公寓的一个车库，杨某某联系被告人郭某甲提出购买车库的要求，为了感谢杨某某在上述事情上的帮忙，被告人郭某甲安排某地产公司的工作人员挑选了奈某公寓 8 号楼 15 号车库，后将车库钥匙交给张某 1，这个车库一直由张某 1 使用。案发后，经鉴定该车库价值人民币 10 万元。

上述事实，有下列经庭审举证、质证、认证的证据证实：

1. 内蒙古自治区价格认证中心作出的价格鉴定结论，证实奈某公寓 8 号楼 15 号车库价值为 100000 元。

2. 记账凭证、收据，证实奈某公寓 8 号楼 15 号车库的物业管理费、取暖费、电费等户名均为张某 1。

3. 证人杨某某的供述，证实 2004 年，张某 1 提出要购买奈某公寓的车库，他和郭某甲说了此事，后张某 1 去该售楼部的财务部取了一把车库的钥匙，该车库张某 1 一直使用着。

4. 证人张某 1 的证言，证实因为奈某公寓的车特别多，她就跟杨某某说能不能从某地产买个车库，后杨某某让她去奈某公寓售楼部拿钥匙，她拿上钥匙后，该车库一直由她使用。

5. 证人张某 3 的证言，证实 2004 年或者 2005 年，郭某甲告诉她有人要使用奈某公寓的车库，要到售楼部领取车库的钥匙。

6. 被告人郭某甲的供述，证实 2004 年或者 2005 年，杨某某给他打电话说想从奈某公寓用个车库，他让张某 3 给安排一个车库，这个车库是他送给杨某某的。

（五）2008 年 6 月份，被告人郭某甲通过请托杨某某，在其帮助下，由内蒙古某甲商业银行出资购买了某集团的某甲国际大厦 A 座一层商铺和 A 座一单元 1701—1712 号房间作为内蒙古某甲商业银行某支行的商业和办公用房。期间，被告人郭某甲承诺要感谢杨某某。2010 年 6 月，张某 1 向杨某某提出给两个女儿购买保险。杨某某向被告人郭某甲提出需用现金人民币 300 万元。被告人郭某甲为了感谢杨某某在之前的帮忙，将装有现金人民币 300 万元的一个拉杆箱在呼和浩特市奈某酒店楼下交给杨某某。杨某某随即将这个装有 300 万元现金的拉杆箱交给张某 1。后张某 1 给其两个女儿购买保险支出200万元，购买住宅支出100万元。

上述事实，有下列经庭审举证、质证、认证的证据证实：

1. 商品房买卖合同及内蒙古某集团股份有限公司的说明，证实内蒙古某甲商业银行购买了某集团的某甲国际大厦A座一层商铺和A座一单元1701—1712号房间的事实。

2. 中国平安人身保险投保书，证实2010年6月30日张某1为张某4、张某5各购买了一份保险，每份保费金额为1010880元。

3. 证人杨某某的证言，证实2010年6、7月份，郭某甲和他说在鄂尔多斯市有个煤化工项目，让他协调一下国土资源厅和自治区办公厅的关系，事后，郭某甲在奈某酒店将一个装有300万元现金的深灰色拉杆箱交给他，他又交给了张某1。

4. 证人张某1的证言，证实2010年的一天，杨某某在呼和浩特市某小区楼下，交给她一个装有300万元的深色拉杆箱。后她将200万元给两个孩子购买了保险，剩余100万元她购买了住宅。

5. 证人郭某乙的证言，证实2010年的时候，郭某甲让她从财务上支取300万元现金，买个拉杆箱，一起送到郭某甲的办公室，该笔钱郭某甲一直没有和财务办手续，所以未作财务处理。

6. 被告人郭某甲的供述，证实2010年，内蒙古某乙银行董事长杨某某决定购买某集团公司开发的奈某国际A栋写字楼的底商和其中的一层写字楼作为内蒙古某乙银行的分行办公地点。奈某公司收到内蒙古某乙银行支付的购楼款后，为了感谢杨某某的帮助，他让公司财务人员郭某准备300万元现金，在奈某酒店他将一个装有300万元现金的深灰色拉杆箱交给了杨某某。

二、内蒙古某集团股份有限公司向内蒙古某乙银行贷款的事实和证据。

2011年10月份，内蒙古某集团股份有限公司向内蒙古某乙银行贷款1.75亿元临近到期，被告人郭某甲让某集团财务总监郭某乙（另案处理）从内蒙古某乙银行某支行办理还旧贷新的贷款手续。后郭某乙提供了钢材购销合同、抵押合同、抵押合同补充说明等贷款材料，向内蒙古某乙银行某支行申请短期流动资金贷款1.65亿元，内蒙古某乙银行股份有限公司呼和浩特新华东街支行，对内蒙古某集团股份有限公司经营情况及还款来源、贷款用途、企业财务情况、贷款抵押情况等进行了调查，调查后，同意发放某集团申请的1.65亿元流动资金贷款，约定贷款期限一年，利率上浮70%，按年利率11.152%执行，并用某项目的在建工程81548.23平方米及所分摊的土地13511平方米使用权作为抵押。内蒙古某乙银行股份有限公司呼和浩特新华东街支行于2011年11月29日汇款4000万元，2011年12月1日汇款4000万元，2011年12月1日汇款7000万元，2011年12月5日汇款400万元，2011年12月6日汇款1100万元，将该1.65亿元贷款汇到了某商贸有限公司账户。后某集团公司将该笔贷款的一部分资金归还了公司的其他贷款，一部分用于某集团工程等支出。内蒙古某集团股份有限公司于2012年11月29日还款6254万元，2012年11月30日还款7185万元，2012年12月12日还款3061万元，将16500万元全部归还。

上述事实，有下列经庭审举证、质证、认证的证据证实：

1. 并案侦查的批复、并案侦办的复函，证实内蒙古自治区人民检察院、内蒙古自治区公安厅同意郭某甲涉嫌骗取贷款犯罪与涉嫌单位行贿犯罪并案侦查。

2. 内蒙古某集团公司借款申请书、贷款审批书、质押借款合同、抵押借款合同、内蒙古某集团有限公司贷前再调查报告、某集团贷款情况一览表，证实内蒙古某集团有限公司从2000年以来至2013年12月在内蒙古某甲商业银行、内蒙古某乙银行累计贷款人民币125620万元，并全部归还的事实。

3. 内蒙古某集团股份有限公司关于办理16500万元借款申请、内蒙古某乙银行业务申请书，证实内蒙古某集团公司于2011年9月28日向内蒙古某乙银行提出贷款1.65亿元的申请。

4. 关于内蒙古某集团股份有限公司申请流动资金贷款16500万元调查报告、流动资金借款合同、抵押合同、抵押合同补充说明，证实内蒙古某乙银行于2011年10月19日作出某集团股份有限公司申请流动资金贷款16500万元调查报告，认为内蒙古某集团股份有限公司的发展符合国家产业及行业政策，经营情况良好，销售市场及网络正在逐年发展壮大，财务情况健康，具备较强的偿债能力及抗风险能力，且行业优势明显，市场前景看好。某集团公司在早期储备了大量低成本的土地，决定了该企业在房地产今后的一段时间内，仍能保持较高的盈利水平。目前"奈某国际"已完工并进入销售阶段，资金将大幅度回收，且贷款抵押物足值易变现，故还款来源较为充足。同意发放某集团申请的 1.65 亿元流动资金贷款，期限一年，利率上浮 70%，按年利率 11.152% 执行，并拟用某项目的在建工程 81548.23 平方米及所分摊的土地 13511 平方米使用权作为抵押。

5. 内蒙古某乙银行业务审批书，证实内蒙古某乙银行于 2011 年 10 月 21 日经过客户经理、业务审查小组、行长审批同意发放内蒙古某集团股份有限公司申请的流动资金贷款 16500 万元，期限一年，利率上浮 70%，按年利率 11.152% 执行，该笔贷款拟用某项目的在建工程 81548.23 平方米及所分摊的土地 13511 平方米使用权作为抵押。

6. 内蒙古某乙银行借款凭证、进账单、记账凭证、还款凭证，证实内蒙古某乙银行股份有限公司呼和浩特新华东街支行将 1.65 亿元贷款打到了某商贸有限公司账户，分别于 2011 年 11 月 29 日汇款 4000 万元，2011 年 12 月 1 日汇款 4000 万元，2011 年 12 月 1 日汇款 7000 万元，2011 年 12 月 5 日汇款 400 万元，2011 年 12 月 6 日汇款 1100 万元；内蒙古某集团股份有限公司于 2012 年 11 月 29 日还款 6254 万元，2012 年 11 月 30 日还款 7185 万元，2012 年 12 月 12 日还款 3061 万元，将 1.65 亿元贷款全部还清。

7. 证人郭某乙的证言，证实 2011 年 10 月底，具体时间记不清了，内蒙古某集团公司从内蒙古某乙银行贷款 1.75 亿元快到期了，她向郭某甲请示汇报后，郭某甲让她从公司筹集款归还贷款，并让她继续从内蒙古某乙银行办理申请贷款手续。她经办将这 1.75 亿元归还，并给内蒙古某乙银行提供了贷款 1.65 亿元的申请、抵押物材料、股东会决议等材料，因为银监局有文件规定，公司贷款必须第三方受托支付，后她用郭某豫的某商贸有限公司作为第三方给某集团股份有限公司办理了贷款。内蒙古某乙银行分三批给内蒙古某集团公司贷款共计 1.65 亿元。这 1.65 亿元全部打到某商贸有限公司账户。该笔款一部分用于归还某集团公司欠某信托股份有限公司的借款，剩余的 1700 万元用于某集团公司工程等支出。该 1.65 亿元贷款已经归还了。

8. 郭某 2 的证言，证实他是某商贸有限公司的法人代表，郭某乙和他说内蒙古某集团股份有限公司要用某商贸有限公司的账户倒贷款，他同意，并将某商贸有限公司的公章、财务章、他个人的印章交给了郭某乙。

9. 证人马某的证言，证实 2009 年至今她是内蒙古某乙银行新华东街支行信贷员，具体负责 1000 万元以上贷款的初期贷款调查、办理放贷手续、定期进行贷后检查、催收贷款业务。内蒙古某集团在她们行办理过贷款，2011 年内蒙古某集团公司从她们支行贷了 1.65 亿元，支行行长巴某跟她说让她压缩 500 万元办理放贷业务，这时，某集团从她们行贷款 1.7 亿元快到期了，她和某集团财务主管郭某乙联系的这笔贷款的还款及再贷业务。2012 年某集团将这笔 1.65 亿元贷款归还后，2013 年某集团又贷款 1.6 亿元。她们要求某集团公司按规定提交申贷资料，按照她们支行规定对申请贷款资料进行监管，只要企业是正常经营的，一般对企业还后再贷比较支持。

10. 证人巴某的证言，证实他在某支行担任行长，负责某支行的全盘工作。他在内蒙古某乙银行某支行工作期间，内蒙古某集团公司从他们银行办理过贷款。2011 年内蒙古某集团公司从他们某支行贷了 1.65 亿元。当时是内蒙古某集团公司工作人员郭某乙和他联系的，内蒙古某集团公司当时将奈某国际的楼盘作为抵押物，贷款用途购钢材。内蒙古某集团公司从他们某支行办理这笔贷款前的贷款全部还清了，这次是重新申请贷款。

11. 被告人郭某甲的供述，证实 2011 年 10 月底，内蒙古某集团公司从内蒙古某乙银行贷款 1.75 亿元快到期了，银行催他们公司还贷款，并说下次贷款压缩 1000 万元，按 1.65 亿元办理贷款手续，他安排郭某乙筹钱办理 1.75 亿元还贷手续，然后再办理 1.65 亿元贷款手续。因银行要求贷款方必须通过第三方支付，他让郭某乙用某商贸有限公司的账户走账，从内蒙古某乙银行贷出款后汇到某商贸有限公司，然后将款从某商贸有限公司支出来。这笔 1.65 亿元贷款实际用于公司的在建工程项目上，这笔贷款公司按期给内蒙古某乙银行归还了全部本息，没有给内蒙古某乙银行造成经济损失。

乌拉特前旗人民法院认为，被告单位内蒙古某集团股份有限公司为了谋取不正当利益，通过公司法定代表人、董事长的被告人郭某甲，向国家工作人员行贿，行贿数额人民币 2337.1382 万元，情节严重，其行为已构成单位行贿罪；被告人郭某甲作为犯罪单位的直接负责人，其行为已经构成单位行贿罪。内蒙古某集团股份有限公司向内蒙古某乙银行提供了钢材购销合同、抵押合同等申请贷款资料，向内蒙古某乙银行某支行申请短期流动资金贷款 1.65 亿元，某集团在取得该笔贷款后，将一部分资金归还其他贷款，一部分资金用于某集团工程支出。贷款到期后内蒙古某集团股份有限公司将 1.65 亿元全部归还。对此，内蒙古某集团股份有限公司在贷款 1.65 亿元的主观方面不具有非法占有金融资金的目的，且该 1.65 亿元贷款内蒙古某乙银行对某集团公司进行过风险评估调查，认为某集团股份有限公司的经营情况良好，符合银行放贷条件，同意发放某集团申请的 1.65 亿元流动资金贷款；客观方面虽然申报贷款理由和用途不一致，但该笔贷款到期全部归还，没有给内蒙古某乙银行造成损失，被告单位及被告人郭某甲的行为不构成骗取贷款罪。被告人郭某甲犯罪后认罪态度好，可以从轻处罚。案发后，被告单位内蒙古某集团股份有限公司退缴的人民币 100 万元系违法所得，应当予以没收。依照《中华人民共和国刑法》第三百九十三条、第三十条、第三十一条、第五十二条、第五十三条、第六十七条第三款、第六十四条之规定，以被告单位内蒙古某集团股份有限公司犯单位行贿罪，判处罚金人民币 600 万元；被告人郭某甲犯单位行贿罪，判处有期徒刑一年零七个月；被告单位退缴的人民币 100 万元，予以没收。

抗诉机关抗诉理由：原审判决对被告单位及被告人骗取贷款罪的犯罪事实及罪名未予认定，将数罪判决为一罪，适用法律不当，进而量刑错误。被告人郭某甲指使郭某以虚假的钢材购销合同及相关申请贷款材料申请短期流动资金贷款，其主观上有欺骗的故意，且属于"其他严重情节"，被告单位及被告人郭某甲的行为构成骗取贷款罪。

原审被告单位及其辩护人辩称，原审被告单位及原审被告人郭某甲主观上没有骗取贷款的故意，客观上银行也没有发放或者增加新的贷款额度。在办理贷款手续的过程中，原审被告单位和原审被告人的行为虽有不妥，但是因为贷款已经全部归还，没有给银行或者金融机构造成重大损失或者其他严重情节的行为，故原审被告单位的行为不符合骗取贷款罪的构成要件，不构成骗取贷款罪，原审法院认定事实和适用法律正确，人民检察院的抗诉理由不能成立。

原审被告人郭某甲及其辩护人辩称，原审被告单位内蒙古某集团股份有限公司转贷1.65亿元是为了延长2011年1.75亿元的还款期，2011年10月份在内蒙古某乙银行某支行办理了1.65亿元还旧贷新贷款业务，该笔贷款有真实的抵押，并且贷款已经全部归还，原审被告单位和原审被告人郭某甲主观上没有骗取贷款的故意，客观上银行也没有发放或者增加新的贷款额度；在办理贷款手续的过程中，原审被告单位和原审被告人的行为虽有不妥，但是因为贷款已经全部归还，没有给银行或者金融机构造成重大损失或者其他严重情节的行为，该案属借新还旧贷款的性质，故某集团公司1.65亿元的贷款行为不构成骗取贷款罪，原审法院认定事实和适用法律正确，人民检察院的抗诉理由不能成立。

检察机关的出庭意见是：一审判决未认定内蒙古某集团股份有限公司及郭某甲以欺骗手段取得贷款，属事实认定错误；内蒙古某集团股份有限公司、郭某甲使用虚假的钢材购销合同、虚假贷款用途，以欺骗手段取得银行贷款，金额高达1.65亿元，其行为符合骗取贷款罪的构成要件，应以骗取贷款罪追究刑事责任，请依法予以纠正。

二审审理查明的事实和证据与一审相同，本院予以确认。

本院认为，原审被告单位内蒙古某集团股份有限公司为了谋取不正当利益，通过公司法定代表人、董事长的原审被告人郭某甲，向国家工作人员行贿，行贿数额人民币2337.1382万元，情节严重，其行为已构成单位行贿罪；原审被告人郭某甲作为犯罪单位的直接负责人，其行为已经构成单位行贿罪。抗诉机关抗诉理由认为"原审判决对被告单位及被告人骗取贷款罪的犯罪事实及罪名未予认定，将数罪判决为一罪，适用法律不当，进而量刑错误"。经查，内蒙古某集团股份有限公司向内蒙古某乙银行提供了钢材购销合同、抵押合同等申请贷款资料，向内蒙古某乙银行某支行申请短期流动资金贷款1.65亿元，某集团在取得该笔贷款后，将一部分资金归还其他贷款，一部分资金用于某集团工程支出。申请人在办理该笔贷款中，虽提供了虚假的购销合同，有违法行为，该违法行为对金融机构的金融秩序具有危害性，但申请人提供了足额的贷款抵押，贷款到期后内蒙古某集团股份有限公司将1.65亿元贷款已全部归还，该笔贷款属"借新还旧"，没有给金融机构造成损失，亦不属于"其他严重情节"，不具有刑法意义上的惩罚性，对原审被告单位及原审被告人不宜以刑事犯罪论处。原审被告单位及原审被告人郭某甲的行为不构成骗取贷款罪。检察机关抗诉理由不成立，本院不予支持。关于原审被告单位内蒙古某集团股份有限公司的诉讼代表人及其辩护人提出"原审被告单位及原审被告人郭某甲主观上没有骗取贷款的故意，客观上银行也没有发放或者增加新的贷款额度。在办理贷款手续的过程中，原审被告单位和原审被告人的行为虽有不妥，但是因为贷款已经全部归还，没有给银行或者金融机构造成重大损失或者其他严重情节的行为，故原审被告单位的行为不符合骗取贷款罪的构成要件，不构成骗取贷款罪"。关于原审被告人郭某甲及其辩护人提出"原审被告单位内蒙古某集团股份有限公司转贷 1.65 亿元是为了延长 2011 年 1.75 亿元的还款期，2011 年 10 月份在内蒙古某乙银行某支行办理了 1.65 亿元还旧贷新贷款业务，该笔贷款有真实的抵押，并且贷款已经全部归还，原审被告单位和原审被告人郭某甲主观上没有骗取贷款的故意，客观上银行也没有发放或者增加新的贷款额度；在办理贷款手续的过程中，原审被告单位和原审被告人的行为虽有不妥，但是因为贷款已经全部归还，没有给银行或者金融机构造成重大损失或者其他严重情节的行为，该案属借新还旧贷款的性质，故奈某公司 1.65 亿元的贷款行为不构成骗取贷款罪"。经查，原审被告单位的诉讼代表人及其辩护人、原审被告人及其辩护人提出辩护意见、辩解理由与查明的事实相符，本院予以采纳。原审被告人郭某甲犯罪后认罪态度好，可以从轻处罚。案发后，原审被告单位内蒙古某集团股份有限公司退缴的人民币 100 万元，系赃款，依法没收，上缴国库。原审判决认定事实清楚，证据确实、充分，定罪准确，量刑适当，审判程序合法。依照《中华人民共和国刑事诉讼法》第二百三十六条第一款第（一）项之规定，裁定如下：驳回抗诉，维持原判。

三、信用卡诈骗罪

实务要点

1. 信用卡诈骗罪与非法经营罪的区分与认定。关于信用卡诈骗罪，

《中华人民共和国刑法》第一百九十六条规定："（四）恶意透支的。前款所称恶意透支，是指持卡人以非法占有为目的，超过规定限额或者规定期限透支，并且经发卡银行催收后仍不归还的行为。"关于非法经营罪，《中华人民共和国刑法》第二百二十五条第三项规定："未经国家有关主管部门批准非法经营证券、期货、保险业务的，或者非法从事资金支付结算业务的。"这里的"非法资金支付结算业务"主要包括非法买卖外汇、信用卡套现、非法票据贴现，以及《中华人民共和国刑法》第一百九十一条规定之外的地下钱庄洗钱等形式。因此，信用卡诈骗案件中，恶意透支与非法套现相互勾结的问题较为突出，对于为恶意透支的信用卡持卡人非法套现的行为人，应当根据其与信用卡持卡人有无犯意联络、有无非法占有目的等证据区分非法经营罪与信用卡诈骗罪。

2. 持信用卡非法套现恶意透支行为的认定。使用销售点终端机具（POS机）等方法，以虚构交易等方式向信用卡持卡人支付货币资金，违反了《中华人民共和国商业银行法》第三条、第十一条和2021年实施的《防范和处置非法集资条例》第三十九条等规定，系非法从事资金支付结算业务，构成非法经营罪。与恶意透支的信用卡持卡人同谋，或者明知信用卡持卡人意图恶意透支信用卡，仍然使用销售点终端机具等方法帮助其非法套现，构成信用卡诈骗罪的共同犯罪。虽然信用卡持卡人通过非法套现恶意透支，但证明从事非法套现的行为人构成信用卡诈骗罪共同犯罪证据不足的，对其非法经营、POS机套现的行为依法以非法经营罪定罪处罚。

案例：恶意透支信用卡持卡人非法套现行为的认定——孙某东信用卡诈骗、非法经营案

基本案情

2013年间，孙某东对外谎称是某银行工作人员，可以帮助不符合信用卡申办条件的人代办某银行大额度信用卡。因某银行要求申办大额度信用卡的人员必须在该行储蓄卡内有一定存款，孙某东与某银行北京分行某支行负责办理信用卡的工作人员王某君（在逃国外）商议，先帮助申办人办理某银行储蓄卡，并将孙某东本人银行账户中的资金转入该储蓄卡以达到申办标准，审核通过后再将转入申办人储蓄卡内的资金转回，随后由孙某

东帮助信用卡申办人填写虚假的工作单位、收入情况等信用卡申办资料，再由王某君负责办理某银行大额度信用卡。代办信用卡后，孙某东使用其同乡潘某1（因犯信用卡诈骗罪被判刑）经营的北京某食品有限公司（以下简称"某食品公司"）注册办理的POS机，以虚构交易的方式全额刷卡套现，并按照事先约定截留部分套现资金作为申办信用卡和套现的好处费，剩余资金连同信用卡交给申办人。通过上述方式，孙某东为他人申办信用卡46张，套现资金共计1324万元。截至案发时，16张信用卡无欠款，30张信用卡持卡人逾期后未归还套现资金，共计458万余元。

2016年9月，在北京市西城区人民检察院（以下简称"西城区检察院"）办理史某信用卡诈骗案过程中，史某供称其信用卡系一名为孙旭的男子代办，孙旭帮助其套现40万元后截留10万元作为好处费。检察机关认为，孙旭为他人套现信用卡资金的行为可能涉嫌非法经营罪，遂将线索移交公安机关。经公安机关核查，孙旭是孙某东。

2016年12月24日，西城区检察院对史某信用卡诈骗案提起公诉的同时，建议公安机关对孙某东涉嫌犯罪问题进行调查核实。公安机关经调取相关银行账户交易流水、信用卡申办材料、交易记录等，证实孙某东为史某等4人办理了大额度信用卡，通过POS机将上述信用卡卡内额度全额刷卡消费，交易记录显示收款方为北京某货运代理有限公司（以下简称"某货运代理公司"）。2017年6月26日，北京市西城区人民法院以信用卡诈骗罪判处史某有期徒刑五年八个月，并处罚金六万元。同年12月19日，公安机关将孙某东抓获归案。

2018年3月19日，北京市公安局西城分局将孙某东作为史某信用卡诈骗罪的共犯移送起诉。

在审查起诉期间，孙某东辩称仅帮助某银行工作人员王某君将现金转交给办卡人，没有帮助他人进行信用卡套现。因在案证据不能证明孙某东系套现POS机的实际使用人，西城区检察院将案件两次退回补充侦查，要求查明POS机开户信息、王某君的相关情况、孙某东的银行卡交易记录及帮助办卡和套现等相关事实。公安机关经过补充侦查，发现孙某东以同样方式为40余人办卡、套现，交易金额达1000余万元，交易收款方显示为某货运代理公司。因侦查时相关信用卡交易涉及的POS机商户信息已超过法定保存期限，故无法查询。

公安机关重新移送起诉后，经对补充侦查的证据进行审查，检察机关认为，套现资金去向不明，王某君在逃国外，无法找到交易记录显示的商户某货运代理公司，孙某东亦不供认使用该 POS 机套现，证明孙某东使用 POS 机套现的证据尚不符合起诉条件。因相关证据无法查实，西城区检察院就孙某东在史某信用卡诈骗案中的犯罪事实先行提起公诉，并要求公安机关对孙某东的遗漏罪行继续补充侦查。

法律依据

《中华人民共和国刑法》

第二百二十五条　【非法经营罪】违反国家规定，有下列非法经营行为之一，扰乱市场秩序，情节严重的，处五年以下有期徒刑或者拘役，并处或者单处违法所得一倍以上五倍以下罚金；情节特别严重的，处五年以上有期徒刑，并处违法所得一倍以上五倍以下罚金或者没收财产：

（一）未经许可经营法律、行政法规规定的专营、专卖物品或者其他限制买卖的物品的；

（二）买卖进出口许可证、进出口原产地证明以及其他法律、行政法规规定的经营许可证或者批准文件的；

（三）未经国家有关主管部门批准非法经营证券、期货、保险业务的，或者非法从事资金支付结算业务的；

（四）其他严重扰乱市场秩序的非法经营行为。

第一百七十五条　【高利转贷罪】以转贷牟利为目的，套取金融机构信贷资金高利转贷他人，违法所得数额较大的，处三年以下有期徒刑或者拘役，并处违法所得一倍以上五倍以下罚金；数额巨大的，处三年以上七年以下有期徒刑，并处违法所得一倍以上五倍以下罚金。

单位犯前款罪的，对单位判处罚金，并对其直接负责的主管人员和其他直接责任人员，处三年以下有期徒刑或者拘役。

《中华人民共和国商业银行法》

第三条　商业银行可以经营下列部分或者全部业务：（一）吸收公众存款；（二）发放短期、中期和长期贷款；（三）办理国内外结算；（四）办理票据承兑与贴现；（五）发行金融债券；（六）代理发行、代理兑付、承销政府债券；（七）买卖政府债券、金融债券；（八）从事同业拆借；（九）买卖、代理买卖外汇；（十）从事银行卡业务；（十一）提供信用证服务及担保；（十二）代理收付款项及代理保险业务；（十三）提供保管箱服务；（十四）经国务院银行业监督管理机构批准的其他业务。

经营范围由商业银行章程规定，报国务院银行业监督管理机构批准。

商业银行经中国人民银行批准，可以经营结汇、售汇业务。

第十一条 设立商业银行，应当经国务院银行业监督管理机构审查批准。

未经国务院银行业监督管理机构批准，任何单位和个人不得从事吸收公众存款等商业银行业务，任何单位不得在名称中使用"银行"字样。

《防范和处置非法集资条例》

第三十九条 未经依法许可或者违反国家金融管理规定，擅自从事发放贷款、支付结算、票据贴现等金融业务活动的，由国务院金融管理部门或者地方金融管理部门按照监督管理职责分工进行处置。

法律、行政法规对其他非法金融业务活动的防范和处置没有明确规定的，参照本条例的有关规定执行。其他非法金融业务活动的具体类型由国务院金融管理部门确定。

《最高人民法院、最高人民检察院关于办理妨害信用卡管理刑事案件具体应用法律若干问题的解释》

第七条 违反国家规定，使用销售点终端机具（POS 机）等方法，以虚构交易、虚开价格、现金退货等方式向信用卡持卡人直接支付现金，情节严重的，应当依据刑法第二百二十五条的规定，以非法经营罪定罪处罚。

实施前款行为，数额在 100 万元以上的，或者造成金融机构资金 20 万元以上逾期未还的，或者造成金融机构经济损失 10 万元以上的，应当认定为刑法第二百二十五条规定的"情节严重"；数额在 500 万元以上的，或者造成金融机构资金 100 万元以上逾期未还的，或者造成金融机构经济损失 50 万元以上的，应当认定为刑法第二百二十五条规定的"情节特别严重"。

持卡人以非法占有为目的，采用上述方式恶意透支，应当追究刑事责任的，依照刑法第一百九十六条的规定，以信用卡诈骗罪定罪处罚。

《人民检察院刑事诉讼规则》

第三百四十五条　人民检察院负责捕诉的部门对本院负责侦查的部门移送起诉的案件进行审查后，认为犯罪事实不清、证据不足或者存在遗漏罪行、遗漏同案犯罪嫌疑人等情形需要补充侦查的，应当制作补充侦查提纲，连同案卷材料一并退回负责侦查的部门补充侦查。必要时，也可以自行侦查，可以要求负责侦查的部门予以协助。

关联索引

最高人民检察院关于印发最高人民检察院第四十四批指导性案例的通知

裁判文书

孙某东信用卡诈骗、非法经营案
北京市第二中级人民法院
刑 事 裁 定 书
（2020）京 02 刑终 111 号

原公诉机关，北京市西城区人民检察院。

上诉人（原审被告人）孙某东，曾用名孙旭、孙某。因涉嫌犯信用卡诈骗罪于 2017 年 12 月 19 日被羁押，2018 年 1 月 26 日被逮捕。现羁押在北京市西城区看守所。

辩护人滕宏伟，北京市时代九和律师事务所律师。

北京市西城区人民法院审理北京市西城区人民检察院指控原审被告人孙某东犯信用卡诈骗罪、非法经营罪一案，于二〇一九年十二月六日作出（2018）京 0102 刑初 741 号刑事判决。原审被告人孙某东不服，提出上诉。本院依法组成合议庭，经过阅卷，讯问上诉人孙某东，听取辩护人的辩护意见，认为本案事实清楚，决定不开庭审理。现已审理终结。

北京市西城区人民法院判决认定：2013 年间，被告人孙某东通过某银行工作人员王某君为史某、潘某 1 等 40 余人办理某银行信用卡，后孙某东使用销售点终端器具（POS 机），以虚构交易方式，直接从上述人员某银行信用卡套取现金共计人民币 1000 余万元，从中截留部分款项作为好处费，将剩余现金直接支付给持卡人。

一审法院认定上述事实的证据有：

1. 证人潘某1的证言，证明：孙某（孙某东）是潘某1同村老乡，听说孙某在北京认识一个干爹，和某银行有关系，孙某给同村、张家口、定州的人办理信用卡，办卡金额有 1000 万元之多，之后孙某就变得很有钱，他还经常出国去旅游，开豪车。2013 年年初，孙某对潘某1说他能办信用卡，潘某1将身份证、户口本交给孙某，信用卡申请表是孙某填写的，最后签名是潘某1签的，当时孙某东带潘某1去某银行办了一张储蓄卡，办完卡孙某东给潘某1储蓄卡内转入 20 万元，之后让潘某1去柜台将 20 万元转出，孙某说转款与办理信用卡有关。潘某1听村里人说孙某给定州的人办过信用卡，潘某1在北京见过孙某的干爹，姓名不清楚。潘某1知道孙某给同村三个人办过信用卡，有谷某、张某祥等，潘某1还在西城看守所羁押期间认识一个叫张某峰的宣化人，张某峰也是找孙某办的信用卡，罪名也是信用卡诈骗，张某峰说孙某收了他很多钱。孙某帮潘某1办信用卡可以从中获取高额好处费，经常给别人办卡，还给他舅舅办过卡。孙某给潘某1办卡时没有说过要收好处费，信用卡办好后在定州孙某表弟家，孙某将信用卡交给潘某1，对潘某1说要收 20% 的好处费，当时孙某直接把信用卡里的钱套现出来，自己拿走 9.4 万元，实际只给了潘某 136 万余元。大概 2013 年年初，孙某说他要做服装生意需要办理 POS 机，想用潘某1爱人董某名下北京××××食品有限公司办理 POS 机，潘某1同意后把公司证明、营业执照、组织代码、公章等全套公司手续给了孙某，孙某自己去办理的。大概 2013 年 7 月，孙某将信用卡给潘某1后就把 POS 机也还给潘某1了，并说他又办了一个 POS 机。孙某给潘某1信用卡时还让潘某1写了一个材料，说明还给潘某1信用卡之后是潘某1使用，之前是他使用，这个材料孙某拿走了。孙某将 POS 机还给潘某1后，潘某1用过，开机以后会显示一个××公司的名称，但是账户只有一个，就是北京××××食品有限公司账户。孙某用潘某1公司名义办理 POS 机的事情还有朋友张某忠知道这件事情。北京××××食品有限公司是以董某的名义办理的，但是实际办理人是潘某1，公司是一个个体经营形式，主要是潘某1和爱人董某经营，有时候找人过来打工。潘某1不认识刘某英、张某欣、卜某亮。潘某 1 因信用卡诈骗罪被羁押时监区还有一个叫赵某的人告诉潘某 1 他和他的朋友也找孙某办过卡，孙某从中收了很多钱。

2. 证人史某的证言、辨认笔录，证明：2013 年有一个朋友刘某 1 告诉史某他认识一个人可以办理大额信用卡，后来孙某东来了宣化，刘某 1 让史某带着身份证、户口本见孙某东，孙某东自称是某银行工作人员，还穿着西服挂着工作牌，孙某东让史某填写了一张信用卡申请表，史某填完后把申请表、身份证和户口本的复印件交给孙某东。当时在场办卡的有史某、刘某 1、刘某 1 的媳妇、哥哥，还有其他人，后孙某东还让史某等 7 人去某银行办了一张储蓄卡交给他。史某当时在宣化打零工给人刷墙，没有固定的工作和收入，也没有其他财产。信用卡办好后孙某东在定州给办卡人每人发了信用卡和现金，史某发现钱数不对，孙某东说有 10 万元是给他的好处费，当时在场办卡的有 7 人，孙某东依次给大家发卡发钱，当时一堆钱堆在地上，史某从来没有见过那么多钱。孙某东给信用卡时也给每人一张电话卡，说电话卡和信用卡关联。信用卡内的钱都是一次性刷出来的。经辨认，辨认出被告人孙某东是帮其办理信用卡的人。

3. 证人张某的证言，证明：张某找同村孙某（孙某东）办理过一张某银行信用卡，孙某收取了信用卡额度 20% 的好处费。张某、张某妻子、同村张某及一个隔壁村的人一起到北京找孙某办理信用卡，孙某带着他们到某银行先办了一张储蓄卡，然后让他们按照要求填写一张申请表，办卡过程中没见过银行的人。信用卡办好后在定州市的一个小区，孙某东将信用卡和 8 万元给了张某，说另外 2 万是他办卡的手续费。张某和谷某涛没有在信用卡申请表上的华北××公司和顺×××公司工作，这都是孙某提供的单位名称。

4. 证人刘某 1 的证言，证明：刘某 1 和史某一起办理过某银行信用卡。2013 年刘某 1 做建筑工程需要现金周转，通过朋友认识了孙某东，他自称是某银行的一个行长，可以办理额度是四五十万元的银行贷款。后刘某 1、丁某、刘某 2、史某几人去定州和孙某东见面，孙某东让他们提供了身份证、户口本，填写信用卡申请表，签了字。过了几天，孙某东让刘某 2、史某等人一起去找他，孙某东给每人一张信用卡和现金 28 万元左右，孙某东扣了 10 万元的办卡费用，并让他们按时还款。

5. 证人刘某 3 的证言，证明：朋友史某是做建筑装修的，刘某 3、史某通过刘某 1 认识了孙某东。刘某 3 知道刘某 1 和史某办理了信用卡，怎么办的不清楚。

6. 证人刘某 2、丁某出具的书面材料，证明：二人认识孙某东，他自称某银行信贷科长，推荐办理贷款卡，二人申请信用卡是孙某东安排的，电话号码也是孙某东开通后给二人的。二人没有听说过顺×××公司。

7. 证人曹某的证言，证明：史某于 2013 年 7 月申办了一张某银行信用卡，办卡时提供了身份证复印件、某银行一张 40 万元的存款单，史某于 2013 年 7 月 13 日至 2014 年 6 月 23 日使用该卡共计欠款本金人民币 36 万余元。银行多次催收一直无法联系到该人还款。

8. 证人潘某 2 的证言，证明：潘某 2 是河北定州人，2000 年到北京锦绣大地做牛羊肉批发，潘某 1 是潘某 2 的哥哥，潘某 1 于 2015 年因为信用卡诈骗罪被判刑，潘某 1 的信用卡是同村孙某办理的，当时潘某 1 将身份证给孙某，孙某办了一张 40 多万元的信用卡。孙某东小名叫盼盼，所以也叫孙某，孙某和潘某 1 都是定州市人，潘某 1 和孙某的舅舅张某良是结拜兄弟，所以孙某平时叫潘某 1 舅舅。北京××××食品有限公司法人是潘某 2 的嫂子董某，但实际经营人是潘某 1，用于自己个体经营，规模很小。北京××××食品有限公司之前没有办理过 POS 机，后来听潘某 1 说孙某曾经说要做服装生意，想用公司的营业执照去办理 POS 机，潘某 1 就把公司的手续、董某身份证给了孙某，孙某用公司的手续办理了 POS 机。孙某用完 POS 机后还给了潘某 1，潘某 1 不知道 POS 机怎么办的，办下来后也是孙某使用。大概 2015 年，潘某 2 陪着潘某 1 到检察院接受询问，检察院问潘某 1 POS 机刷卡套现事情，潘某 1 不知道具体情况，潘某 1 从检察院出来后给孙某打电话询问 POS 机刷卡事情，电话中孙某承认使用公司手续办理了 POS 机，并使用 POS 机刷信用卡套现，潘某 1 打电话的时候还用手机录了音。

9. 证人董某的证言，证明：董某是潘某 1 的妻子，2013 年，潘某 1 找孙某办理过一张信用卡。潘某 1 用董某的身份证注册了北京××××食品有限公司，董某和潘某 1 两人经营，偶尔雇人零工。潘某 1 出事之后告诉董某孙某使用公司手续办过 POS 机，说要做服装生意，潘某 1 就把公司手续借给了他，董某从来没有见过这个 POS 机。潘某 1 与孙某没有其他经济往来，潘某 1 出事之后，董某听村里很多人说孙某还给村里不少村民办过信用卡。

10. 信用卡申请表、某银行储蓄卡存款凭证、信用卡消费记录、催收记录等材料，证明 40 余名申卡人办卡用卡的具体情况，这些卡开通后第一笔或前几笔交易均在北京顺×××货运代理的 POS 机上刷卡套现，信用卡刷卡总金额 1000 余万元。

11. 中国民生银行出具的北京××××食品有限公司 POS 机开户信息及交易明细，证明：POS 机对应收款账户名称北京××××食品有限公司（北京顺×××货运代收，顺×××即信用卡消费记录上显示的商户名称）。该 POS 机给上述 40 余张某银行信用卡刷卡套现，上述信用卡被刷卡套现 1000 余万元，套现后资金转入北京××××食品有限公司账户。

12. 北京××××食品有限公司某银行开户资料、交易流水等材料，证明：2013 年 3 月 11 日，北京××××食品有限公司在某银行申请开立对公账户，该账户实际代办人为孙旭（孙某东此时身份证姓名为孙旭），2013 年 3 月至 4 月，该账户从银联广东分公司账户收款后转至孙某东控制的银行账户。

13. 北京××××食品有限公司广发银行对公账户的开户资料及交易流水等材料，证明：2013 年 4 月 23 日，该公司在广发银行申请开立对公账户，该账户的实际代办人是孙旭（孙某东此时身份证姓名为孙旭），2013 年 6 月至 7 月，该账户从银联广东分公司账户收款转入孙旭控制的银行账户。

14. 孙某东银行账户明细，证明：2013 年 3 月 28 日至 4 月 17 日，北京××××食品有限公司账户中套现钱款转入孙某东名下银行账户。2013 年 4 月 24 日，孙某东某银行账户×××取款 300 万元。

15. 刑事判决书，证明：潘某 1 于 2015 年 9 月 18 日因犯信用卡诈骗罪被判处有期徒刑五年。史某于 2017 年 6 月 26 日因犯信用卡诈骗罪被判处有期徒刑五年八个月。

16. 某银行信用卡申请材料、交易明细、催收记录、报案材料、工作说明等，证明：史某于 2013 年 6 月申办某银行信用卡，申领的信用卡于

2013 年 7 月 13 日通过北京顺×××货运代理消费 40 万元。

17. 申请材料、交易记录、催收记录等，证明：刘某 1 申办某银行信用卡时提交了刘某 1 名下储蓄卡存入 47 万元的交易明细，申办的信用卡于 2013 年 7 月在北京顺×××货运代理消费 45 万元。

18. 某银行人员核实反馈表，证明：王某君于 2013 年 6 月任某银行业务副经理，已经离职。张某任某银行××街支行业务副经理。

19. 立案决定书、到案经过，证明案件立案侦查及被告人孙某东于 2017 年 12 月 19 日被抓获经过。

20. 北京市公安局西城分局出具的工作说明，证明：被告人孙某东曾使用 130××××××××××7077 的身份证号码，后改为 130×××××××××7097。

21. 户籍材料，证明被告人孙某东的身份情况。

22. 被告人孙某东的供述，证明：孙某东曾用名孙旭，小名盼盼。2013 年 3 月、4 月间，孙某东开始和王某君给别人办理信用卡，孙某东找王某君问能不能办理个人贷款，她说不能，可以办理信用卡。孙某东通过朋友介绍认识了刘某 3、刘某 1，再通过他们认识了史某，办卡时不知道史某做什么工作。刘某 1 问孙某东缺资金能否贷款，孙某东询问王某君，王某君说她们银行信用卡在抢占市场，支行长有签字的权限和推荐额度，她可以协调行里的关系找相关领导签字并做额度推荐，但签字的领导要收费，收取信用卡额度 20% 的好处费，支行长最大的推荐额度是 50 万元，副行长推荐额度是 30 万元，只要他们在推荐函上签字就可以了，具体内部办卡流程都是王某君操作。王某君要求客户在某银行××路支行或者××街支行办理储蓄卡，让孙某东给客户存入钱款，具体转多少由王某君决定，王某君把存款的流水打出来后孙某东再把钱转出去。王某君拿着流水去做推荐信找领导签字，她说会和领导说这些客户是行里上下游的关系。王某君说这些办卡人都是纯白户、老农民，什么都没有，谁会给签字，所以好处费不能商量。王某君要求卡办好后以现金形式给她好处费，后来这件事被某银行发现，王某君被单位开除。孙某东通过王某君给史某办理了某银行信用卡，好处费给了王某君，孙某东没有获得好处费。2013 年夏天，孙某东将姓名由孙旭改为孙某东。刘某 3、刘某 1、张某欣和李某翰及家人、朋友也采用同样方式办过信用卡，他们也介绍某某村的人办理过信用卡。

根据上述事实及证据，一审法院认为：被告人孙某东违反国家规定，使用销售点终端器具（POS 机），以虚构交易方式向信用卡持卡人直接支付现金，情节特别严重，其行为已构成非法经营罪，应依法惩处。北京市西城区人民检察院指控被告人孙某东犯非法经营罪成立，但因指控信用卡诈骗事实中涉及的违法手段与非法经营违法手段一致，一并以非法经营罪定罪处罚，公诉机关指控的信用卡诈骗罪，不予支持。据此，一审法院判决被告人孙某东犯非法经营罪，判处有期徒刑六年，并处罚金人民币十五万元。

上诉人孙某东的上诉理由是：其未使用 POS 机进行非法套现，一审判决认定事实不清，证据不足，量刑过重。

上诉人孙某东的辩护人提出以下辩护意见：一审法院关于"孙某东使用北京××××食品有限公司的营业执照等手续开立公司账户，并办理关联该账户的 POS 机"的认定缺乏证据支持，孙某东不存在使用 POS 机进行非法套现行为，不存在以此而牟利的事实，请求撤销原判决，改判孙某东无罪。

经审理查明，一审判决认定孙某东犯非法经营罪的事实正确，认定该事实的证据经一审庭审举证、质证，证据确实、充分，本院予以确认。

关于上诉人孙某东所提其未使用 POS 机进行非法套现，一审判决认定事实不清，证据不足的上诉理由，以及辩护人所提一审法院关于"孙某东使用北京××××食品有限公司的营业执照等手续开立公司账户，并办理关联该账户的 POS 机"的认定缺乏证据支持，孙某东不存在使用 POS 机进行非法套现行为，不存在以此而牟利的事实，请求撤销原判决，改判孙某东无罪的辩护意见，经查，孙某东使用北京××××食品有限公司的营业执照等手续开立公司账户，办理关联该账户的 POS 机，并使用 POS 机进行非法套现和牟利的事实，有证人潘某 1、史某等人的证言，某银行信用卡申请材料、信用卡消费记录、催收记录、储蓄卡存款凭证、中国民生银行出具的北京××××食品有限公司 POS 机开户信息及交易明细、北京×××食品有限公司在某银行、广发银行的开户资料、交易流水、孙某东在银行的账户明细等在案证明，足以认定，上述上诉理由及辩护意见不成立，本院不予采纳。

关于孙某东所提一审判决量刑过重的上诉理由，经查，根据《最高人民法院、最高人民检察院关于办理妨害信用卡管理刑事案件具体应用法律若干问题的解释》第十二条第一款、第二款规定，违反国家规定使用POS机虚构交易向信用卡持卡人直接支付现金，数额在500万元以上的，应当认定为刑法第二百二十五条规定的"情节特别严重"，本案中孙某东非法经营数额为1000余万元，一审法院对其判处接近相应法定刑最低刑的有期徒刑，并依法判处罚金，量刑并无不当，上述上诉理由不成立，本院不予采纳。

本院认为：上诉人孙某东违反国家规定，使用POS机以虚构交易方式向信用卡持卡人直接支付现金1000余万元，其行为已构成非法经营罪，犯罪情节特别严重，依法应予惩处。原判认定事实及适用法律正确，定罪准确，量刑适当，审判程序合法，应予维持。依照《中华人民共和国刑事诉讼法》第二百三十六条第一款第（一）项之规定，裁定如下：驳回孙某东的上诉，维持原判。

第二部分 证券、期货犯罪类型及审查要素

一、违规披露、不披露重要信息罪

实务要点

1. 刑法规定的"依法负有信息披露义务的公司、企业"不限于上市公司，也包括其他披露义务人，其他信息披露义务人提供虚假信息，构成犯罪的，应当依法承担刑事责任。根据中国证监会《上市公司重大资产重组管理办法》《上市公司信息披露管理办法》等相关规定，《中华人民共和国刑法》第一百六十一条规定的"依法负有信息披露义务的公司、企业"，除上市公司外还包括进行收购、重大资产重组、再融资、重大交易的有关各方以及破产管理人等，其他信息披露义务人应当向上市公司提供真实、准确、完整的信息，由上市公司向社会公开披露，这些义务人向上市公司提供虚假信息或隐瞒应当披露的重要信息，构成犯罪的，依法以违规披露、不披露重要信息罪追究刑事责任。

2. 准确把握违规披露、不披露重要信息罪的追责对象，区分单位承担刑事责任的不同情形。由于上市公司等负有信息披露义务的公司、企业所涉利益群体多元，为避免中小股东利益遭受双重损害，刑法规定对依法负有信息披露义务的公司、企业，只追究其直接负责的主管人员和其他直接责任人员的刑事责任，不追究单位的刑事责任。但是，为加大对控股股东、实际控制人等"关键少数"的惩治力度，《中华人民共和国刑法修正案（十一）》增加规定，依法负有信息披露义务的公司、企业的控股股东、

实际控制人是单位的，既追究该单位的刑事责任，也追究该单位直接负责的主管人员和其他直接责任人员的刑事责任，加重了控股股东、实际控制人的刑事责任，加大了对证券市场的监管力度。

案例：依法负有信息披露义务的主体范围界定——郭某某等人违规披露、不披露重要信息案

基本案情

被告人郭某某，系九某网络科技集团有限公司（以下简称九某集团）实际控制人；被告人杜某某，系郭某某妻子；被告人宋某某，系九某集团总裁；被告人王某，系九某集团财务部副总监。

2013年至2015年期间，郭某某及杜某某、宋某某、王某等人为了吸引风投资金投资入股，实现借壳上市等目的，组织公司员工通过虚构业务、改变业务性质等多种方式虚增九某集团服务费收入2.64亿元、贸易收入57.47万元。2015年1月，九某集团在账面上虚增货币资金3亿余元，为掩饰上述虚假账面资金，郭某某等人利用外部借款购买理财产品或定期存单，在九某集团账面形成并维持3亿余元银行存款的假象。为及时归还借款，郭某某等人以上述理财产品、定期存单为担保物，为借款方开出的银行承兑汇票提供质押，随后以银行承兑汇票贴现的方式将资金归还出借方。

后郭某某等人在九某集团与鞍某股份有限公司（以下简称鞍某股份，系上市公司）重大资产重组过程中，向鞍某股份提供了含有虚假信息的财务报表。鞍某股份于2016年4月23日公开披露了重组对象九某集团含有虚假内容的2013年至2015年的主要财务数据，其中虚增资产达到当期披露的九某集团资产总额的30%以上；未披露3.3亿元理财产品、银行存单质押事项，占九某集团实际净资产的50%以上。

经浙江证监局立案调查，中国证监会部署深圳专员办、四川证监局联合调查，中国证监会于2017年4月21日作出对九某集团罚款60万元、对郭某某等3人分别罚款30万元的行政处罚决定，对郭某某作出市场禁入决定，并移送公安机关立案侦查。

经公安部交办，浙江省杭州市公安局侦查终结后，以九某集团、郭某某等人涉嫌违规披露、不披露重要信息罪移送起诉。2020年6月19日，

杭州检察机关以郭某某、宋某某、杜某某、王某涉嫌违规披露、不披露重要信息罪提起公诉。宋某某、杜某某、王某自愿认罪认罚，且王某系主动投案。

2021年1月15日，审理法院作出一审判决，认定郭某某等人均犯违规披露、不披露重要信息罪，对郭某某判处有期徒刑二年三个月，并处罚金人民币十万元；对宋某某、杜某某、王某分别判处有期徒刑一至二年不等，缓刑二至三年不等，并处罚金人民币二万至五万元不等。被告人均未上诉，判决已发生法律效力。

法律依据

《中华人民共和国刑法》

第一百六十一条　【违规披露、不披露重要信息罪】依法负有信息披露义务的公司、企业向股东和社会公众提供虚假的或者隐瞒重要事实的财务会计报告，或者对依法应当披露的其他重要信息不按照规定披露，严重损害股东或者其他人利益，或者有其他严重情节的，对其直接负责的主管人员和其他直接责任人员，处五年以下有期徒刑或者拘役，并处或者单处罚金；情节特别严重的，处五年以上十年以下有期徒刑，并处罚金。

关联索引

最高人民法院、最高人民检察院、公安部、中国证券监督管理委员会联合发布5件依法从严打击证券犯罪典型案例

裁判文书

郭某某等违规披露、不披露重要信息案
浙江省杭州市拱墅区人民法院
刑 事 判 决 书

（2020）浙0105刑初255号

公诉机关，杭州市拱墅区人民检察院。

被告人郭某某。因本案于2019年6月4日被杭州市公安局刑事拘留，同年7月11日被逮捕。现关押于杭州市看守所。

辩护人吴贤德，浙江求德律师事务所律师。

被告人宋某某。因本案于2019年6月4日被杭州市公安局刑事拘留，

同年 7 月 11 日被逮捕。2020 年 7 月 30 日被本院决定取保候审。

辩护人顾杰峰，浙江峰翔律师事务所律师。

被告人杜某某。因本案于 2019 年 6 月 5 日被杭州市公安局取保候审。

辩护人俞华燕，浙江求德律师事务所律师。

被告人王某。因本案于 2019 年 6 月 4 日被杭州市公安局刑事拘留，同年 7 月 1 日变更强制措施为取保候审。

辩护人傅张斌，浙江泰正律师事务所律师（杭州市拱墅区法律援助中心指派）。

杭州市拱墅区人民检察院以拱检二部刑诉（2020）246 号起诉书，指控被告人郭某某、宋某某、杜某某、王某犯违规披露、不披露重要信息罪，于 2020 年 6 月 22 日向本院提起公诉。本院适用普通程序，组成合议庭，公开开庭审理了本案。杭州市拱墅区人民检察院指派检察员朱媚等二人出庭支持公诉，被告人郭某某、宋某某、杜某某、王某及其辩护人到庭参加诉讼。因公诉机关补充侦查需要，本案于 2020 年 9 月 18 日延期审理，并于同年 10 月 17 日恢复审理。现已审理终结。

杭州市拱墅区人民检察院指控：2013 年至 2015 年期间，九某网络科技集团有限公司（以下简称九某集团，原名浙江九某办公服务集团有限公司）为了吸引风投资金投资入股、完成政府招商引资税收目标以及实现上市等目的，通过与其他公司签订虚假业务合同、虚开增值税专用发票、普通发票、利用资金循环虚构银行交易流水、改变业务性质等多种方式虚增服务费收入共计 264897668.7 元，虚增 2015 年贸易收入 574786.32 元。

2015 年 1 月，九某集团在账面上虚增货币资金 3 亿余元。为掩饰上述虚假账面资金，九某集团从 2015 年 3 月开始通过外部借款购买理财产品或定期存单，于借款当日或次日通过将理财产品或定期存单为借款方关联公司质押担保，并通过承兑汇票贴现的方式将资金归还借款方，从而在账面形成并持续维持 3 亿元银行存款的假象。另查明，2015 年 10 月 15 日，九某集团在兴业银行杭州分行购买 3000 万元半年期定期存单，并以该存单为杭州煃隼贸易有限公司开具的共计 3000 万元银行承兑汇票提供质押担保。截至 2015 年 12 月 31 日，上述 3.3 亿元银行存单仍处于质押状态。

后九某集团在与鞍某股份有限公司（以下简称鞍某股份）重大资产重

组过程中，向鞍某股份提供了含有上述虚假信息的财务报表，鞍某股份于2016年4月23日公开披露了含有虚假内容的《浙江九某办公服务集团有限公司审计报告（2013至2015年)》（以下简称《审计报告》)。同日，鞍某股份公告了《鞍某股份有限公司重大资产重组置换及发行股份购买资产并募集配套资金暨关联交易报告书》（以下简称《报告书》)，其中披露了重组对象九某集团最近三年含有虚假内容的主要财务数据，包括资产负债表主要数据（其中，截至2015年12月31日，公司资产总计92325.94万元)、利润表主要数据、现金流量表主要数据，且未披露上述3.3亿元定期存单质押的事项。

2013年至2015年，九某集团虚增服务费收入264897668.7元，虚增货币资金31337万元，上述虚增资产均无法收回。截至2015年12月31日，九某集团的实际净资产为98529498.71元。故九某集团虚增资产达到当期披露的资产总额的30%以上，未按照规定披露的担保等重大事项所涉及的累计数额占九某集团实际净资产的50%以上。另查明，九某集团提供虚假的财务数据和信息的行为，已造成投资人直接经济损失数额累计2122706.32元。

被告人郭某某作为九某集团的实际控制人、法定代表人及董事长，是九某集团财务造假的决策、组织者，并在九某集团披露的含有虚假信息的财务报表法定代表人栏签字，系直接负责的主管人员。被告人宋某某作为九某集团的董事、总裁，为帮助九某集团虚增业绩，组织、参与业务造假行为，为九某集团财务造假提供了基础资料；被告人杜某某作为郭某某妻子、九某集团的股东，负责安排、调拨九某集团及关联方资金用于虚增业务，并利用其个人银行卡为九某集团过账、伪造业务回款提供便利；被告人王某作为原九某集团财务副总监，为九某集团及下属子公司虚增业务提供财务支持，并在账面上造假配合上市，上述三名被告人均系其他直接责任人员。

公诉机关为证实上述指控，当庭出示、宣读了证人陈某、唐某1、裴某等人的证言、调取证据通清单、银行账户明细、合同、发票、《专项审计报告》、《审计报告》、《报告书》、行政处罚决定书、民事判决书、户籍证明、抓获经过、四被告人的供述等证据，认为被告人郭某某、宋某某、杜某某、王某的行为构成违规披露、不披露重要信息罪，建议判处被告人宋某某、杜某某有期徒刑二年，缓刑三年，并处罚金；建议判处被告人王某有期徒刑一年，缓刑二年，并处罚金；提请本院依法惩处。

被告人郭某某对公诉机关指控的基本事实没有异议，并当庭表示认罪。辩护人对公诉机关的指控没有异议，提出：被告人郭某某归案后认罪态度较好，当庭表示认罪，请求从轻处罚。

被告人宋某某对公诉机关的指控没有异议，并签署认罪认罚具结书。辩护人对公诉机关的指控没有异议，提出：被告人宋某某构成自首，在共同犯罪中起次要作用，系从犯，且九某集团虚增3亿元存款的行为，宋未参与，请求从轻处罚。

被告人杜某某对公诉机关的指控没有异议，并签署认罪认罚具结书。辩护人对公诉机关的指控没有异议，提出：被告人杜某某在共同犯罪中系从犯，构成自首，系初犯、偶犯，归案后认罪态度较好，请求从轻处罚。

被告人王某对公诉机关的指控没有异议，并签署认罪认罚具结书。辩护人对公诉机关的指控没有异议，提出：被告人王某在共同犯罪中系从犯，构成自首，系初犯、偶犯，请求从轻处罚。

经审理查明：2013年至2015年期间，九某网络科技集团有限公司（以下简称九某集团，原名浙江九某办公服务集团有限公司）为了吸引风投资金投资入股、完成政府招商引资税收目标以及实现上市等目的，通过与其他公司签订虚假业务合同、虚开增值税专用发票、普通发票、利用资金循环虚构银行交易流水、改变业务性质等多种方式虚增服务费收入共计264897668.7元，虚增2015年贸易收入574786.32元。

2015年1月，九某集团在账面上虚增货币资金3亿余元。为掩饰上述虚假账面资金，九某集团从2015年3月开始通过外部借款购买理财产品或定期存单，于借款当日或次日通过将理财产品或定期存单为借款方关联公司质押担保，并通过承兑汇票贴现的方式将资金归还借款方，从而在账面形成并持续维持3亿元银行存款的假象。另查明，2015年10月15日，九某集团在兴业银行杭州分行购买3000万元半年期定期存单，并以该存单为杭州煊隼贸易有限公司开具的共计3000万元银行承兑汇票提供质押担保。截至2015年12月31日，上述3.3亿元银行存单仍处于质押状态。

后九某集团在与鞍某股份有限公司（以下简称鞍某股份）重大资产重组过程中，向鞍某股份提供了含有上述虚假信息的财务报表，鞍某股份于2016年4月23日公开披露了含有虚假内容的《浙江九某办公服务集团有限公司审计报告（2013至2015年）》（以下简称《审计报告》）。同日，鞍某股份公告了《鞍某股份有限公司重大资产重组置换及发行股份购买资产并募集配套资金暨关联交易报告书》（以下简称《报告书》），其中披露了重组对象九某集团最近三年含有虚假内容的主要财务数据，包括资产负债表主要数据（其中，截至2015年12月31日，公司资产总计92325.94万元）、利润表主要数据、现金流量表主要数据，且未披露上述3.3亿元定期存单质押的事项。

2013年至2015年，九某集团虚增服务费收入264897668.7元，虚增货币资金31337万元，上述虚增资产均无法收回。截至2015年12月31日，九某集团的实际净资产为98529498.71元，九某集团虚增资产达到当期披露的资产总额的30%以上，未按照规定披露的担保等重大事项所涉及的累计数额占九某集团实际净资产的50%以上。另查明，九某集团提供虚假的财务数据和信息的行为，已造成投资人直接经济损失数额累计2122706.32元。

被告人郭某某作为九某集团的实际控制人、法定代表人及董事长，是九某集团财务造假的决策、组织者，系直接负责的主管人员。被告人宋某某作为九某集团的董事、总裁，为帮助九某集团虚增业绩，组织、参与业务造假行为，为九某集团财务造假提供了基础资料；被告人杜某某作为郭某某妻子、九某集团的股东，负责安排、调拨九某集团及关联方资金用于虚增业务，并利用其个人银行卡为九某集团过账、伪造业务回款提供便利；被告人王某作为原九某集团财务副总监，为九某集团及下属子公司虚增业务提供财务支持，并在账面上造假配合上市，上述三名被告人均属于其他直接责任人员。

2019年6月4日，民警先后将被告人郭某某、宋某某抓获归案。被告人杜某某、王某经民警电话传唤后主动到案接受调查。被告人王某在归案后如实供述了自己参与上述事实的情况。

由公诉机关出具，证实上述事实的证据有：

金融犯罪裁判精编及实务要点

1. 九某集团及四川九某办公服务有限公司、深圳九某办公服务有限公司、上海九某办公服务有限公司、宁波九某办公服务有限公司的营业执照、组织机构代码、九某集团公司章程，证明：九某集团的注册地在浙江省杭州市拱墅区，系有限责任公司，下面四家子公司系法人独资公司，上述公司的法定代表人均为郭某某。九某集团由 12 名股东组成，郭某某占股 53.5055%，杜某某占股 2.5177%，张某占股 4.7184%，其他为公司占股。

2. 员工花名册、《九某集团关于〈调查通知书〉的回复》、劳动合同、绩效考核表、任职情况说明，证明：被告人郭某某于 2012 年 1 月至 2014 年 5 月任九某集团执行董事、总裁，2014 年 6 月至今任九某集团董事、董事长。被告人宋某某于 2012 年 1 月至 2015 年 11 月担任九某集团高级副总裁，2014 年 6 月至案发任九某集团董事，2015 年 12 月至案发任九某集团总裁。被告人杜某某于 2013 年至 2015 年担任九某集团金融事业部高级顾问。被告人王某于 2013 年 5 月进入公司担任财务部职员，2014 年 7 月担任财务部副总监，2015 年 12 月担任投资部总监。

3. 证人唐某 1 的供述，证明：2015 年初，为了九某集团借壳上市财务数据需要，郭某某让其去找 3 亿元资金和这些应收款冲抵，并作为公司存款做账。其分别找了两家可以不上征信的银行，经郭某某同意，采用 3 亿元借款作存款并质押开承兑汇票的方式，虚构 3 亿元的存款。其将整个过程产生的票据交给王某记账，质押合同未交财务部门。

4. 证人陈某（2015 年 12 月任某集团财务总监）、杜某（九某集团出纳）、裴某（九某集团财务经理）、王某 1（九某集团财务部职员）、翟某（九某集团财务部会计）、姜某（九某集团财务部会计、财务经理）、占某（九某集团财务部会计）的证言，证明：九某集团是一个集团公司，郭某某是董事长，负责全面工作，宋某某是总裁，负责业务工作，王某是财务副总监，除了日常财务管理外，还负责公司大额资金调拨，按照郭某某、杜某某的意思向出纳传达调拨要求。用于走账的个人账户都是杜某某和杜某控制的。2013 年至 2015 年的年中和年底，九某集团因业绩完成量离预期有较大差距，郭某某召集宋某某、张某等高层和业务员开会，给每个人下指标，让其找客户，配合公司通过虚增业绩资金走账等方式，达到虚增公司业务目标值。

5. 证人徐某1（宁波九某办公服务有限公司总经理）、刘某（深圳九某办公服务有限公司总监助理）、丁某1（深圳九某办公服务有限公司项目经理）、沈某（四川九某办公服务有限公司项目经理）、马某（四川九某办公服务有限公司副总）的证言，证明：2013年到2016年，宋某某给各个区负责人开会，说郭某某指示要求各个区要找供应商配合进行虚增业务，做大业绩量，并讲了具体的操作模式。走账分为公账到个人账户、个人账户到公账以及挂应收账款等三种模式，虚增业务是由宋某某对接的。2016年因为急于上市，九某集团下发难以完成的任务指标，由集团财务部王某对接提供资金及走账事宜。

6. 证人徐某2（九某集团董事）的证言，证明：九某集团虚增业绩是为了实现借壳上市，虚增3亿元存款是为了证明公司财务状况好，能够通过证监会审查。

7. 证人史某（北京某律师事务所律师）、童某（某证券融资部员工）、李某（某会计师事务所会计师）、鲁某（某资产评估公司员工）的证言，证明：九某集团在2014年下半年开始想借壳上市，并委托会计师事务所、证券公司、资产评估公司处理相关事宜。郭某某多次称九某集团业务真实，业务上的主要资料是宋某某等人提供，九某集团的人员从未提及3亿元存款质押的情况。九某集团37亿元估值的主要依据是其提供了未来几年的盈利预测，公司的历史业绩越高，估值越高，越有利于借壳上市。

8. 证人杨某（鞍某股份董事长）、周某（鞍某股份原证券部部长）的证言，证明：2015年4月7日，鞍某股份因重大事项停牌。2015年5月，鞍某股份与九某集团达成重组合意，11月制作重组预案，2016年4月，上报《重组报告》并公告，包括九某集团提供、经西南证券审核的财务数据和其他材料。鞍某股份对九某集团提供的材料主要是形式审查。

9. 证人唐某2、王某2等41人的证言及合同、发票等，证明：色某公司、上海智某公司等46家公司在与九某集团没有真实业务的情况下，配合九某集团通过循环走账，完成虚增业务的目的。

10.《鞍某股份与九某集团重大资产重组相关事项的说明》、《保密协议》、《合作意向书》、《重大资产重组合作协议》、《保密协议》（鞍某股份与律师事务所、西南证券签订）、鞍某股份与九某集团重组的相关董事会、股东会会议决议、证人杨某和张某（鞍某股份董事长）的证言，证明：2015 年 4 月 7 日，鞍某股份开始停牌筹划重大资产重组事项。2015 年 5 月，鞍某股份在李某的介绍下，开始与九某集团接触重组事宜。2015 年 5 月 15 日，杨某与郭某某签署《合作意向书》，对鞍某股份实施重大资产重组达成意向。5 月 23 日，杨某和郭某某正式签订《重组协议》，后鞍某股份和九某集团开始聘请中介机构进场做尽职调查、审计、评估等工作。2015 年 11 月 14 日，在指定信息披露网站刊登了相关公告。2015 年 11 月 26 日，鞍某股份股票复牌。

11.《浙江九某办公服务集团有限公司审计报告及财务报表（2013—2015 年度）》、《鞍某股份有限公司重大资产置换及发行股份购买资产并募集配套资金暨关联交易报告书》及报告书摘要、九某集团股东《关于提供材料真实、准确、完整的承诺函》、《鞍某股份有限公司收购报告书摘要》，证明：九某集团与鞍某股份重大资产重组过程中的信息披露情况，其中包含九某集团 2013 年至 2015 年主要财务数据。

12. 银行账户资金流水、合同对手方的情况说明、相关合同、发票等，证明：九某集团 2013 年至 2015 年通过虚构业务、改变业务性质等多种方式虚增服务费收入共计 2.6 亿余元，其中 2013 年虚增服务费收入 1726 万余元，2014 年虚增服务费收入 8755 万余元，2015 年虚增服务费收入 1.6 亿余元。此外九某集团还虚增 2015 年贸易收入 57 万余元。九某集团涉嫌虚增 2013、2014、2015 年度营业收入金额分别占公开披露的当期营业收入的 6.93%、27.65%、38.49%。

13. 平安银行、上海银行账号交易流水、存款明细账、九某集团记账凭证，证明：截至 2015 年 12 月 31 日，九某集团账面虚假记载的 3 亿元资金仍未实际收回。

14. 九某集团《审计报告》、兴业银行杭州分行《关于浙江九某办公服务集团有限公司三笔结构性存款的情况说明》、上海银行和兴业银行提供的九某集团账户交易流水、建设银行和农业银行交易流水、兴业银行提供的单位定期存单质押合同及存单复印件、《九某项目资金路径》、网上电子银行回执、鞍某股份《关联交易报告书》及证人唐某 1、郑某（上海银行工作人员）、俞某（上海银行某支行行长）、解某（某资产管理中心总经理)、丁某2（鑫某汇工作人员）、薛某（兴业银行某分行企业金融业务部工作人员）的证言，证明：为掩饰3亿元虚假资金缺口，九某集团从2015年3月开始通过外部借款购买理财产品或定期存单，于借款当日或次日通过将理财产品或定期存单为借款方关联公司质押担保，并通过承兑汇票贴现的方式将资金归还借款方，从而在账面形成并持续维持3亿元银行存款的假象。截至2015年12月31日上述3亿元银行存单处于质押状态，但九某集团在公开披露的《审计报告》附注及《重大资产重组报告书》均未披露上述3亿元借款及3亿元定期存单质押事项。上述涉及3亿元借款及存单质押的事项唐某1是主要的联系人和具体操作人。另外，在2015年10月15日，九某集团在兴业银行某分行采取上述先存定期存款再为某贸易公司的承兑汇票提供质押的方式，虚构3000万元账面存款并且未披露质押事项。

15. 民事判决书，证明：投资人梁某、李某珍等以证券虚假陈述责任纠纷在多地法院起诉鞍某股份，法院以判决书形式认定根据最高人民法院《关于审理证券市场因虚假陈述引发的民事赔偿案件的若干规定》因鞍某股份的虚假陈述行为与投资人投资损失存在因果关系，应当承担相应经济损失赔偿，总计212.27万余元。

16. 行政处罚决定书，证明：证监会认定九某集团的财务造假行为导致九某集团、鞍某股份所披露的信息虚假记载、重大遗漏，违反了《重组办法》《证券法》的相关规定，认定郭某某、宋某某是对九某集团信息披露违法行为直接负责的主管人员，杜某某与丈夫郭某某一起实际控制九某集团（具体负责资金安排）并对九某集团和郭某某、宋某某等给予警告和罚款处罚。

17. 《专项审计报告》，证明：受鞍山市公安局委托，荣诚会计师事务所（辽宁分所）对九某集团在《审计报告（2013至2015年度）》中虚增净资产情况进行的专项审计。该报告认定：2015年1月九某集团虚增银行存款317702412元中有313370000元款项以及根据证监会的《行政处罚决定书》认定九某集团虚增服务费收入共计264897668.7元，上述虚增资金和收入无可回收成本。根据九某集团《审计报告》，2015年12月31日九某集团的净资产为676797167.41元，调减上述无法收回货币资金和虚增收入后，九某集团净资产余额为 98529498.71 元。

18. 九某集团付款申请单，证明：杜某某作为分管领导、总经理在集团的支出流程中审批、签字。

19. 被告人户籍证明、到案经过，证明：各被告人的身份情况及归案情况，其中杜某某、王某系电话传唤后主动到案，郭某某、宋某某均系被动归案。

20. 被告人郭某某的供述，证明：郭某某作为九某集团法定代表人、董事长，负责公司的全面工作，2013 年到 2014 年，为了吸引风投以及完成政府招商引资的税收目标，其开会召集宋某某、张某等人，要求通过资金循环走账方式或应收账款挂在关联平台公司的方式虚增业绩，并下达业务指标由上述高管负责实施。2015 年，公司为了借壳上市需要虚增业绩，其在给高管开会时布置了虚增业绩的事项，传达业绩目标。2015 年年初，由于虚增业绩导致集团的应收账款太多，需要 3 亿元的存款匹配冲平，其找唐某 1 让其借 3 亿元转入九某集团账户，然后通过做定期存单、再质押贴现归还的方式，匹配冲平应收账款，但未予披露。业务虚增完成后，九某集团的审计报告被鞍某股份信息披露，后因披露违规被证监会调查并处罚，借壳上市也没有成功。

21. 被告人宋某某的供述，证明：九某集团的主营是后勤托管服务业务，旗下的各子公司的业务、资金都是九某集团统一安排和调动的。九某集团的财务管理和资金调动都是由郭某某、杜某某夫妇控制负责，九某集团为了虚增业绩走账的资金，调动子公司经理通知王某，其再和杜某某或郭某某汇报，经同意后，由这两个人再具体安排杜某等出纳调配资金。虚增业务分为三个阶段，2013 年为了吸引风投，郭某某开会布置让宋某某等人找身边开公司的朋友，作为供应商开发票挂应收账款确认其公司收入；2014 年，要和风投公司对赌，郭某某让宋某某等人用风投资金通过资金循环虚增业绩。2015 年郭某某为了九某集团上市，再次要求虚增业绩。其为了九某集团虚增业绩，找到久正检测公司、灵汇技术公司等，通过循环走账的方式为公司虚增业务。

22. 被告人杜某某的供述，证明：其是九某集团的股东，帮郭某某进行审批调度，或按照郭某某的指示走账、传达郭某某的指示，其银行卡被用于公司走账，还在相关股东会议决议等文件上签字。

23. 被告人王某的供述，证明：2014 年 7 月，王某开始主持九某集团财务部日常工作，负责费用票据的审核及按照郭某某、杜某某的要求进行公司资金调度。2014 年开始，按照郭某某和杜某某的要求，进行资金过账调拨用于公司与供应商、客户之间的虚假交易。2015 年其看到公司账上有 3 亿元左右的其他应收款，为了公司顺利实现上市，其向郭某某提出找资金对冲掉。后郭某某找到唐某 1，采用了借款后存银行，并将银行存单质押再承兑贴现的做法，使公司账上多了 3 亿元的存款，冲抵其他应收账款。在会计师事务所审计时，没有披露九某集团存在存单质押的情况。

以上证据经庭审质证无异，本院予以确认。

本案事实清楚，证据确实充分，足以认定。

本院认为，九某集团作为依法负有信息披露义务的公司，向社会公众提供虚假的以及隐瞒重要事实的财务会计报告，对依法应当披露的其他重要信息不按照规定披露，严重损害他人利益，情节严重，被告人郭某某作为公司直接负责的主管人员，被告人宋某某、杜某某、王某作为其他直接责任人员，其行为均构成违规披露、不披露重要信息罪。公诉机关指控罪名成立。在共同犯罪中，被告人郭某某、杜某某、宋某某起主要作用，系主犯；被告人王某起次要作用，系从犯，予以从轻处罚。被告人王某案发后主动向公安机关投案，并在归案后如实供述自己的罪行，构成自首，予以从轻处罚。被告人郭某某、宋某某、杜某某当庭表示认罪，予以从轻处罚。被告人宋某某的归案缺乏主动性，被告人杜某某虽主动归案，但在归案后的未立即如实供述自己的罪行，均不构成自首。二被告人的辩护人提出的二人构成自首的辩护意见与法律规定不符，本院不予采纳。根据被告人宋某某、杜某某、王某的犯罪情节及认罪、悔罪表现，决定对其适用缓刑。辩护人的相关辩护意见予以采纳。公诉机关建议量刑恰当，本院予以采纳。据此，依照《中华人民共和国刑法》第一百六十一条、第二十五条第一款、第二十六条第一款、第四款、第二十七条、第六十七条第一款、第三款、第七十二条第一款、第三款、第七十三条第二款、第三款、第五十二条之规定，判决如下：一、被告人郭某某犯违规披露、不披露重要信息罪，判处有期徒刑二年三个月，并处罚金 100000 元（刑期从判决执行之日起计算，判决执行以前先行羁押的，羁押一日折抵刑期一日，即自2019年6月4日起至2021年9月3日止。罚金限判决生效后十日内缴纳）。二、被告人宋某某犯违规披露、不披露重要信息罪，判处有期徒刑二年，缓刑三年，并处罚金50000元（缓刑考验期从判决确定之日起计算。罚金限判决生效后一个月内缴纳）。三、被告人杜某某犯违规披露、不披露重要信息罪，判处有期徒刑二年，缓刑三年，并处罚金50000元（缓刑考验期从判决确定之日起计算。罚金限判决生效后一个月内缴纳）。四、被告人王某犯违规披露、不披露重要信息罪，判处有期徒刑一年，缓刑二年，并处罚金20000元（缓刑考验期从判决确定之日起计算。罚金限判决生效后一个月内缴纳）。

二、利用未公开信息交易罪

实务要点1

本案争议的焦点在于如何正确理解刑法第一百八十条第四款对于第一款的援引以及如何把握利用未公开信息交易罪"情节特别严重"的认定。

1. 对刑法第一百八十条第四款援引第一款量刑情节的理解和把握。

《中华人民共和国刑法》第一百八十条第一款对内幕交易、泄露内幕信息罪规定为："证券、期货交易内幕信息的知情人员或者非法获取证券、期货交易内幕信息的人员，在涉及证券的发行，证券、期货交易或者其他对证券、期货交易价格有重大影响的信息尚未公开前，买入或者卖出该证券，或者从事与该内幕信息有关的期货交易，或者泄露该信息，或者明示、暗示他人从事上述交易活动，情节严重的，处五年以下有期徒刑或者拘役，并处或者单处违法所得一倍以上五倍以下罚金；情节特别严重的，处五年以上十年以下有期徒刑，并处违法所得一倍以上五倍以下罚金。"

第四款对利用未公开信息交易罪规定为："证券交易所、期货交易所、证券公司、期货经纪公司、基金管理公司、商业银行、保险公司等金融机构的从业人员以及有关监管部门或者行业协会的工作人员，利用因职务便利获取的内幕信息以外的其他未公开的信息，违反规定，从事与该信息相关的证券、期货交易活动，或者明示、暗示他人从事相关交易活动，情节严重的，依照第一款的规定处罚。"

对于第四款中"情节严重的，依照第一款的规定处罚"应如何理解，在司法实践中存在不同的认识。最高人民法院认为，《中华人民共和国刑法》第一百八十条第四款援引法定刑的情形，应当是对第一款全部法定刑的引用，即利用未公开信息交易罪应有"情节严重""情节特别严重"两种情形和两个量刑档次。这样理解的具体理由如下。

（1）符合刑法的立法目的。由于我国基金、证券、期货等领域中，利用未公开信息交易的行为多发，行为人利用公众投入的巨额资金做后盾，以提前买入或者提前卖出的手段获得巨额非法利益，将风险与损失转嫁给其他投资者，不仅对其任职单位的财产利益造成损害，而且严重破坏了公开、公正、公平的证券市场原则，严重损害客户投资者或处于信息弱势的散户的利益，严重损害金融行业信誉，影响投资者对金融机构的信任，进而对资产管理和基金、证券、期货市场的健康发展产生严重影响。为此，《中华人民共和国刑法修正案（七）》新增利用未公开信息交易罪，并将该罪与内幕交易、泄露内幕信息罪规定在同一法条中，说明两罪的违法与责任程度相当。利用未公开信息交易罪也应当适用"情节特别严重"。

（2）符合法条的文意。首先，《中华人民共和国刑法》第一百八十条第四款中的"情节严重"是入罪条款。《最高人民检察院、公安部关于公安机关管辖的刑事案件立案追诉标准的规定（二）》对利用未公开信息交易罪规定了追诉的情节标准，说明该罪需达到"情节严重"才能被追诉。利用未公开信息交易罪属情节犯，立法要明确其情节犯属性，就必须借助"情节严重"的表述，以避免"情节不严重"的行为入罪。其次，第一百八十条第四款中"情节严重"并不兼具量刑条款的性质。刑法条文中大量存在"情节严重"兼具定罪条款及量刑条款性质的情形，但无一例外均在其后列明了具体的法定刑。第一百八十条第四款中"情节严重"之后，并未列明具体的法定刑，而是参照内幕交易、泄露内幕信息罪的法定刑。因此，《中华人民共和国刑法》第一百八十条第四款中的"情节严重"仅具有定罪条款的性质，而不具有量刑条款的性质。

（3）符合援引法定刑立法技术的理解。援引法定刑是指对某一犯罪并不规定独立的法定刑，而是援引其他犯罪的法定刑作为该犯罪的法定刑。

刑法第一百八十条第四款援引法定刑是为了避免法条文字表述重复，并不属于法律规定的不明确的情形。

2. 利用未公开信息交易罪"情节特别严重"的认定标准。

目前虽然没有关于利用未公开信息交易罪"情节特别严重"认定标准的专门规定，但鉴于刑法规定利用未公开信息交易罪是参照内幕交易、泄露内幕信息罪的规定处罚，《最高人民法院、最高人民检察院关于办理内幕交易、泄露内幕信息刑事案件具体应用法律若干问题的解释》将成交额250万元以上、获利75万元以上等情形认定为内幕交易、泄露内幕信息罪"情节特别严重"的标准，利用未公开信息交易罪也应当遵循相同的标准。下面的案例中马某利用未公开信息进行交易活动，累计成交额达10.5亿余元，非法获利达1912万余元，已远远超过上述标准，且在案发时属全国查获的该类犯罪数额最大者，参照《最高人民法院、最高人民检察院关于办理内幕交易、泄露内幕信息刑事案件具体应用法律若干问题的解释》，马某的行为应当属于犯罪"情节特别严重"。

案例：利用未公开信息交易罪中"情节严重""情节特别严重"的认定——马某利用未公开信息交易案

基本案情

2011年3月9日至2013年5月30日期间，被告人马某担任某基金管理有限公司旗下的某精选股票证券投资经理，全权负责投资基金投资股票市场，掌握了某精选股票证券投资基金交易的标的股票、交易时间和交易数量等未公开信息。马某在任职期间利用其掌控的上述未公开信息，从事与该信息相关的证券交易活动，操作自己控制的金某、严某甲、严某乙三个股票账户，通过临时购买的不记名神州行电话卡下单，先于（1~5个交易日）、同期或稍晚（1~2个交易日）于其管理的某精选基金账户买卖相同股票76只，累计成交额10.5亿余元，非法获利18833374.74元。2013年7月17日，马某主动到深圳市公安局投案，且到案之后能如实供述其所犯罪行，属自首。马某认罪态度良好，违法所得能从扣押、冻结的财产中全额返还，判处的罚金亦能全额缴纳。

广东省深圳市中级人民法院（2014）深中法刑二初字第27号刑事判

决认为，被告人马某的行为已构成利用未公开信息交易罪。但刑法中并未对利用未公开信息交易罪规定"情节特别严重"的情形，因此只能认定马某的行为属于"情节严重"。马某自首，依法可以从轻处罚；马某认罪态度良好，违法所得能全额返还，罚金亦能全额缴纳，确有悔罪表现；另经深圳市福田区司法局社区矫正和安置帮教科调查评估，对马某宣告缓刑对其所居住的社区没有重大不良影响，符合适用缓刑的条件。遂以利用未公开信息交易罪判处马某有期徒刑三年，缓刑五年，并处罚金人民币 1884 万元；违法所得人民币 18833374.74 元依法予以追缴，上缴国库。

宣判后，深圳市人民检察院提出抗诉，认为被告人马某的行为应认定为犯罪情节特别严重，依照"情节特别严重"的量刑档次处罚。一审判决适用法律错误，量刑明显不当，应当依法改判。

广东省高级人民法院（2014）粤高法刑二终字第 137 号刑事裁定认为，《中华人民共和国刑法》第一百八十条第四款规定，利用未公开信息交易，情节严重的，依照第一款的规定处罚，该条款并未对利用未公开信息交易罪规定"情节特别严重"的情形；而根据第一百八十条第一款的规定，情节严重的，处五年以下有期徒刑或者拘役，并处或者单处违法所得一倍以上五倍以下罚金，故马某利用未公开信息交易，属于犯罪"情节严重"，应在该量刑幅度内判处刑罚。原审判决量刑适当，抗诉机关的抗诉理由不成立，不予采纳。遂裁定驳回抗诉，维持原判。

二审裁定生效后，广东省人民检察院提请最高人民检察院按照审判监督程序向最高人民法院提出抗诉。最高人民检察院抗诉提出，《中华人民共和国刑法》第一百八十条第四款属于援引法定刑的情形，应当引用第一款处罚的全部规定；利用未公开信息交易罪与内幕交易、泄露内幕信息罪的违法与责任程度相当，法定刑亦应相当；马某的行为应当认定为犯罪"情节特别严重"，对其适用缓刑明显不当。本案终审裁定以《中华人民共和国刑法》第一百八十条第四款未对利用未公开信息交易罪规定"情节特别严重"为由，降格评价马某的犯罪行为，属于适用法律确有错误，导致量刑不当，应当依法纠正。

最高人民法院依法组成合议庭对该案直接进行再审，并公开开庭审理了本案。再审查明的事实与原审基本相同，原审认定被告人马某非法获利数额为 18833374.74 元存在计算错误，实际为 19120246.98 元，依法应当予以更正。最高人民法院（2015）刑抗字第 1 号刑事判决认为，原审被告人马某的行为已构成利用未公开信息交易罪。马某利用未公开信息交易股票 76 只，累计成交额 10.5 亿余元，非法获利 1912 万余元，属于"情节特别严重"。鉴于马某具有主动从境外回国投案自首的法定从轻、减刑处罚情节，在未受控制的情况下，将股票兑成现金存在涉案的三个账户中并主动向中国证券监督管理委员会说明情况，退还了全部违法所得，认罪悔罪态度好，赃款未挥霍，原判罚金刑得以全部履行等酌定从轻处罚情节，对马某可予减轻处罚。第一审判决、第二审裁定认定事实清楚，证据确实充分，定罪准确，但因对法律条文理解错误，导致量刑不当，应予纠正。依照《中华人民共和国刑法》第一百八十条第四款和第一款、第六十七条第一款、第五十二条、第五十三条、第六十四条及《最高人民法院关于适用〈中华人民共和国刑事诉讼法〉的解释》第三百八十九条第（三）项的规定，判决如下：一、维持广东省高级人民法院（2014）粤高法刑二终字第 137 号刑事裁定和深圳市中级人民法院（2014）深中法刑二初字第 27 号刑事判决中对原审被告人马某的定罪部分；二、撤销广东省高级人民法院（2014）粤高法刑二终字第 137 号刑事裁定和深圳市中级人民法院（2014）深中法刑二初字第 27 号刑事判决中对原审被告人马某的量刑及追缴违法所得部分；三、原审被告人马某犯利用未公开信息交易罪，判处有期徒刑三年，并处罚金人民币 1913 万元；四、违法所得人民币 19120246.98 元依法予以追缴，上缴国库。

法律依据

《中华人民共和国刑法》

第一百八十条 【内幕交易、泄露内幕信息罪】证券、期货交易内幕信息的知情人员或者非法获取证券、期货交易内幕信息的人员，在涉及证券的发行，证券、期货交易或者其他对证券、期货交易价格有重大影响的信息尚未公开前，买入或者卖出该证券，或者从事与该内幕信息有关的期货交易，或者泄露该信息，或者明示、暗示他人从事上述交易活动，情节严重的，处五年以下有期徒刑或者拘役，并处或者单处违法所得一倍以上五倍以下罚金；情节特别严重的，处五年以上十年以下有期徒刑，并处违法所得一倍以上五倍以下罚金。

单位犯前款罪的，对单位判处罚金，并对其直接负责的主管人员和其他直接责任人员，处五年以下有期徒刑或者拘役。

内幕信息、知情人员的范围，依照法律、行政法规的规定确定。

【利用未公开信息交易罪】证券交易所、期货交易所、证券公司、期货经纪公司、基金管理公司、商业银行、保险公司等金融机构的从业人员以及有关监管部门或者行业协会的工作人员，利用因职务便利获取的内幕信息以外的其他未公开的信息，违反规定，从事与该信息相关的证券、期货交易活动，或者明示、暗示他人从事相关交易活动，情节严重的，依照第一款的规定处罚。

关联索引

最高人民法院案例库指导性案例 61 号

裁判文书

马某利用未公开信息交易案
中华人民共和国最高人民法院
刑 事 判 决 书
（2015）刑抗字第 1 号

抗诉机关，中华人民共和国最高人民检察院。

原审被告人马某，原某基金管理有限公司某精选股票证券投资基金经理。2013 年 8 月 21 日被逮捕，2014 年 3 月 28 日被取保候审。2014 年 10 月 20 日因犯利用未公开信息交易罪被判处有期徒刑三年，缓刑五年。现在深圳市福田区司法局接受社区矫正。

指定辩护人张青松，北京尚权律师事务所律师。

广东省深圳市中级人民法院审理深圳市人民检察院指控被告人马某犯利用未公开信息交易罪一案，于 2014 年 3 月 24 日以（2014）深中法刑二初字第 27 号刑事判决，认定被告人马某犯利用未公开信息交易罪，判处有期徒刑三年，缓刑五年，并处罚金人民币 1884 万元；违法所得人民币 18833374.74 元依法予以追缴，上缴国库。宣判后，深圳市人民检察院以原判适用法律错误，量刑明显不当为由提出抗诉，广东省人民检察院支持抗诉。广东省高级人民法院经依法公开开庭审理，于2014年10月20日以（2014）粤高法刑二终字第137号刑事裁定，驳回抗诉，维持原判。裁判发生法律效力后，广东省人民检察院认为生效裁判确有错误，提请最高人民检察院按照审判监督程序提出抗诉。最高人民检察院于2014年12月8日以高检审刑抗〔2014〕1号刑事抗诉书向本院提出抗诉。本院依法组成合议庭，公开开庭审理了本案。最高人民检察院代理检察员张志强、罗曦出庭履行职务。原审被告人马某及其辩护人张青松到庭参加诉讼。现已审理终结。

广东省深圳市中级人民法院一审认定，2011年3月9日至2013年5月30日期间，被告人马某担任某基金管理有限公司旗下的某精选股票证券投资经理，全权负责投资基金投资股票市场，掌握了某精选股票证券投资基金交易的标的股票、交易时间和交易数量等未公开信息。马某在任职期间利用其掌控的上述未公开信息，从事与该信息相关的证券交易活动，操作自己控制的"金某"、"严某甲"、"严某乙"三个股票账户，通过临时购买的不记名神州行电话卡下单，先于（1~5个交易日）、同期或稍晚于（1~2个交易日）其管理的"某精选"基金账户买卖相同股票76只，累计成交金额人民币10.5亿余元，非法获利人民币18833374.74元。2013年7月17日，马某主动到深圳市公安局投案。

上述事实，有某精选股票交易流水账单，金某、严某甲、严某乙三人的证券账户交易流水账单，金某、严某甲、严某乙账户情况说明及开户资料，某基金管理公司人事调整通知，关于基金经理注册通知，基金经理授权表，某基金管理公司出具的《关于某精选基金投资指令下达人的说明》，某精选基金投资指令记录，中国证券监督管理委员会出具的《马某利用未公开信息交易案案情说明》、《关于马某涉嫌利用未公开信息交易案有关问题的认定函》，中国证券监督管理委员会深圳监管局出具的《关于马某涉嫌利用未公开信息交易股票案情况的函》、《马某涉嫌利用未公开信息交易股票案案件调查终结报告》，协助冻结财产通知书，马某书写的《关于主动退缴非法所得的申请书》，深圳市公安局经济犯罪侦查局出具的《投案经过》和《马某投案自首的认定》，李某某的《员工入职表》，马某出差记录等书证，证人金某、严某甲、严某乙、李某某、曹某等人的证言及被告人马某的供述等证据证实。

广东省深圳市中级人民法院认为，被告人马某作为基金管理公司从业人员，利用其职务便利所获取的未公开信息，违反规定，从事与该信息相关的证券交易活动，情节严重，其行为已构成利用未公开信息交易罪。公诉机关指控的罪名成立，依法应予惩处。但刑法中并未对利用未公开信息交易罪规定"情节特别严重"的情形，因此，依法只能认定马某的行为属于"情节严重"。马某具有自动投案的情节，且到案之后能如实供述其所犯罪行，是自首，依法可以从轻处罚。马某认罪态度良好，其违法所得能从扣押冻结的财产中全额返还，判处的罚金亦能全额缴纳，确有悔罪表现，另经深圳市福田区司法局社区矫正和安置帮教科调查评估，对马某宣告缓刑对其所居住的社区没有重大不良影响，符合适用缓刑的条件，决定对其适用缓刑。依照《中华人民共和国刑法》第一百八十条第四款、第一款、第六十七条第一款、第七十二条、第七十三条、第五十二条、第五十三条、第六十四条之规定，判决：一、被告人马某犯利用未公开信息交易罪，判处有期徒刑三年，缓刑五年，并处罚金人民币1884万元；二、违法所得人民币18833374.74元依法予以追缴，上缴国库。

一审宣判后，广东省深圳市人民检察院抗诉提出，被告人马某的行为应认定为犯罪情节特别严重，依照"情节特别严重"的量刑档次处罚；马某的行为不属于退赃，应当认定为被司法机关追赃。一审判决适用法律错误，量刑明显不当，应当依法改判。

广东省人民检察院支持抗诉认为，刑法第一百八十条第一款规定的内幕交易、泄露内幕信息罪存在"情节严重"和"情节特别严重"两种情形和两个量刑档次，该条第四款规定，利用未公开信息交易情节严重的，依照第一款的规定处罚。从刑法设置上来说，同一法条的不同款项在处罚上应该有一个协调性，这种处罚的参照不可能只是部分参照，应该是全部参照。本案中，马某的证券交易成交额为10.5亿余元，获利1800多万元，应认定其犯罪"情节特别严重"，一审判决认定其犯罪"情节严重"，属于认定情节错误，应予纠正。马某有自首情节，且积极退赃，一审对其作出判三缓五的处罚，基本符合法定的量刑幅度。

广东省高级人民法院二审查明的事实和采信的证据与一审相同。

广东省高级人民法院认为，刑法第一百八十条第四款规定，证券交易所、期货交易所等金融机构从业人员以及有关监管部门或者行业协会的工作人员，利用未公开信息交易，情节严重的，依照第一款的规定处罚，该条款并未对利用未公开信息交易罪规定有"情节特别严重"情形；而根据第一百八十条第一款的规定，情节严重的，处五年以下有期徒刑或者拘役，并处或者单处违法所得一倍以上五倍以下罚金，故本案马某利用未公开信息，非法交易股票76只，累计成交金额人民币10.5亿余元，从中获利人民币1883万余元，属于"犯罪情节严重"，应在该量刑幅度内判处刑罚。原审判决认定事实清楚，证据确实、充分，量刑适当，审判程序合法。抗诉机关的抗诉理由不成立，不予采纳。依照《中华人民共和国刑法》第一百八十条第四款、第一款、第六十七条第一款、第七十二条、第七十三条、第六十四条以及《中华人民共和国刑事诉讼法》第二百二十五条第一款第（一）项之规定，裁定驳回抗诉，维持原判。

二审裁定生效后，广东省人民检察院提请最高人民检察院按照审判监督程序向本院提出抗诉。最高人民检察院抗诉提出，刑法第一百八十条第四款属于援引法定刑的情形，应当引用第一款处罚的全部规定；利用未公开信息交易罪与内幕交易、泄露内幕信息罪的违法与责任程度相当，法定刑亦应相当；马某的行为应当认定为犯罪情节特别严重，对其适用缓刑明显不当。本案终审裁定以刑法第一百八十条第四款未对利用未公开信息交易罪规定有"情节特别严重"为由，对此情形不作认定，降格评价被告人的犯罪行为，属于适用法律确有错误，导致量刑不当，并且对类似案件及法律适用有重大误导，应当依法纠正。

原审被告人马某对原审认定的事实和定罪量刑均无异议。其辩护人提出，刑法第一百八十条第四款未规定利用未公开信息交易罪有"情节特别严重"的情形，从法条文义、立法本意和"有利于被告人"的司法理念来看，原审裁判理解法律正确；马某具有自首、积极全额退赃并足额缴纳罚金等从轻、减刑处罚情节，原审裁判量刑适当，对马某适用缓刑符合罪刑相适应原则；目前能查阅到的所有案例均依法按"情节严重"量刑，为保障司法统一、维护司法权威、彰显司法公正，应依法驳回最高人民检察院抗诉。

本院再审查明，原审被告人马某在担任某基金管理有限公司某精选股票证券投资经理期间，利用其掌控的未公开信息，从事与该信息相关的证券交易活动，买卖股票 76 只，累计成交金额人民币 10.5 亿余元，案发后马某投案自首的事实与原审认定一致。证实以上事实的书证、证人证言、被告人供述等证据已经原审庭审举证、质证，再审予以确认。

另查明，原审被告人马某利用未公开信息从事证券交易活动，非法获利数额应为人民币 19120246.98 元。证明该事实的证据有再审中本院依职权调取的中国证券监督管理委员会深圳监管局出具的《深圳证监局关于马某利用未公开信息交易案的复函》。该证据已在再审庭审中经出庭检察员和辩护人双方质证并予确认，马某亦认可。原审认定马某非法获利数额人民币 18833374.74 元属计算错误，应予以更正。

对最高人民检察院抗诉理由和辩护人辩护意见评判如下：

刑法第一百八十条第四款援引法定刑的情形，应当是对第一款全部法定刑的引用，即利用未公开信息交易罪应有"情节严重"、"情节特别严重"两种情形和两个量刑档次。从立法目的上理解，由于我国基金、证券、期货等领域中，利用未公开信息交易行为比较多发，行为人利用公众投入的巨额资金作后盾，以提前买入或者提前卖出的手段获得巨额非法利益，将风险与损失转嫁到其他投资者，不仅对其任职单位的财产利益造成损害，而且严重破坏了公开、公正、公平的证券市场原则，严重损害客户投资者或处于信息弱势的散户利益，严重损害金融行业信誉，影响投资者对金融机构的信任，进而对资产管理和基金、证券、期货市场的健康发展产生严重影响。为此，《中华人民共和国刑法修正案（七）》新增利用未公开信息交易罪，并将该罪与内幕交易、泄露内幕信息罪规定在同一法条中，说明两罪的违法与责任程度相当。利用未公开信息交易罪也应当适用"情节特别严重"。从法条文意理解，首先，刑法第一百八十条第四款中的"情节严重"是入罪条款，《最高人民检察院、公安部关于公安机关管辖的刑事案件立案追诉标准的规定（二）》对利用未公开信息交易罪规定了追诉的情节标准，说明该罪需达到"情节严重"才能被追诉。利用未公开信息交易罪属情节犯，立法要明确其情节犯属性，就必须借助"情节严重"的表述，以避免"情节不严重"的行为入罪。其次，本条款中"情节严重"并不兼具量刑条款的性质，刑法条文中大量存在"情节严重"兼具定罪条款及量刑条款性质的情形，但无一例外均在其后列明了具体的法定刑，刑法第一百八十条第四款中"情节严重"之后，并未列明具体的法定刑，而是参照内幕交易、泄露内幕信息罪的法定刑，因此本款中的"情节严重"仅具有定罪条款的性质，而不具有量刑条款的性质。从立法技术上理解，援引法定刑是指对某一犯罪并不规定独立的法定刑，而是援引其他犯罪的法定刑作为该犯罪的法定刑。刑法第一百八十条第四款援引法定刑的目的是为了避免法条文字表述重复，并不属于法律规定不明确的情形。综上，刑法第一百八十条第四款虽然没有明确表述"情节特别严重"，但是根据本条款设立的立法目的、法条文意及立法技术，应当包含"情节特别严重"的情形和量刑档次。法条没有重复表述不等同于法律没有明确规定。在法律已有明确规定的情况下，应当适用该法律规定，而不再适用有利于被告人的原则。

基于上述对刑法第一百八十条第四款援引法定刑的理解，在明确利用未公开信息交易罪有"情节严重"、"情节特别严重"两种情形和两个量刑档次的前提下，本案应对马某的行为是否属于情节特别严重予以评价。目前虽然没有关于利用未公开信息交易罪"情节特别严重"认定标准的专门规定，但鉴于刑法规定利用未公开信息交易罪是参照内幕交易、泄露内幕信息罪的规定处罚，最高人民法院、最高人民检察院《关于办理内幕交易、泄露内幕信息刑事案件具体应用法律若干问题的解释》将成交额 250 万元以上、获利 75 万元以上等情形认定为内幕交易、泄露内幕信息罪"情节特别严重"的标准，利用未公开信息交易罪也应当遵循相同的标准。马某利用未公开信息进行交易活动，累计成交额达人民币 10.5 亿余元，非法获利人民币达 1912 万余元，已远远超过上述标准，且在案发时属全国查获的该类犯罪数额最大者，参照最高人民法院、最高人民检察院《关于办理内幕交易、泄露内幕信息刑事案件具体应用法律若干问题的解释》，马某的犯罪情节应当属于"情节特别严重"。

综上，最高人民检察院对刑法第一百八十条第四款援引法定刑的理解及原审被告人马某的行为属于犯罪情节特别严重的抗诉意见正确，应予采纳；辩护人的辩护意见不能成立，不予采纳。原审裁判因对刑法第一百八十条第四款援引法定刑的理解错误，导致降格认定了马某的犯罪情节，进而对马某判处缓刑确属不当，应予纠正。

本院认为，原审被告人马某作为基金管理公司从业人员，利用因职务便利获取的未公开信息，违反规定，从事与该信息相关证券交易活动的行为已构成利用未公开信息交易罪。马某利用未公开信息交易股票76只，累计成交额人民币10.5亿余元，非法获利人民币1912万余元，属于情节特别严重，应当依法惩处。鉴于马某主动从境外回国投案自首；在未受控制的情况下，将股票兑成现金存在涉案三个账户中并主动向中国证券监督管理委员会说明情况，退还了全部违法所得；认罪悔罪态度好；赃款未挥霍，原判罚金刑得以全部履行等情节，对马某可予减轻处罚。第一审判决、第二审裁定认定事实清楚，证据确实、充分，定罪准确，但因对法律条文理解错误，导致量刑不当，应予纠正。依照《中华人民共和国刑法》第一百八十条第四款、第一款、第六十七条第一款、第五十二条、第五十三条、第六十四条及《最高人民法院关于适用〈中华人民共和国刑事诉讼法〉的解释》第三百八十九条第（三）项的规定，判决如下：一、维持广东省高级人民法院（2014）粤高法刑二终字第137号刑事裁定和深圳市中级人民法院（2014）深中法刑二初字第27号刑事判决中对原审被告人马某的定罪部分；二、撤销广东省高级人民法院（2014）粤高法刑二终字第137号刑事裁定和深圳市中级人民法院（2014）深中法刑二初字第27号刑事判决中对原审被告人马某的量刑及追缴违法所得部分；三、原审被告人马某犯利用未公开信息交易罪，判处有期徒刑三年，并处罚金人民币1913万元；四、违法所得人民币19120246.98元依法予以追缴，上缴国库。

实务要点 2

1. 私募基金从业人员可以成为利用未公开信息交易罪的共犯，私募基金账户趋同交易数额和获利金额应计入交易成交额和违法所得数额。利用未公开信息交易罪的犯罪主体是金融机构从业人员，根据《中华人民共和国证券投资基金法》等规定，公募基金管理公司属于金融机构，公募基金从业人员与私募基金从业人员共同利用公募基金从业人员职务便利获取的未公开信息，从事相关证券、期货交易活动的，构成利用未公开信息交易罪共同犯罪。利用未公开信息交易行为严重破坏证券市场的公平交易秩序，其社会危害性以及对证券市场秩序的侵害程度，应当以所有趋同交易的成交数额和违法所得数额来衡量，即不仅包括实际利益归属于被告人的相关账户趋同交易数额，也包括实际利益归属于特定投资人的私募基金账户趋同交易数额。

2. 全面把握利用未公开信息交易犯罪的特点和证明标准，准确认定案件事实。利用未公开信息交易行为具有专业、隐蔽的特征，应当注意以下问题。一是重点调取、对比审查客观证据，如未公开信息所涉证券（期货）品种、交易时间记录与涉案的相应品种、记录等，以对比证明交易的趋同性；又如行为人的职务权限、行为信息等，以证明交易信息的来源。二是在证明方法上，本罪的构成要件和隐蔽实施的行为特点，能够证明行为人知悉未公开信息并实施了趋同交易的，就认为行为人利用了未公开信息，至于该未公开信息是否系行为人决定交易的唯一信息，即行为人是否同时使用了"自身研究成果"，不影响本罪的认定。

案例：私募基金从业人员伙同金融机构从业人员，利用金融机构的未公开信息实施趋同交易的，构成利用未公开信息交易罪——姜某君、柳某利用未公开信息交易案

基本案情

被告人姜某君，系上海云某投资管理有限公司（以下简称云某公司，该公司为私募基金管理公司）实际控制人；被告人柳某，系泰某基金管理有限公司（以下简称泰某公司，该公司为公募基金公司）基金经理，姜某君与柳某系好友。

2010年12月至2011年3月，姜某君设立云某公司及"云某一期"私募基金，并通过私募基金从事证券交易。2009年4月至2015年1月，柳某管理泰某公司发行的泰某蓝筹精选股票型基金（以下简称泰某蓝筹基金），负责该基金的运营和投资决策。

2009年4月至2013年2月，姜某君频繁与柳某交流股票投资信息。柳某明知姜某君经营股票投资业务，仍将利用职务便利获取的泰某蓝筹基金交易股票的未公开信息泄露给姜某君，或使用泰某蓝筹基金的资金买卖姜某君推荐的股票。姜某君利用上述未公开信息，使用所控制的证券账户进行趋同交易。上述时间段内，姜某君控制的杨某某、金某、叶某三个个人证券账户及"云某一期"私募基金证券账户与泰某蓝筹基金账户趋同买入且趋同卖出股票76只，趋同买入金额7.99亿余元，趋同卖出金额6.08亿余元，获利4619万余元。

经中国证监会上海专员办立案调查，中国证监会于2016年10月18日将姜某君、柳某涉嫌刑事犯罪案件移送公安机关立案侦查。经公安部交办，上海市公安局侦查终结后，以姜某君、柳某涉嫌利用未公开信息交易罪移送起诉。

行政调查发现，柳某与杨某某等三个涉案的个人账户有实质性关联。在侦查和审查起诉过程中，柳某供认将公募基金投研信息泄露给姜某君，并采纳姜某君的投资建议进行公募基金投资。姜某君辩称，系柳某主动向其咨询个股信息，请其给予投资建议，没有利用柳某因职务便利获取的未公开信息，其从事股票投资均基于自己的专业分析研判。针对姜某君的辩解，经补充侦查，姜某君与柳某的通话记录以及电子证据等客观性证据能够证明姜某君进行相关证券交易系主要凭借柳某提供的基金决策信息。2018年3月27日，上海市人民检察院第一分院以姜某君、柳某构成利用未公开信息交易罪依法提起公诉。

2019年6月14日，上海市第一中级人民法院经审理作出一审判决，认定姜某君、柳某均犯利用未公开信息交易罪，判处姜某君有期徒刑六年六个月，并处罚金人民币四千万元；判处柳某有期徒刑四年六个月，并处罚金人民币六百二十万元。姜某君、柳某提出上诉，上海市高级人民法院经审理于2019年12月31日作出终审判决，认定起诉指控及一审判决的罪名成立，但鉴于在二审阶段，姜某君、柳某分别退缴部分违法所得，姜某君揭发他人犯罪行为经查证属实，有立功表现，改判姜某君有期徒刑五年九个月，改判柳某有期徒刑四年，维持原判罚金刑。

法律依据

《中华人民共和国刑法》

第一百八十条 【内幕交易、泄露内幕信息罪】证券、期货交易内幕信息的知情人员或者非法获取证券、期货交易内幕信息的人员，在涉及证券的发行，证券、期货交易或者其他对证券、期货交易价格有重大影响的信息尚未公开前，买入或者卖出该证券，或者从事与该内幕信息有关的期货交易，或者泄露该信息，或者明示、暗示他人从事上述交易活动，情节严重的，处五年以下有期徒刑或者拘役，并处或者单处违法所得一倍以上五倍以下罚金；情节特别严重的，处五年以上十年以下有期徒刑，并处违法所得一倍以上五倍以下罚金。

单位犯前款罪的，对单位判处罚金，并对其直接负责的主管人员和其他直接责任人员，处五年以下有期徒刑或者拘役。

内幕信息、知情人员的范围，依照法律、行政法规的规定确定。

【利用未公开信息交易罪】证券交易所、期货交易所、证券公司、期货经纪公司、基金管理公司、商业银行、保险公司等金融机构的从业人员以及有关监管部门或者行业协会的工作人员，利用因职务便利获取的内幕信息以外的其他未公开的信息，违反规定，从事与该信息相关的证券、期货交易活动，或者明示、暗示他人从事相关交易活动，情节严重的，依照第一款的规定处罚。

关联索引

最高人民法院、最高人民检察院、公安部、中国证券监督管理委员会联合发布 5 件依法从严打击证券犯罪典型案例

裁判文书

姜某君等利用未公开信息交易案
上海市高级人民法院
刑 事 判 决 书
（2019）沪刑终 76 号

原公诉机关，上海市人民检察院第一分院。

上诉人（原审被告人）姜某君。

辩护人许剑菁、俞则人，上海剑菁律师事务所律师。

上诉人（原审被告人）柳某。

辩护人钟颖、黄亚茹，上海钟颖律师事务所律师。

上海市第一中级人民法院审理上海市人民检察院第一分院指控被告人

姜某君、柳某犯利用未公开信息交易罪一案，于二〇一九年六月十四日作出（2018）沪01刑初30号刑事判决。原审被告人姜某君、柳某不服，提出上诉。本院受理后依法组成合议庭，于同年11月15日、12月20日公开开庭审理了本案。上海市人民检察院指派检察员陈某、王某出庭履行职务。上诉人（原审被告人）姜某君、柳某及其辩护人许剑菁、钟颖、黄亚茹到庭参加诉讼。本案经依法延期审理，现已审理终结。

原判认定，2010年12月，被告人姜某君设立上海云某投资管理有限公司（以下简称云某公司）。2011年3月，姜某君设立"云某一期"私募基金，并通过该私募基金从事证券交易。2009年4月至2015年1月，被告人柳某担任泰某基金公司基金经理，管理泰某蓝筹基金，负责该基金的运营和投资决策。

2009年4月至2013年2月间，被告人姜某君频繁与被告人柳某交流股票投资信息。柳某明知姜某君经营股票投资业务，仍将利用职务便利所获取的泰某蓝筹基金交易股票的未公开信息泄露给姜某君；或使用泰某蓝筹基金的资金买卖姜向其推荐的股票，并继续与姜交流所交易的特定股票，从而泄露相关股票交易的未公开信息。姜某君则利用上述从柳某处获取的未公开信息，使用所控制的证券账户进行股票交易。上述时间段内，姜某君控制的"杨某某"、"金某"、"叶某"证券账户及"云某一期"私募基金证券账户与泰某蓝筹基金账户趋同买入且趋同卖出股票76只，趋同买入金额人民币7.99亿余元（以下币种均同），趋同卖出金额6.08亿余元，获利4619万余元。其中，"杨某某"个人证券账户双向趋同交易的股票买入金额1.93亿余元，卖出金额1.56亿余元，获利1708万余元；"金某"个人证券账户双向趋同交易的股票买入金额0.47亿余元，卖出金额0.40亿余元，获利336万余元；"叶某"个人证券账户双向趋同交易的股票买入金额1.35亿余元，卖出金额1.29亿余元，获利1566万余元；"云某一期"私募基金证券账户双向趋同交易的股票买入金额4.22亿余元，卖出金额2.82亿余元，获利1006万余元。

2015年11月，被告人柳某在接受证券监管部门调查时如实供述了主要犯罪事实。被告人姜某君在一审庭审后认罪。姜某君、柳某在一审期间分别退缴违法所得300万元和150万元。

原判认定上述事实的证据有，职务证明、管理制度、云某一期信托相关资料、工商登记资料、开户、交易资料、调研报告等书证；证人车某某等人的证言；司法会计鉴定意见书、物证鉴定检验报告等鉴定意见；被告人柳某、姜某君的供述等。

原判认为，被告人姜某君、柳某违反规定，共同利用柳某担任基金管理公司从业人员职务便利获取的未公开信息，从事相关证券交易活动，非法获利4619万余元，情节特别严重，其行为均已构成利用未公开信息交易罪，且系共同犯罪。柳某具有自首情节，可依法从轻或者减轻处罚；柳某自愿认罪认罚，退缴部分违法所得；综合上述情节，依法对其减轻处罚。庭审后，姜某君表示认罪，并退缴部分违法所得，具有检举他人犯罪行为的表现，可酌情从轻处罚。据此，依照《中华人民共和国刑法》第一百八十条第四款及第一款、第二十五条第一款、第六十七条第一款、第五十二条、第五十三条、第六十四条之规定，以利用未公开信息交易罪分别判处被告人姜某君有期徒刑六年六个月，并处罚金人民币四千万元；被告人柳某有期徒刑四年六个月，并处罚金人民币六百二十万元；违法所得予以追缴。

上诉人姜某君及其辩护人提出，姜某君一、二审期间检举揭发他人犯罪均构成立功；且二审期间其亲属代其退出违法所得200万元，请求从轻或减轻处罚。

上诉人柳某及其辩护人提出，二审期间柳某亲属代其退出违法所得150万元，请求从轻处罚。

上海市人民检察院认为，原判认定上诉人姜某君、柳某利用未公开信息交易犯罪的事实清楚，证据确实、充分，适用法律正确，量刑适当，审判程序合法。姜某君一审期间检举揭发他人犯罪经查证不属实或尚无查证结果，不构成立功。二审期间检举揭发他人诈骗犯罪经查证属实，构成立功；检举揭发他人职务犯罪尚无查证结果，不构成立功。姜某君、柳某二审期间又退出部分违法所得。建议二审法院可据此立功情节及退赃情节依法对二人量刑予以体现。

本院审理查明的事实和证据与原判相同。

根据审理查明的事实和证据，本院对各方意见综合评判如下：

一、关于姜某君检举揭发他人犯罪是否构成立功的问题

经查：姜某君一审期间检举揭发多起他人犯罪，经公安机关查证，或不属实或目前尚未有查证结果等，依法不构成立功。二审期间，其检举揭发他人诈骗犯罪，经公安机关查证属实，依法构成立功；其检举揭发他人职务犯罪目前尚无查证结果，依法不构成立功。

二、关于量刑问题

上诉人姜某君、柳某违反规定，共同利用上诉人柳某的职务便利获取未公开信息，从事相关证券交易活动，非法获利4619万余元，情节特别严重，依法应以利用未公开信息交易罪判处五年以上十年以下有期徒刑，并处违法所得一倍以上五倍以下罚金。原判鉴于柳某具有自首情节，认罪并退缴部分违法所得150万元，姜某君庭后认罪并退缴部分违法所得300万元，对二人所判处的刑罚体现了罪责刑相适应的原则，量刑并无不当。鉴于二审期间，姜某君具有立功表现，亲属代其退出违法所得200万元，柳某亲属代其退出违法所得150万元，可依法对姜某君、柳某在原判基础上从轻处罚。

综上所述，本院确认，原判认定上诉人姜某君、柳某利用未公开信息交易犯罪的事实清楚，证据确实、充分，适用法律正确，审判程序合法。上海市人民检察院建议二审法院对姜某君、柳某量刑予以体现的意见正确，应予支持。上诉人姜某君、柳某的上诉理由及其辩护人的相关辩护意见可予采纳。据此，依照《中华人民共和国刑法》第一百八十条第四款及第一款、第二十五条第一款、第六十七条第一款、第六十八条第一款、第五十二条、第五十三条、第六十四条及《中华人民共和国刑事诉讼法》第二百三十六条第一款第（二）项之规定，判决如下：一、维持上海市第一中级人民法院（2018）沪01刑初30号刑事判决的第三项，即"违法所得予以追缴"。二、撤销上海市第一中级人民法院（2018）沪01刑初30号刑事判决的第一项、第二项，即"被告人姜某君犯利用未公开信息罪，判处有期徒刑六年六个月，并处罚金人民币四千万元"、"被告人柳某犯利用未公开信息交易罪，判处有期徒刑四年六个月，并处罚金人民币六百二十万元"。三、上诉人（原审被告人）姜某君犯利用未公开信息交易罪，判处有期徒刑五年九个月，并处罚金人民币四千万元。（刑期从判决执行之日

起计算，判决执行以前先行羁押的，羁押一日折抵刑期一日，即自 2017 年 6 月 16 日起至 2023 年 3 月 15 日止，罚金应于本判决宣告次日起一个月内缴纳完毕。）四、上诉人（原审被告人）柳某犯利用未公开信息交易罪，判处有期徒刑四年，并处罚金人民币六百二十万元。

三、内幕交易、泄露内幕信息罪

实务要点

1. 准确认定内幕交易、泄露内幕信息罪要明确本罪的犯罪主体。根据《最高人民法院、最高人民检察院关于办理内幕交易、泄露内幕信息刑事案件具体应用法律若干问题的解释》第二条的规定，非法获取证券、期货内幕信息的人员包括三类："（一）利用窃取、骗取、套取、窃听、利诱、刺探或者私下交易等手段获取内幕信息的；（二）内幕信息知情人员的近亲属或者其他与内幕信息知情人员关系密切的人员，在内幕信息敏感期内，从事或者明示、暗示他人从事，或者泄露内幕信息导致他人从事与该内幕信息有关的证券、期货交易，相关交易行为明显异常，且无正当理由或者正当信息来源的；（三）在内幕信息敏感期内，与内幕信息知情人员联络、接触，从事或者明示、暗示他人从事，或者泄露内幕信息导致他人从事与该内幕信息有关的证券、期货交易，相关交易行为明显异常，且无正当理由或者正当信息来源的。"即非法手段型获取内幕信息的人员、特定身份型获取内幕信息的人员和积极联系型获取内幕信息的人员三类。其中特定身份型获取内幕信息的人员，是指内幕信息知情人员的近亲属或者其他与内幕信息知情人员关系密切的人员（包括基于学习、工作产生的关系，如同学、校友）。这类人员无论是主动获取还是被动获取内幕信息，均属于非法获取内幕信息的人员。下列案例中，陈某啸与薛某 1 有工作往来，存在宴请等密切行为，陈某啸从薛某 1 处既有被动获取也有主动获取内幕信息的行为，故陈某啸属于非法获取内幕信息的人员。

2. "相关交易行为明显异常"的认定。上述解释第三条规定："本解释第二条第二项、第三项规定的'相关交易行为明显异常'，要综合以下情形，从时间吻合程度、交易背离程度和利益关联程度等方面予以认定：

（一）开户、销户、激活资金账户或者指定交易（托管）、撤销指定交易（转托管）的时间与该内幕信息形成、变化、公开时间基本一致的；（二）资金变化与该内幕信息形成、变化、公开时间基本一致的；（三）买入或者卖出与内幕信息有关的证券、期货合约时间与内幕信息的形成、变化和公开时间基本一致的；（四）买入或者卖出与内幕信息有关的证券、期货合约时间与获悉内幕信息的时间基本一致的；（五）买入或者卖出证券、期货合约行为明显与平时交易习惯不同的；（六）买入或者卖出证券、期货合约行为，或者集中持有证券、期货合约行为与该证券、期货公开信息反映的基本面明显背离的；（七）账户交易资金进出与该内幕信息知情人员或者非法获取人员有关联或者利害关系的；（八）其他交易行为明显异常情形。"下列案例中，陈某啸在内幕信息敏感期内，通过联络、接触内幕信息知情人员薛某1，获取信息得知相关股票重组事宜，筹集大量资金，不计成本地将资金全部或大部分投入相关股票，与其平时交易习惯明显背离，且其交易的时间点与内幕信息的形成、变化、公开以及获取内幕信息时间吻合，交易资金的进入与内幕信息知情人薛某1存在关联，在交易涉案股票停牌前持续买入、只买不卖，在相关股票"一字板"涨停复牌后通过大宗交易亏损卖出，陈某啸交易东某电器、巢某股份的行为符合《最高人民法院、最高人民检察院关于办理内幕交易、泄露内幕信息刑事案件具体应用法律若干问题的解释》第三条的规定，属于相关交易行为明显异常。

案例：非法获取证券交易内幕信息的人员的认定——陈某啸内幕交易、泄露内幕信息案

基本案情

被告人陈某啸，男，汉族，1971年5月6日出生，原系安徽某税务师事务所有限责任公司负责人。

2013年11月至2014年9月，江苏东某电器集团股份有限公司（以下简称东某电器）进行重组事宜。2014年4月1日东某电器股票停牌，同年9月10日东某电器公告重大资产重组信息并复牌。薛某1（时任金通某汇投资管理有限责任公司负责人，另案处理）系东某电器重组内幕信息的知情人员。2013年11月中旬至2014年3月31日，被告人陈某啸多次联络、

接触薛某1，并使用本人证券账户买入东某电器股票共1022万余股，成交金额6919万余元。2014年9月19日和24日，陈某啸将东某电器股票全部抛售，非法获利1.03亿余元。在东某电器重组内幕信息敏感期内，陈某啸还将该信息泄露给同事明某、石某，明某买入东某电器股票2900股，在股票停牌之前卖出，亏损2983.26元；石某买入东某电器247100股，成交金额167万余元，在股票复牌后卖出，非法获利276万余元。

2014年7月至2015年2月，安徽巢某水泥股份有限公司（以下简称巢某股份）进行重组事宜。薛某1为巢某股份重组内幕信息的知情人员。2014年9月20日，被告人陈某啸在合肥徐同泰酒店宴请薛某1等人时，获知巢某股份和浙江某家居合作的内幕信息，并于2014年9月22日、25日、26日买入巢某股份239万余股，成交金额2673万余元。2014年9月29日，巢某股份股票停牌。2015年2月6日巢某股份复牌，陈某啸于复牌当日通过大宗交易方式将巢某股份股票全部卖出，亏损4万余元。在巢某股份重组的内幕信息敏感期内，陈某啸将该信息泄露给明某、石某，明某买入巢某股份8万余股，成交金额99万余元，在股票复牌后卖出，非法获利208万余元；石某买入巢某股份11万股，成交金额121万余元，在股票复牌后卖出，非法获利214万余元。

法律依据

《中华人民共和国刑法》

第一百八十条　**【内幕交易、泄露内幕信息罪】**证券、期货交易内幕信息的知情人员或者非法获取证券、期货交易内幕信息的人员，在涉及证券的发行，证券、期货交易或者其他对证券、期货交易价格有重大影响的信息尚未公开前，买入或者卖出该证券，或者从事与该内幕信息有关的期货交易，或者泄露该信息，或者明示、暗示他人从事上述交易活动，情节严重的，处五年以下有期徒刑或者拘役，并处或者单处违法所得一倍以上五倍以下罚金；情节特别严重的，处五年以上十年以下有期徒刑，并处违法所得一倍以上五倍以下罚金。

单位犯前款罪的，对单位判处罚金，并对其直接负责的主管人员和其他直接责任人员，处五年以下有期徒刑或者拘役。

内幕信息、知情人员的范围，依照法律、行政法规的规定确定。

关联索引

最高人民法院发布 7 件人民法院依法惩处证券、期货犯罪典型案例

裁判文书

陈某啸内幕交易、泄露内幕信息罪二审刑事裁定书

安徽省高级人民法院

刑 事 裁 定 书

（2020）皖刑终 16 号

原公诉机关，安徽省蚌埠市人民检察院。

上诉人（原审被告人）陈某啸，男，1971 年 5 月 6 日出生，汉族，大学文化，户籍地安徽省合肥市庐阳区，捕前住合肥市，原安徽某税务师事务所有限责任公司负责人。因涉嫌犯内幕交易、泄露内幕信息罪于 2015 年 6 月 26 日被刑事拘留，同年 8 月 2 日被逮捕。现羁押于蚌埠市看守所。

辩护人唐智君，北京市炜衡（合肥）律师事务所律师。

安徽省蚌埠市中级人民法院审理蚌埠市人民检察院指控原审被告人陈某啸犯内幕交易、泄露内幕信息罪一案，于 2018 年 6 月 14 日作出（2016）皖 03 刑初 27 号刑事判决。宣判后，原审被告人陈某啸不服，提出上诉。本院于 2019 年 4 月 8 日作出（2018）皖刑终 236 号刑事裁定，发回蚌埠市中级人民法院重新审判。蚌埠市中级人民法院于 2019 年 10 月 30 日作出（2019）皖 03 刑初 7 号刑事判决。宣判后，原审被告人陈某啸不服，以其无罪为由，提出上诉。本院受理后，依法组成合议庭，于 2020 年 7 月 8 日公开开庭审理本案。安徽省人民检察院指派检察员冯伟、高成霞出庭履行职务。原审被告人陈某啸及其辩护人北京市炜衡（合肥）律师事务所律师唐智君到庭参加诉讼。本案现已审理终结。

一审法院查明：

（一）关于被告人陈某啸内幕交易东某电器、泄露东某电器内幕信息的事实

2013 年 11 月 7 日，江苏东某电器集团股份有限公司（以下简称东某电器，股票代码：××××，现股票名称变更为某高科）第一大股东孙某 1 与金通某汇投资管理有限公司沟通确认将书面全权委托金通某汇投资管理有

限公司代其处理股份减持及东某电器的重组等事宜。薛某1（时任金通某汇有限责任公司负责人，另案处理）参与东某电器与贵州某能源有限公司、合肥某高科动力能源有限公司的重组事宜，系东某电器重组的内幕信息知情人。2013年11月中旬，被告人陈某啸到薛某1家咨询黄山科宇股权转让事项，后陈某啸于2013年11月18日至2014年1月24日期间，使用其本人证券账户买入东某电器共计247.843万股，成交金额计1628.07455万元。2014年2月、3月期间，陈某啸与薛某1多次联络、接触，在内幕信息敏感期内薛某1安排其弟媳朱某借给陈某啸3100万元，陈某啸将该笔资金全部买入东某电器股票。之后，陈某啸又通过质押东某电器股票融资2200.147万元，继续买入东某电器股票。2013年11月18日至2014年3月31日，陈某啸在其本人证券账户内共买入东某电器股票1022.1469万股，成交金额6919.690825万元。

2014年4月1日东某电器股票停牌，同年9月10日东某电器公告重大资产重组信息并复牌；陈某啸于2014年9月19日和24日两个交易日将上述东某电器股票全部卖出，获利10381.658135万元。

在中国证监会认定的内幕信息敏感期内，陈某啸向其所在的安徽某税务师事务所股东明某、石某泄露东某电器重组的内幕信息，并推荐二人买入东某电器股票。在内幕信息敏感期内，明某在其本人证券账户内，买入东某电器股票2900股，在股票停牌之前卖出，亏损2983.26元；石某在其本人证券账户内，买入东某电器247100股，成交金额167.1036万元。在股票复牌后卖出，获利276.9126万元。

认定东某电器内幕交易的证据如下：

第一组证明东某电器资产重组为内幕信息及薛某1为内幕信息知情人员的证据

第一部分证明东某电器资产重组为内幕信息的证据

1. 中国证监会关于薛某1等人涉嫌内幕交易案有关问题的认定函，证实东某电器资产重组属于内幕信息，内幕信息敏感期起点不晚于2013年11月7日，终点为2014年9月10日。

2. 东某电器企业法人营业执照，证实东某电器为上市股份有限公司。

3. 重大资产重组意向书，证实2012年12月18日东某电器和山东某银化工股份有限公司达成重大资产合作意向。

4. 委托书，证实贵州某能源有限公司于2012年11月委托立信会计师事务所对其公司拟重组上市提供专业服务，并签订业务约定书。

5. 薛某1证言，证实2012年8月份，他在浙江温州成立一家名字叫某证券的证券公司，在筹建过程中需要一个载体，2013年二三月份在温州市瓯海区成立金通某汇投资管理有限公司。2013年底或2014年初的时候将公司迁到新疆石河子去了，那里有百分之十二的企业税收优惠政策。2014年4月份以金通某汇投资管理有限公司作为管理人设立了上海隆某汇股权投资合伙企业，在筹建某证券的时候找了准备投资证券公司的两个股东，分别是苏州和某达股权投资合伙企业和苏州嘉某股权投资合伙企业作为股东出资，各出资百分之五十，各出资2500万元。当时公司聘任的法人代表是杨某，后将公司法人代表变更为崔某，股东没有变化。2014年二三月份准备将公司迁到新疆募集资金的时候，接着他找到内弟戴某，请他担任公司的法人代表，实际上只是挂名，不参加公司的任何活动，不领取报酬也不在公司报销费用，当时考虑到公司想做一些投资经营，涉及信息披露的问题，原来的两个股东都是上市公司的大股东，做信息披露比较繁琐，原来的两个股东将股份让戴某代持百分之八十的股份，4000万元的出资额，还有崔某的爱人曾某1代持百分之二十的股份，1000万元的出资额。到2015年八九月份考虑到证监局和公安部门在调查相关事情，戴某和曾某1就把股份还给原来的两个股东了，法人代表也换成了杨某升。京通某汇资产管理公司是2013年一季度在上海成立，这个公司至今没办过具体业务，就是空壳公司，为的就是给筹建某证券的人发工资、缴社保、报销费用等。金通某汇，还有京通某汇、隆某汇公司，这三家公司是在同一个地方办公的。就是一套班子三块牌子。某汇资本是对外的一个简称，不是一个公司的名字，是金通某汇、京通某汇、隆某汇三个公司统一对外的简称。2013年11月份孙某1住院时，他和崔某一起去探望过，孙某1提出：一、和山东某银重组情况怎么样了，比较担心重组不成功后面怎么办。二、如果和山东某银重组不成功，希望委托金通某汇公司把股票处理掉。他说行，一方面是把山东某银的重组推进下去，另一方面如果重组不成功替孙重新找买家。在探视孙某1回来后，通过张某联系到了贵州的煤老板余某1，余有实力而且有收购意向。11月28日，孙某1出具了委托书，全权委托他及金通某汇处理孙某1持有的全部东某电器股票及东某电器的后续资本运作。在2014年一季度因为余某1资金链断裂和煤炭价格下降，没钱了，他们和余某1的协议无法进行下去。2014年4月1日东某电器因与某高科集团重组停牌。

6. 证人崔某证言，证实某汇资本是京通某汇、金通某汇及上海隆某汇投资管理有限公司的统一称谓，三家公司日常业务由薛某1决定，法人代表由薛某1安排。

7. 证人戴某证言，证实他替代崔某担任金通某汇的法人代表是薛某1安排的，他不参与经营，也不享受收益。

8. 证人赵某1证言，证实2012年年底，他听说薛某1要在浙江成立一个证券公司，就有意向参股。2013年1月份，薛某1打电话说成立证券公司的事有点眉目了，为了证券公司以后正常运营，需要到社会上招聘一些人才，基于此要成立两个投资管理公司。每个公司他各占百分之五十，各投两千五百万元。另外的股东袁某是薛某1自己联系的。2013年3月份左右，薛某1下面员工到某聚合公司找他，说需要和某达的工商资料、工商局注册公司相关资料的盖章，他就把相关资料交给对方。大概半个月左右，他向对方提供的两个验资账户，各转了两千五百万元。这两个公司成立之后，他就不管了，薛某1他们也没说过公司的具体运作情况。

9. 证人袁某证言，证实关于入股金通某汇和京通某汇公司的情况和赵某1证言一致。

10. 证人孙某1证言，证实他出院后的第一天上午，来到华林证券上海公司，见到了崔某和王某1，谈及重组情况，他因为资金问题要卖股票。崔某讲重组的事情正在进行，减持股票一事他们尽快联系客户。第二天，他回南通了，当天崔某给他打电话讲薛某1让他出具一个书面的委托书等情况。

11. 证人崔某证言，证实他与孙某1联系后孙出具了委托书，签署日期为2013年11月28日，内容和他们（包括薛某1）去医院探望孙某1时，孙某1口头委托的内容是一致的。

12. 证人张某证言，证实关于某能源收购上市公司17.03%股权的操作方案，是他制作，于 2013 年 11 月 7 日发给薛某 1 的。薛看后，让王某 1 修改了下，又发给他，他于第二天发给了孙某 2。薛某 1 让王某 1 修改的内容主要有两点，初稿涉及薛某 1 的地方都改成金通某汇核心管理成员，初稿由薛某 1（金通某汇）与上市公司现有第一大股东签订授权协议，全权代理该股东股权转让事宜的谈判工作修改为目前金通某汇已与上市公司现有第一大股东签订了股权处理及重组授权协议书，全权委托该股东股权转让及重组事宜。

13. 某汇资本职场常见电话名单、京通某汇 2015 年 8—10 月份工资表，证实薛某 1 为某汇资本主要领导及其在京通某汇领取工资情况（基本工资 76000 元、通讯补贴 400 元，薛某 1 工资为 16 名员工中最高）。

14. 上海隆某汇股权投资基金合伙企业工商登记档案材料、上海隆某汇投资管理有限公司工商登记档案材料、金通某汇投资管理有限公司资料、京通某汇工商资料，证实金通某汇、京通某汇、隆某汇投资管理公司及隆某汇股权投资公司工商登记、股东、法人代表等情况。

15. 张某与薛某 1 互发的邮件、张某和孙某 2、曾某互发的邮件，关于某能源收购××上市公司 17.03% 股权的操作方案，证实自起，张某和薛某 1、孙某 2、曾某发邮件沟通东某电器孙某 1 减持股票给贵州某能源余某 1 事宜。2013 年 11 月 7 日，张某向薛某 1 发送了关于贵州某能源收购东某电器股票的操作方案。

16. 股权转让整体协议、股权转让整体协议之补充协议一、协议书、关于转让东某电器股份之股份转让整体协议、大宗交易报价单、营业部对账单、资金流水、交易流水、证券交易委托单、大额取款预约登记表银行交易明细、电子邮件、中国工商银行个人业务凭证、东某电器证券持有人名册，证实余某 1 与薛某 1 于 2013 年 12 月 3 日签署股权转让整体协议，双方并于 2013 年 12 月 9 日签署补充协议，约定相关股份转让补充事宜。双方并于 2013 年 12 月 3 日签署协议约定迁址事宜。双方约定，余某 1 以 6 亿元购买孙某 1 所持有的东某电器 4314.60 万股，股权转让分步进行。余某 1 和孙某 1 于 2013 年 12 月签署协议约定转让第一批 10786500 股，约占东某电器股份总数的 4.26% 的股份。2013 年 12 月 25 日，孙某 1 大宗交易 10786500 股，价格为每股 5.8 元。余某 1 于 2013 年 12 月 25 日以每股 5.8

元的价格大宗交易买入东某电器股票 10786500 股，于 2014 年 9 月 12 日以每股 9.69 元的价格大宗交易卖出东某电器股票 10786500 股。2013 年 12 月 25 日，余某 1 账户转账 63500000 元股权转让款。截至 2014 年 3 月 31 日股权登记日，余某 1 为东某电器第三大股东、第二大自然人股东。

17. 谅解备忘录，证实 2014 年 3 月 16 日、3 月 17 日修改谅解备忘，金通某汇方和余某 1 方约定对余某 1 因资金紧张不能按期履行协议等事宜进行沟通协商。

18. 东某电器关于终止重大资产重组的公告，证实 2013 年 12 月 18 日，东某电器发布关于终止重大资产重组的公告，承诺自公告发布之日三个月内不再筹划重大资产重组事项（和山东某银重组终止）。2013 年 12 月 20 日，东某电器关于孙某 1 减持公司股份的公告，证实孙某 1 减持股份预计出售总量不超过总股本的 8%。2013 年 12 月 26 日东某电器关于控股股东减持公司股份的公告，证实孙某 1 减持公司股份 10786500 股，占公司股本 4.26%。本次减持后，孙某 1 仍为公司第一大股东。2014 年 4 月 2 日，东某电器发布关于筹划重大事项停牌的公告，具体为东某电器拟筹划重大事项，鉴于该事项存在不确定性，为维护广大投资者利益，避免引起公司二级市场股票价格波动，经公司申请，公司股票于 2014 年 4 月 1 日开市起停牌，且将于 2014 年 4 月 2 日开市起继续停牌，待公司通过指定媒体披露相关公告后复牌。2014 年 9 月 9 日，东某电器发布复牌公告，公告东某电器购买合肥某高科 100% 股权，公司股票将于 2014 年 9 月 10 日开市起复牌。

19. 东某电器关于重大资产重组的说明、东某电器 2013 年度的公告及财务顾问协议、东某电器 2013 年度业绩快报及 2014 年度公告，证实东某电器资产重组、年度业绩等情况。

20. 重大资产备忘录、东某电器发行股份购买资产并募集配套资金暨关联交易报告书（修订稿），证实东某电器和某高科于 2014 年 4 月 10 日签署重大资产重组备忘录双方达成初步意向，东某电器拟进行重大资产重组，以发行股份方式购买李某控制的某高科 44.14% 股权，同时乙方努力促成由东某电器收购某高科其他股东所持有的剩余 55.86% 的某高科股权及东某电器和某高科的重组情况。

21. 财务顾问协议、发票、电汇凭证，证实东某电器和某高科与国元证券和东海证券签订财务顾问协议，并支付顾问费情况。

22. 东某电器发行股份购买资产协议，证实 2014 年 9 月 5 日，东某电器与某高科法人和自然人股东签订的发行股份购买资产协议情况。

23. 孙某 1 住院记录，证实孙某 1 于 2013 年在上海长海医院住院，入院日期为 2013 年 10 月 17 日，出院日期为 2013 年 11 月 5 日。

以上证据证实，薛某 1 方基于孙某 1 的全权委托，与贵州某能源董事长余某 1 商洽以借壳上市为目的的东某电器股份转让事宜，此后东某电器与合肥某高科商洽重大资产重组事宜为内幕信息，该事项动议初始时间（即内幕信息形成时间）不晚于 2013 年 11 月 7 日，公开时间为 2014 年 9 月 10 日，该时间段为内幕信息敏感期。

第二部分证明薛某 1 为东某电器资产重组的内幕信息知情人的证据

1. 中国证监会关于薛某 1 等人涉嫌内幕交易案有关问题的认定函，证实薛某 1、崔某、王某 1 属于证券法规定的内幕信息知情人。

2. 薛某 1、崔某在平安证券、华林证券的任免文件，证实自 2008 年 8 月 13 日，薛某 1 担任平安证券总经理，自 2012 年 2 月 1 日不再担任平安证券总经理职务。2012 年 5 月 30 日，薛某 1 被华林证券聘任为公司董事长兼首席执行官。2013 年 7 月 11 日，薛某 1 不再担任华林证券首席执行官。

2009 年崔某担任平安证券投行部执行总经理。崔某自 2012 年 6 月 21 日不再担任平安证券总公司投行部行政负责人兼上海业务负责人职务。2012 年 10 月 16 日，崔某被华林证券聘任为公司总裁助理兼投行部事业部总经理，2013 年 10 月 24 日，崔某被华林证券免去总裁助理职务。

3. 薛某 1、崔某名片复印件，证实薛某 1 为金通某汇投资管理有限公司创始合伙人，崔某为上海隆某汇投资管理有限公司创始合伙人。

4. 委托书，证实 2013 年 11 月 28 日，孙某 1 签署委托书，全权委托薛某 1 及其控制的金通某汇投资管理有限公司为孙某 1 本人持有的东某电器 4314.6 万股股票（占东某电器总股本的 17.03%）全部股份的转让，包括但不限于选择股份受让方、与受让方谈判以及确定股份转让价格和转让时点，并在其控股期间，全权委托薛某 1 及其控制的金通某汇投资管理有限公司负责上市公司的重组和未来资本运作事宜，包括但不限于选择重组方、确定重组方案、选择中介机构、改组董事会等并承担相应责任。

5. 证人薛某1证言，证实2012年，薛某1（时任华某证券董事长）参与东某电器和山东某银重组，2013年12月份，东某电器终止和山东某银的重组；2013年11月份孙某1确定薛某1及金通某汇全权代理孙某1减持股票及后续东某电器重组事宜；2014年3月31日，薛某1陪同某高科的李某等人前往东某电器考察并和王某1、崔某一同参与会谈，东某电器和某高科就公司并购重组达成共识。东某电器股票于次日（2014年4月1日）停牌。

6. 证人崔某证言，证实东某电器和山东某银重组时薛某1任华某证券董事长；2013年11月份孙某1确定薛某1及金通某汇全权代理孙某1减持股票及后续东某电器重组事宜；东某电器和某高科重组系薛某1牵线。

7. 证人王某1证言，证实情况与薛某1证言、崔某证言一致。

8. 证人王某2证言，证实2012年三四月份平安证券公司开始给他们做IPO上市的准备工作，后来在5月份签上市辅导协议时才知道他们这个团队已经到了华某证券，在2012年下半年的时候，平安证券的薛某1（当时已到华某证券任老总）通过汪某胜问是否可以借壳上市，他们说可以。2012年八九月份的时候，华某证券的王某1开始介入，和做IPO上市的团队给他们公司做重组借壳上市方案。2012年12月，王某1说找到了一个目标公司，准备在12月18日商谈，12月18日当天，东某电器公司的孙某1董事长和董事长秘书陈某1来到了公司，还有华某证券的薛某1，接着他们就在会议室商谈重组的事情，当时参加会议的东某电器方是孙某1和陈某1，他们公司是他和孟某银董事长，华某证券方是薛某1和王某1，当时双方达成了重组意向框架，签订了合作意向书，其中他们公司需向东某电器公司交2000万元的保证金。当晚东某电器向深交所提出停牌，12月19日，东某电器停牌，他们公司向东某电器打了保证金，双方开始进行重组工作，具体负责人是华某证券的王某1。2013年6月份，东某电器撤回重大重组申请文件，6月19日中国证监会出具了《行政许可申请终止审查的通知》。之后，他们公司和东某电器没有进一步的沟通，2013年12月18日，东某电器发布了《关于终止重大重组的公告》。

9. 证人陈某1、邱某、吴某1证言，证实东某电器和山东某银重组薛某1、王某1参与；2013年底，孙某1曾向陈某1咨询过大股东减持股票事宜。孙某1减持股票后，陈某1在深交所做了信息披露；东某电器和某高科重组薛某1参与。

10. 证人孙某1证言，证实2012年12月18日，他和陈某1、邱某来到了某化工，见到了该公司董事长孟某银和董秘王某2等公司高管，华某证券的王某1，晚些时候华某证券的薛某1也到了。经过会谈，他们和山东某银生物化工股份有限公司及瑞星集团有限公司三方签订了《重大资产重组意向书》。

2013年10月23日以后到2013年11月七八日之间，他在上海住院期间，薛某1、崔某前来探望，他表示要把东某电器的股票转让给别人一些。薛某1和崔某说可以帮助联系买家减持股票，东某电器以后如还需重组的事情也可以一并交给他们去做。大约在2013年11月七八日，当天崔某打电话讲薛某1的意思让他给出具一个书面委托书，委托书签订的时间为2013年11月28日，在2013年11月28日他给薛某1签署委托书前，他已经知道和山东某银的重组搞不成了，后来和余某1签署转让协议已经是在2013年12月份。

2014年3月31日，公司董秘陈某1讲王某1要带客户到公司来考察，接着王某1就带着某高科的董事长李某、董秘王某4和国元证券的戚某等人过来了，薛某1也来了，李某对公司比较满意，双方就并购重组的事进行了沟通，初步达成重组意向，第二天东某电器股票因重大事项停牌。最终东某电器和某高科重组成功。

11. 证人张某证言，证实2013年10月份，薛某1电话联系提出东某电器和山东某银的重组要失败了，东某董事长孙某1因为身体不好，要出售他手里持有的东某电器的股票，问能不能找个买家。他就想到了余某1。没多长时间，他就到贵州找了余某1，跟余说现在有个壳比较好，就是东某电器，大股东孙某1有4000多万股（占总股本的20%左右），可以买，需要6亿元左右资金，如果买了就可以成为大股东，过一两年后可以择机借壳上市，比IPO上市更现实，更好操作。余某1觉得可以谈。

12. 证人余某1、余某2、王某3、孙某2、鲍某、曾某证言，分别证实余某1购买孙某1股份以实现借壳上市事宜是通过张某介绍和薛某1谈的；2013年11月21日，余某1等人到上海，并于11月22日到上海国金大厦金通某汇办公地与薛某1、崔某、王某1等人会谈购买东某电器股份的相关事宜；2013年12月2日，薛某1、崔某前往昆明，张某、鲍某先后赶往昆明，于12月3日到贵州盘县余某1公司与余某1等人会谈，薛某1代表金通某汇与余某1签订《股权整体转让协议》及《协议书》；2013年12月9日，余某1等人到上海与薛某1见面，薛某1代表金通某汇与余某1签订《股权转让协议之补充协议一》，余某1与孙某1签订《关于转让江苏东某电器集团股份有限公司股份之股份转让协议》；2013年12月25日，余某1按协议约定以每股5.8元的价格通过大宗交易受让孙某1首批1078.65万股东某电器股票，成交金额6256.17万元。余某2与王某1联系，操作了大宗交易事项；后因余某1资金出现问题，2014年4月1日在东某电器停牌后薛某1方与余某1方沟通合作终止事项，2014年4月16日双方签订合作终止协议，合作终止。

13. 证人孙某3证言，证实2013年12月25日，她具体操作孙某1通过大宗交易转让1078.65万股东某电器股份给余某1事宜，具体是和王某1联系，当日完成大宗交易。

14. 证人季某证言，证实孙某1减持股票大宗交易的时间是2013年12月25日，当天在华泰证券通州人民路营业部通过大宗交易转让给了贵州一个叫余某1的人，大宗交易的对方信息是东某电器公司的人提供的，减持10786500股东某电器股票。

15. 证人李某、王某4、戚某证言，均证实2014年3月31日，薛某1、汪某祺、李某、王某4等人会面商谈并购重组事项。薛某1陪同李某等人到东某电器考察会谈。

16. 证人胡某1、彭某应、江某证言，证实薛某1参与了2014年3月31日某高科到东某电器的考察会谈。

以上证据证实，2012年12月，东某电器准备与山东某银重组，薛某1时任华某证券董事长，东某重组为华某证券运作项目，薛某1于2012年12月18日，陪同东某电器董事长孙某1等人到山东某银化工考察会谈。2013年11月5日之前，孙某1口头委托薛某1方代为减持股票与东某电器重组，2013 年 11 月 7 日，孙某 1 确定将书面全权授权薛某 1 方代为处理股票减持及东某电器后续重组事宜，2013 年 11 月 28 日孙某 1 签订授权委托书委托薛某 1 代表金通某汇方全权处理东某电器重组事宜。薛某 1 通过张某找到余某 1 借壳东某上市，并代表金通某汇同余某 1 签订了《股权整体转让协议》、《补充协议一》及《协议书》，确定余某 1 分期购买东某股票以实现借壳上市。2013 年 12 月 18 日，东某电器发布公告终止与某化工重组，2014 年一季度，余某 1 在受让东某电器第一批股份后，因资金困难，无法继续履行协议，2014 年 3 月 14 日，薛某 1 方与余某 1 方达成余某 1 延期履行协议的备忘录。2014 年 3 月 21 日，薛某 1 通过江某联系到合肥某高科董事长李某，并商谈重组事宜，2014 年 3 月 31 日，薛某 1 等人陪同某高科李某等人前往东某电器考察、会谈并购事项，薛某 1 于当晚已知某高科和东某电器达成共识一事。薛某 1 全程参与东某电器重组，知悉了东某电器重组、东某电器和山东某银、孙某 1 减持股份给余某 1 借壳上市、东某电器和某高科重组等重大资产重组的内幕信息进展情况。根据《中华人民共和国证券法》第七十四条的规定，薛某 1 应当认定为证券交易内幕信息知情人，依法应承担内幕信息的保密义务。

第二组证明陈某啸是非法获取内幕信息人员的证据

第一部分证明陈某啸身份、职务等情况的证据

1. 被告人陈某啸供述，证实 1993 年他从铜陵财专毕业分配到安徽省卫生厅，1996 年至安徽省地税局，2001 年安徽省对于税务二级单位脱钩改制，地税局代理所变更为安徽省某税务师事务所，当时他是法人代表，石某、白某鸿、明某、秦某是股东。

2. 证人明某证言，证实 2000 年他经陈某啸介绍进入省税务代理所，2001 年税务所完成改制更名为安徽某税务师事务所有限责任公司。改制后法人代表是陈某啸，股东有陈某啸、石某、白某鸿和他。

第二部分证明陈某啸与薛某 1 的关系的证据

1. 证人明某证言，证实陈某啸接触的校友圈子都比较有实力，还有很多做证券行业的，这其中包括薛某 1。

2. 证人石某证言，证实他跟薛某 1 不认识，没见过面，听陈某啸说过这个人。

3. 被告人陈某啸供述，证实 2012 年春节后，江北区书记兼主任毕某彬（薛某 1 校友）把薛某 1 介绍给他认识，薛当时是平安证券的总经理。薛某 1 老婆叫李某文，她也是铜陵学院的，偶尔在同学聚会上碰到，薛某 1 也是铜陵学院的。他印象中和薛某 1 一共吃过五六次饭，他买单的有二次，其他的时候都是财税系统的人约他去吃饭时遇到的。

第三部分证明在内幕信息敏感期内陈某啸与薛某 1 存在联络、接触的证据

1. 被告人陈某啸供述，证实 2013 年 11 月中旬，陈某啸到薛某 1 位于瑞和苑家里向薛咨询黄山科宇股权转让事宜，在薛某 1 接电话期间，听到东某电器的相关信息，陈某啸随后大量买入东某电器；2014 年春节，因东某电器股价下跌，陈某啸要求薛某 1 帮其打听东某电器情况；2014 年 2 月份，薛某 1 安排朱某以借款形式提供 3100 万元给陈某啸代买东某电器，双方约定利润分配。具体情况为：他在购买东某电器股票的前几天，为了黄山科宇股权转让的事情到了薛某 1 位于瑞和苑的家里面找到了薛，他们在谈话的过程中薛接了一个电话，他听到薛说了东某电器四个字，他回去就看了一下东某电器的股东结构、基本面情况，感觉还可以，就在 2013 年 11 月份买了 200 多万股东某电器，2014 年 1 月份他又购买了 200 多万元的东某电器。2014 年春节的时候，在省地税局对面的一个饭店，他找了一个机会对薛某 1 讲买了一点东某电器，12 月份跌得比较厉害，1 月份又补了一些仓位，可否给打听东某电器情况，薛某 1 就很惊讶地问：你买了东某电器？他说是的，薛就说帮他打听打听。2014 年 2 月底的时候薛某 1 打电话说他亲戚准备了一些钱，大概在 3100 万元，让他帮代买一点东某电器放在他的账号上，盈利和亏损都算他亲戚自己的，让他以借款的形式拟一份借款合同。过了几天后，薛某 1 就安排在中央花园小区楼下的一个咖啡厅，让朱某在这个咖啡厅的包厢里和他见面，他就把拟好的借款合同带去，双方就在合同上签字了。朱某先到的，过了有十几分钟的时间，她家先生薛某 2 就过来了。又过了几天，薛某 1 打电话说利息要改成 20%，让他跟朱某联系来办理这件事情，他当时拟定的合同利息是 40%，又过了一二天左右的时间他就打电话联系朱某在省地税局对面的停车场见面，他和朱某就在这个停车场朱某的车里把新的借款协议签订了。分成是他跟薛某 1 约定

好的, 约定的时间是在中央花园楼下的咖啡厅见到朱某这次之前, 约定的分成就是总收入减去他之前买入的 1600 万元, 减去他亲戚的 3100 万元, 减去借款的本金、利息、相关税费, 然后再除以二。借款的本金和利息是他当时跟薛某 1 说帮他亲戚买过股票以后, 要拿东某电器的股票去质押, 这就是所谓的借款, 利息就是抵押股票借款的利息。接着他就逐步买了东某电器, 总共买了 500 多万股, 他找薛某 1 给打听东某电器, 薛某 1 后来没给消息, 但是薛让给薛自己的亲戚买东某电器。薛某 1 安排让他见朱某之前, 他不认识朱某, 当时只知道他们是亲戚关系, 后来才知道她是薛某1 弟媳。

2. 证人薛某 1 证言, 证实 2013 年陈某啸到他位于瑞和苑家中咨询黄山科宇股权转让事宜; 2014 年春节前后, 陈某啸向他打听过东某电器; 2014 年春节后, 薛某 1 介绍其弟媳朱某借款 3100 万元给陈某啸, 双方签订借款合同。具体情况为: 2013 年九十月份, 陈某啸打电话给他, 讲想来汇报一个事, 他就答应了。陈某啸就到他位于瑞和苑的家里来, 陈说黄山科宇上市的事情缓慢, 想转让这部分股份, 因为当天他有事, 很快陈某啸就走了。2014 年元旦后春节前六安市市长毕某彬喊他到同庆楼吃饭的时候, 陈某啸也在, 他就问陈某啸东某电器上的陈某啸是否是你, 陈讲是的, 这个时候他确认陈某啸买了东某电器, 当时感到惊讶。陈某啸当时好像问了, 他当时对东某电器这只股票不太看好, 他当时好像跟陈某啸提示了风险, 但陈某啸当时比较看好。2014 年春节前后, 他跟财政厅的人在慧某酒楼吃饭, 下楼遇见陈某啸, 陈说想借 3000 多万。也是 2014 年春节前后, 他碰见弟媳朱某, 就跟她讲自己同学想借点钱, 朱某说可以。之后他就跟陈某啸打电话, 告知借钱之事。周末他回合肥, 陈某啸联系后在沿河路新某地茶楼二楼的一间包房等他, 他到了之后联系弟媳来一趟。他弟媳朱某很快就到了, 陈某啸就把借条拿出来给她看, 陈某啸说利息一次性支付, 利随本清。

3. 通话记录、短信记录, 证实 2014 年 2 月 2 日 (大年初三) 11 时 28 分, 薛某 1 主叫陈某啸, 时长 171 秒, 薛某 1 轨迹在合肥。当日 16 时 07 分与陈某啸之间有一条短信, 19 时与陈某啸之间有两条短信, 薛某 1 轨迹在上海; 2014 年 2 月 3 日, 薛某 1 和陈某啸之间有一条短信, 薛某 1 轨迹在上海；2014 年 2 月 5 日，薛某 1 和陈某啸之间有两条短信，薛某 1 轨迹在上海；2014 年 2 月 14 日，薛某 1 和陈某啸之间有一条短信，薛某 1 轨迹在上海；2014 年 2 月 18 日，薛某 1 和陈某啸之间有一条短信，薛某 1 轨迹在上海；2014 年 2 月 19 日，薛某 1 和陈某啸之间有一条短信，薛某 1 轨迹在上海；2014 年 2 月 27 日，薛某 1 和陈某啸之间有四条短信，薛某 1 轨迹在上海；2014 年 2 月 28 日，薛某 1 和陈某啸之间有一条短信，薛某 1 轨迹在上海；2014 年 3 月 1 日，薛某 1 和陈某啸之间有一条短信，薛某 1 轨迹在上海；2014 年 3 月 2 日 11 时 43 分，薛某 1 主叫陈某啸，时长 54 秒，薛某 1 轨迹在合肥；2014 年 3 月 3 日 14 时 35 分，薛某传主叫薛某 1，当日 15 时 05 分，陈某啸主叫薛某 1，薛某 1 轨迹在上海。15 时 29 分，薛某传主叫陈某啸，15 时 30 分，陈某啸主叫薛某传，陈某啸轨迹在合肥；2014 年 3 月 9 日，薛某 1 与陈某啸之间有两条短信联系，当日薛某 1 轨迹在上海；2014 年 3 月 19 日，薛某 1 和陈某啸之间有两条短信，当日薛某 1 轨迹在上海；(周五)，薛某 1 与李某有通讯联系，当晚 10 时 46 分，薛某 1 与陈某啸有一条短信联系；2014 年 3 月 22 日 11 时 43 分和 13 时 5 分，薛某 1 与陈某啸有两条短信联系，且薛某 1 当日通话地显示在上海；2014 年 3 月 27 日 16 时 22 分，陈某啸、薛某 1 有一条短信联系。

第三组证明陈某啸获取内幕信息后在敏感期内组织资金购买东某电器股票及抛售获利的证据

第一部分证明部分资金来源的证据

1. 证人朱某证言，证实 2014 年 2 月份的时候，有一天她老公晚上回家，说有人想借钱，并给她一张陈某啸名片，说是薛某 1 介绍的。过了几天她老公打电话让她到合肥中央花园一家茶楼包间里说上次想借钱的人在那里。当时她进包间的时候看到薛某 1 在包间，还有一个男的。经过薛某 1 介绍她知道那人是陈某啸，薛某 1 介绍说陈某啸是经营税务所的老总，并且说陈总想借钱。薛某 1 介绍她给陈某啸说这是他弟媳妇。当时她问陈需要借多少钱，陈某啸就拿出一份合同，合同上面写的借款金额是 3100 万元，合同和金额都是打印上去的。她看到合同上写的利息是 35%，就说可以借钱，她和陈某啸当时就在茶楼包间签的字。3 月份的时候她到交通银行安徽省分行转账给陈某啸。借钱之前她不认识陈某啸。签完协议以后，他们一直没有联系。大约过了一个月，薛某2就讲陈某啸打电话给他哥哥薛某1，说利息高了。然后她就打电话给陈某啸了，双方约定还是在第一次见面的茶馆，见面后，陈某啸就说上次借款的事情，年息35%太高了，利率能不能降一下，她和薛某2就问降多少，陈某啸就说年利率20%，当时他们觉得20%也过得去，就同意了。

2. 证人薛某2证言，证实朱某借钱是他哥哥薛某1介绍的，薛某1先打电话给他介绍陈某啸，说陈某啸想借钱，让他问问朱某愿不愿借。他又把朱某带来，他们谈的借钱的事情，和陈某啸见面两次。后来不久薛某1联系说陈某啸说利息高了，他又带朱某找陈某啸签订的借款协议。开始签订的年息是35%，后来改成20%。借款之前和陈某啸不熟悉，后来3100万元和借给他时一样原路银行转款还回来的，好像是交通银行。

3. 借款协议、汇款回单、建行银行账户（陈某啸建行卡号62×××81）流水，证实2014年2月26日，陈某啸与朱某签订借款协议，约定借款金额为3100万元，借款期限为一年，年息20%。朱某于2014年3月3日，通过银行向陈某啸汇款3100万元。同日陈某啸建行账户进账3100万元。陈某啸于2015年1月29日归还借款本金，并约定利息还款时间延迟至2015年6月30日。

4. 建设银行账户（陈某啸建行卡号62×××81）流水、融入方初始交易委托单、初始交易和购回交易委托单，证实2014年3月25、26日，陈某啸质押东某电器股票融资2200余万元。

第二部分证明陈某啸购买东某电器股票及抛售获利的证据

1. 从平安证券调取的证券开户资料、陈某啸平安证券账户的客户迁移单、三方存管协议、陈某啸平安账户佣金率信息、指定交易协议书等资料，证实陈某啸母亲钱某1、陈某啸在平安证券的开户资料及账户迁移情况、三方存管银行为建设银行。

2. 建设银行账户（陈某啸建行卡号62×××81）流水、融入方初始交易委托单、陈某啸证券账户交易流水、蚌埠市公安局关于商请计算东某电器内幕交易涉案证券账户的买入、卖出及获利数额的函及深圳证券交易所查询结果反馈、蚌埠市公安局关于商请计算巢某股份内幕交易涉案证券账户的买入、卖出及获利数额的函及上海证券交易所查询结果反馈，证实

2013 年 11 月 18 日至 2014 年 3 月 31 日，陈某啸银行转证券共计转入资金 4728.218153 万元，陈某啸证券账户共计买入东某电器 1022.1469 万股，成交金额 6919.690825 万元。东某电器复牌后，陈某啸证券账户共计卖出东某电器 1022.1469 万股，卖出金额 17319.382273 万元，获利 10381.658135 万元。

3. 东某电器证券持有人名册，证实截至 2014 年 3 月 31 日股权登记日，陈某啸为东某电器第四大股东、第三大自然人股东。

4. 陈某啸的白色戴尔笔记本电脑一台、苹果 4S 手机一部、三星手机一部的扣押清单，证实对陈某啸涉案物品进行扣押情况。

5. 陈某啸证券交易操作情况、蚌公电勘字（2015）64 号电子物证检查工作记录，证实经对陈某啸被扣押的电脑进行检取电脑 SN：5WS1QV，与陈某啸证券账户委托明细中下单电脑匹配，证实陈某啸证券账户系陈某啸实际控制和操作。

第四组证明陈某啸泄露内幕信息的证据

第一部分证明陈某啸泄露东某电器内幕信息给明某、石某的证据

1. 被告人陈某啸供述，证实东某电器是用他自己的账户从 2013 年 11 月 18 日至 2014 年 3 月 30 日期间，只要账户中有资金就购买，他买入股票的品种、股价、成本价、数量，都会给周围的人说，而且当时买入东某以后出现了比较大的亏损，然后他也经常在各个场合说自己买的股票被套住了。他跟石某和明某说过自己购买东某电器，还说了东某电器有重组信息。但是这个信息是已经披露过，是东某电器和山东某银重组，中海信托－浦江之星在 2013 年三季度进入东某电器前十大股东，而东某电器二季度和山东某银重组材料被证监会退回。

2. 证人明某证言，证实大概 2013 年年底、2014 年年初，陈某啸向他推荐东某电器，陈说这支股票不错，至少推荐过一次东某电器，当时石某也在场，陈某啸推荐后他就买了一点东某电器，后来亏损一点就卖掉了。

3. 证人石某证言，证实东某电器是陈某啸向他推荐的，陈某啸最早在 2013 年年底的时候，在以前地税局关系好的老同事建的微信群中说的，说准备全仓买入东某电器，从那以后他就开始关注这支股票了，后来在 2014 年一二月份的时候陈某啸在办公室对他讲东某电器承诺三个月不重组的封

闭期就要打开了，有重组的可能。他是从 3 月份开始买东某电器的，一直买到 3 月底。

第二部分证明明某、石某组织资金购买东某电器股票及获利的证据

1. 明某、石某证券账户开户资料、账户佣金率说明，证实明某于 2008 年 1 月 24 日在国信证券合肥公司开设证券账户，石某于 2013 年 8 月 27 日在西南证券公司合肥公司开设证券账户及在华安证券拥有证券账户的情况。

2. 明某、石某三方存管账户交易明细、明某、石某证券账户交易明细及相关交易资料、审计报告，证实明某、石某银行转证券资金情况：明某国信证券账户于 2013 年 11 月 21 日买入东某电器 2900 股，成交金额 19865 元，2014 年 1 月 29 日共计卖出东某电器 2900 股，成交金额 16965 元。亏损 2900 元。石某华安证券账户于 2014 年 3 月 13 日至 3 月 17 日，共计买入东某电器 33500 股，9 月 24 日卖出 33500 股，获利 343954.74 元。西南证券账户于 2014 年 3 月 4 日至 3 月 27 日，共计买入东某电器 213600 股，于 2014 年 9 月 25 日至 10 月 29 日，共计卖出东某电器 213600 股，获利 2425936 元。

3. 证人明某证言，证实 2013 年 11 月 21 日，他买入东某电器股票 2900 股，每股 6.85 元，成交金额 19865 元。2014 年卖出东某电器 2900 股，每股 5.85 元，成交金额 16965 元，他购买东某电器股票是亏的。

4. 证人石某证言，证实 2014 年 3 月份开始购入东某电器，之前陈某啸也向他推荐过这支股票，当时买了 20 多万股，成交金额 100 多万元，这支股票 2014 年 4 月停牌了，9 月份复牌的，他接着将这支股票陆续卖出了，卖了 300 多万元，这支股票挣了 200 多万元。买东某电器应该也用过华某证券的账户，他在 2014 年 3 月 13 日、2014 年 3 月 17 日用这个账户总计购买了 33500 股东某电器股票，成交价 230089.86 元，复牌后卖出，成交价 574044.6 万元，最终获利 343954.74 元。华安证券购买东某电器股票也是他办公室的同一台电脑操作的。都是他自己的钱，是平时的工资薪金加上做业务提成的钱。

（二）关于被告人陈某啸内幕交易巢某股份、泄露巢某股份内幕信息的事实

2014 年 7 月 17 日，安徽巢某水泥股份有限公司（以下简称巢某股份）

实际控制人昌某国际控股（香港）有限公司董事长黄某均，致函巢某股份第二大股东安徽海某水泥股份有限公司（以下简称海某水泥），委托海某水泥方代为寻找合适的买方，对巢某股份进行重组。2014年8月起，薛某1参与了巢某股份与浙江某家居、安徽新某投资集团重组事宜，为巢某股份重组的内幕信息知情人。2014年9月20日，陈某啸在合肥徐同泰酒店宴请薛某1等人，陈某啸在此期间获取巢某股份和浙江某家居合作的内幕信息后，使用其母亲钱某1的证券账户，于2014年9月22日、25日、26日三个交易日，共买入巢某股份239.1071万股，成交金额2673.025081万元。

2014年9月29日，巢某股份股票停牌。2014年12月，陈某啸因证券交易异常被安徽省证券监督管理部门调查，2015年1月9日巢某股份发布含有较为明确重组框架内容的重大资产重组继续停牌公告，2015年2月6日巢某股份复牌，陈某啸于复牌当日通过大宗交易方式将上述巢某股份股票全部卖出，亏损4.295686万元。

在中国证监会认定的内幕信息敏感期内，陈某啸向其所在的安徽某税务师事务所股东明某、石某泄露巢某股份重组的内幕信息，并推荐二人买入巢某股份股票。在内幕信息敏感期内，明某在其本人证券账户，买入巢某股份8.98万股，成交金额99.8205万元，在股票复牌后卖出，获利208.989万元。石某在其本人证券账户，买入巢某股份11万股，成交金额121.665645万元，在股票复牌后卖出，获利214.754101万元。

认定巢某股份内幕交易事实的证据如下：

第一组证明巢某股份重组为内幕信息及薛某1属于内幕信息知情人的证据

第一部分证明巢某股份重组信息为内幕信息的证据

1. 中国证监会关于薛某1等人涉嫌内幕交易案有关问题的认定函，证实巢某股份大股东拟将巢某股份卖壳重组，据此巢某股份先后和某家居、新某投资筹划相关重大资产重组事宜，前后行动连贯，属于《中华人民共和国证券法》规定的内幕信息，内幕信息敏感期为2014年7月17日至2015年1月9日。

2. 巢某股份企业法人营业执照，证实该公司为上市股份公司，法人代表为黄某均。

3. 关于参与巢某股份筹划重大资产重组事项的说明、昌某国际委托函、关于 CD 重组思路及标的企业的介绍、海某水泥股改资料、薛某 1 代表金通某汇和海某水泥签署的合作备忘录、某家居借壳巢某材料、通知、安徽巢某水泥股份有限公司重大事项停牌公告、复牌申请函、复牌公告，证实 2014 年 7 月 17 日巢某股份大股东昌某国际控股（香港）有限公司董事长黄某均函告巢某股份二股东海某水泥，拟对巢某股份重组并授权海某水泥寻找合适买方。2014 年 9 月 28 日，海某水泥与某家居会谈巢某股份重组事宜并达成初步意向。2014 年 9 月 29 日起，巢某股份连续停牌 5 个交易日。9 月 30 日，某家居与黄某均授权代表签订合作备忘录，巢某股份拟通过发行股份及支付现金相结合的方式收购某家居 100% 股权，海某水泥拟以支付现金方式收购巢某股份水泥资产。停牌期间，某家居与巢某股份重组失败，新某集团与海某水泥、黄某均商洽相关重组事宜并达成初步意向。此后双方就资产重组的具体事宜进一步细化、落实，巢某股份多次申请延期复牌。2015 年 2 月 6 日开市起复牌。

4. 2015 年 3 月 26 日昌某矿业转让持有的巢某水泥股份资料及昌某矿业黄某均退出巢某股份资料、巢某股份与新某投资重组过程中相关资料，证实黄某均退出巢某股份、巢某股份与新某投资重组等情况。

5. 安徽省供销商业总公司推荐安徽新某投资公司董事长等人员的通知、董事会决议、巢某水泥购买新某投资名下的金融类业务资产协议、新某投资受让昌某矿业持有的巢某水泥股权汇款凭证，证实安徽新某投资借壳巢某股份上市相关情况。

6. 关于安徽新某集团入股巢某股份的协议、合同和相关文件资料电子档附卷、车辆通行记录、住宿、就餐、出行票据、战略合作协议、巢某股份董事会公告、决议、海某水泥董事会决议、任职文件，证实巢某股份重组的过程。

第二部分证明薛某 1 属于内幕信息知情人的证据

1. 中国证监会关于薛某 1 等人涉嫌内幕交易案有关问题的认定函，证实薛某 1、崔某参与巢某重组事项，王某 1 随同薛某 1 拜访海某水泥并推荐借壳项目而知悉巢某股份欲卖壳重组，属于《中华人民共和国证券法》

规定的内幕信息知情人。

2. 章某、杨某的会议记录，证实薛某 1、王某 1、崔某等于 2014 年 8 月 6 日、9 月 28 日及巢某股份停牌后参与巢某股份重组会谈事宜。

3. 薛某 1 代表金通某汇与海某水泥签订的合作备忘录，证实薛某 1 代表的金通某汇为某家居与海某水泥重组上市的财务顾问。

4. 证人崔某证言，证实 2014 年 7 月底，海某水泥的杨某联系崔某委托崔某帮助寻找重组对象；2014 年 8 月 11 日，薛某 1、崔某、杨某、黄某均及巢某股份董事李某铭在深圳马可波罗好日子酒店会谈，会谈内容为黄某均希望退出巢某；某家居和巢某水泥重组介绍人是薛某 1、崔某，二人参与某家居和巢某水泥会谈，并陪同海某水泥、黄某均方面到某家居考察，双方签订重组框架协议后，由于迁址问题项目终止。

5. 证人王某 1 证言，证实 2014 年 8 月 6 日，薛某 1、王某 1 到芜湖海某水泥，商谈了安徽产业基金及巢某股份重组事宜，并介绍了重组项目、方案。

6. 证人郭某证言，证实 2014 年 7 月份，黄某均来函委托海某水泥代为寻找适合的买方，对巢某股份进行重组；2014 年 8 月 6 日，薛某 1 来芜湖海某水泥谈了想做巢某股份重组中介事宜；2014 年 8 月中旬，崔某向海某水泥方发邮件《关于 CD 重组思路及标的的企业介绍》；薛某 1、崔某介绍某家居与巢某水泥重组，并参与双方会谈及考察；安徽新某投资集团是崔某介绍和巢某股份重组的；薛某 1 和崔某是以中介人的身份参与巢某股份重组事宜的。

7. 证人王某 5 证言，证实薛某 1 参与了新某集团和巢某股份的重组。

8. 证人杨某证言，证实 2014 年 7 月份，黄某均来函委托海某水泥代为寻找适合的买方，对巢某股份进行重组；2014 年 7 月底，杨某致电崔某并委托其帮助巢某股份寻找重组对象；2014 年 8 月份，崔某联系杨某并告知薛某 1 要到海某水泥向其介绍重组项目，杨某向郭某、章某报告此事；2014 年 8 月 6 日，薛某 1 来芜湖海某水泥表示向巢某股份重组提供中介服务事宜的意愿；2014 年 8 月中旬，崔某向海某水泥方发邮件《关于 CD 重组思路及标的的企业介绍》，确定某汇资本为重组提供专业顾问；2014 年 9 月份薛某 1、崔某介绍某家居与巢某水泥重组，并参与双方会谈及考察；

巢某与某家居重组出现问题后，崔某介绍安徽新某投资集团和巢某股份重组，薛某1参与；薛某1代表金通某汇和海某水泥方签署合作备忘录。

9. 证人章某证言，证实2014年7月份，黄某均来函委托海某水泥代为寻找适合的买方，对巢某股份进行重组，海某水泥杨某具体负责重组事宜；2014年8月初，薛某1、王某1到海某水泥商谈巢某股份重组事宜，王某1介绍了重组标的情况。

10. 证人周某证言，证实巢某股份重组事宜主要是董秘杨某在做，中介机构的人员有薛某1和崔某。

11. 证人谢某、赵某2证言，证实某家居借壳巢某股份上市没有谈成，主要因为迁址问题最终没有达成一致意见。巢某股份和安徽新某投资的中介机构是华某证券，由华某证券胡某2负责。2014年10月份，崔某参加巢某与某家居并购重组的协调会。

12. 证人顾某1证言，证实某家居董秘董某通过朋友吴某2寻找壳资源，吴某2联系顾某2帮助寻找壳资源，顾某2通过吴某2向顾某1反馈，薛某1手中有壳资源；2014年9月23日，薛某1经吴某2介绍在杭州四某酒店和顾某1见面，并向其推荐巢某股份壳资源；经薛某1介绍，晚上，顾某1等人到芜湖，9月28日和海某水泥会谈，并签署协议，最终未重组成功；9月27日晚，崔某和顾某1就中介费用达成一致意见。

13. 证人董某证言，证实董某找了广某证券的朋友吴某2，让吴某2帮忙寻找壳资源介绍给某家居借壳上市。

14. 证人吴某2证言，证实吴某2通过顾某2寻找某家居上市的壳资源，顾某2回复薛某1处有壳资源，并让吴某2和薛某1直接联系；吴某2于9月23日与薛某1电话联系时，薛某1已知要借壳上市的公司为某家居。

15. 证人顾某2证言，证实2014年下半年，吴某2联系顾某2，请其帮忙寻找某家居借壳上市的壳资源；2014年9月19日，顾某2电话联系薛某1，告知薛某家居要借壳上市一事，并要薛直接和广某证券吴某2联系。

16. 证人胡某2证言，证实薛某1、崔某在新某集团入股巢某股份重组事宜过程中参加有关会议并知悉相关情况。

17. 证人徐某证言，证实 2014 年 11 月 12 日到 15 日期间，薛某 1 联系徐某，告知徐巢某股份与某家居重组有问题，徐某表示新某集团有意与巢某股份重组；经薛某 1 介绍，徐某、桂某于 2014 年 11 月 12 日，到芜湖与海某水泥会谈，崔某参与会谈；2014 年 11 月 28 日，新某集团的徐某、桂某、海某水泥的郭某，还有崔某、胡某 2 乘坐同一航班到香港与黄某均会谈，达成重组框架协议；12 月 13 日，薛某 1 参与了新某集团与巢某股份关于重组的会谈。

18. 证人桂某证言，证实内容和徐某证言证明情况基本一致，其还证明了 2014 年 11 月底的时候薛某 1 帮他们推荐了华某证券作为券商，并介绍了项目负责人胡某 2。

19. 证人薛某 1 证言，证实 2014 年 8 月 6 日，薛某 1、王某 1 到海某水泥商谈了巢某股份重组事宜，并介绍了重组项目；2014 年 8 月 7 日，因崔某无法联系，杨某致电薛某 1，邀请崔某到深圳；2014 年 8 月 11 日，薛某 1、崔某、杨某、黄某均及巢某股份董事李某铭在深圳会谈，商谈黄某均退出巢某股份事宜；2014 年 9 月份，薛某 1、顾某 1 在杭州见面，薛某 1 向顾某 1 推荐借壳巢某股份，同期崔某向杨某推荐了巢某股份重组对象某家居，薛某 1、崔某参与某家居和海某水泥关于巢某股份重组的会谈，某家居和巢某股份签署重组意向书，薛某 1 代表金通某汇和海某水泥签订协议书，后双方因迁址问题未达成一致未能重组成功；巢某股份和新某集团的重组是薛某 1 介绍的。

第二组证明陈某啸是非法获取内幕信息人员的证据

证明陈某啸在内幕信息敏感期内与薛某 1 联络、接触情况的证据

1. 被告人陈某啸供述，证实 2014 年 9 月 20 日在合肥市徐同泰饭店最大的包厢他安排吃饭。吃饭的时候在这个包厢的门口，薛某 1 告诉他刚从巢湖回来，让他关注一下巢某股份，浙江某家居跟巢某股份有合作。他在 2014 年 9 月 22 日通过薛某 1 给讲的情况以及在各种股吧等信息收集，判断出巢某水泥要并购重组。他认为薛某 1 以前从事投行多年，有 IPO 上市、并购重组、资产置换等，在这方面的人脉比较广，信息比较多，薛某 1 到巢某水泥去肯定是听到并购重组的风声，消息也应该准确。薛某 1 说巢某股份的事是他主动说的，主要是因为薛某 1 弟媳朱某的钱在他这里。

买卖股票分成是按照借款当时他和薛某1约定的比例分配的，以后买其他股票也是按照这样的比例来算。他购买的巢某股份也是按照他们当时约定的比例来算的，东某电器及东某电器以后购买的所有股票都是他和朱某的，比例也按照原来约定的来算的。薛某1告诉他的是内幕信息，他知道后利用内幕信息购买了相关股票，这是内幕交易行为。

2. 证人薛某1证言，证实大概在2014年9月17日，他收到安徽省财政厅朱长才的短信，邀请他参加晚上铜陵财专校友会，具体位置在徐同泰酒店。9月20日当天，他到房间之后，别的人已经到了，大概有30多人，有他的爱人李某文、某税务代理所所长陈某啸等人。

3. 证人明某证言，证实2014年8月16日晚，陈某啸在合肥徐同泰酒楼宴请的薛某1等人，当晚陈某啸让他在楼下负责送人，他没有参加饭局。还有一次是2014年9月中下旬，陈某啸宴请他们的圈子包括薛某1，打电话给他要开车去接他们，当时他有事没去成。

第三组证明陈某啸获悉巢某股份重组内幕信息后，在敏感期内组织资金购买巢某股份股票，在股票复牌后低价抛售亏损4万余元的证据

第一部分证明资金来源及购买股票的证据

1. 从平某证券调取的证券开户资料、钱某1平某证券账户佣金率信息，证实陈某啸及其母亲钱某1在平某证券的开户资料及账户迁移情况，三方存管银行为建设银行。

2. 钱某1、陈某啸建行卡交易流水、钱某1证券账户交易巢某股份记录及下单记录、审计报告，证实2014年9月22日陈某啸从其建行卡转款33.8万元到钱某1证券账户、23日从其个人证券账户转款28.0336万元至其母亲证券账户、24日卖出东某电器股票得款15009.102273万元，25日建行转账13917.59万元至钱某1建行账户，当日陈某啸将4100万元转入钱某1证券账户、26日陈某啸建行转账6500万元到钱某1建行账户。钱某1股票账户于2014年9月22日买入巢某股份3.2万股，成交金额33.856万元。2014年9月25日，钱某1账户买入巢某股份158.3971万股，成交金额1772.115781万元。9月26日，钱某1账户买入巢某股份77.51万股，成交金额867.0533万元。22、25、26日合计买入巢某股份239.1071万股，成交金额2673.025081万元。

3. 2014 年 9 月 30 日巢某股份股东名册、巢某股份 2013 年度审计报告、2014 年第一季度报告、半年度报告、2014 年第三季度报告，证实巢某股份 2013 与 2014 年财务数据、股东变化及重要事项。其中巢某股份 2014 年第三季度报告显示钱某 1 为巢某股份第三大股东、第一大自然人股东。

4. 被告人陈某啸供述，证实 2014 年 9 月 20 日，薛某 1 让他关注一下巢某股份后，紧接着他就在 2014 年 9 月 22 日购买了 3 万多股巢某股份，2014 年 9 月 24 日、9 月 26 日也买入了巢某股份，他买的巢某股份总共加起来是二百四十多万股，以证券账户流水为准。购买巢某股份的证券账户用的是他母亲钱某 1 的证券账户。他基本上是使用电脑下单，电脑是办公室的两台笔记本电脑和家里的两台联想台式机和戴尔笔记本电脑。

5. 证人钱某 1 证言，证实她开过股票账户，是她儿子陈某啸开的，她没有使用过该账户购买股票，对股票一点都不了解，是陈某啸使用她的股票账户。

6. 钱某 1 股票交易操作站点、操作渠道及备注信息在卷佐证钱某 1 账户相关情况。

第二部分证明涉案股票抛售的证据

1. 从平安证券调取的大宗交易申请表，证实 2015 年 2 月 6 日，陈某啸母亲钱某 1 申请以 11.18 元每股的价格大宗交易 2391071 股巢某股份（卖出）。

2. 关于巢某股份（600318）大宗交易卖出说明，证实 2015 年 2 月 3 日，怀宁路证券营业部上门服务，陈某啸母亲钱某 1 签署大宗交易申请单并拍照留痕。2 月 6 日上午开市时间，陈某啸助理明某到营业部通知当天通过大宗交易平台卖出巢某股份，经和陈某啸联系，由陈某 2 发来对手方信息，经与陈某啸、明某确认，于当日下午按照客户指令操作了此笔大宗交易。

3. 恒泰证券公司东胜鄂尔多斯大街证券营业部买卖交易巢某股份流水，证实陈某 3 于 2015 年 2 月 6 日买入巢某股份 239.1071 万股，成交价格 11.18 元，2 月 9 日以每股 13.55 元的价格卖出了 314500 股，2 月 12 日，以每股 18.04 元的价格卖了 207.6571 万股。

4. 被告人陈某啸供述，证实他技术性处理了巢某股份，在 2015 年 1

月 15 日左右，他打电话找到平某证券合肥营业部老总闫某、平安证券江北营业部老总陈某 2 他们要求大宗交易巢某股份，他跟他们确定了交易要素，价格 11.18 元每股，成交股数 239 万股，交易时间在巢某复牌的第一个交易日成交，他们两个都来给他操作这个事了。过了一个礼拜闫某、陈某 2 说找到了大宗交易方。在 2015 年 1 月 20 日左右，闫某打电话说要签订大宗交易手续合同，他就让闫到他中央花园的家里来签订合同。因为巢某股份是在他母亲钱某 1 的证券账户，是由他母亲本人来签字，是他让母亲在哪签字，他母亲就会在哪签。巢某股份在 2015 年 2 月 6 日复牌，闫某就给他发了个短信，就是对手盘营业部名称，接盘方姓陈，价格 11.18 元每股，共计 239 万股（全部巢某股份），接着他就安排明某到平安证券合肥营业部核对大宗交易的手续，当天就成交了，卖了 2600 多万元。之所以这样做，是因为他找安徽证监会的季某，季某建议把巢某股份技术性处理掉。

5. 中国证监会调查材料，证实 2014 年 11 月份，证监会对巢某股票交易异常案开展调查。

6. 证人明某证言，证实陈某啸是以他母亲账户买入的巢某股份。他不清楚陈某啸什么时候买的，陈某啸是巢某股份复牌后第一天卖的，是通过大宗交易卖的，11 块多一股卖的，当天上午陈某啸安排他去平安证券合肥营业部盯着闫某大宗交易巢某股份。陈某啸之所以大宗交易是因为证监会查他了，陈某啸提到他买卖巢某股份涉嫌内幕交易。

7. 证人陈某 2 证言，证实 2015 年元旦前，陈某啸联系他要通过大宗交易卖巢某股票，大概有 200 多万股，陈说用的是其母亲钱某 1 的账户。当时他看了这支股票是在停牌状态，还问他为什么要卖，他只是说缺钱。他当时感觉这支股票是不是停牌后复牌可能要跌，或者就是陈某啸可能有其他的隐情。他当时就答应帮他找人接这笔大宗交易。他后来打电话给陈某 3，问愿不愿意接这笔巢某股份的大宗交易，陈某 3 愿意接这笔股票。当时他就在电话里跟陈某 3 确定好这笔大宗交易的事宜，核对股票代码、双方席位号、股票交易数量和约定号这四个要素，成交价格每股 11.18 元是陈某啸确定好的。2015 年 2 月 6 日，陈某啸大宗交易巢某股份的具体事项是委托明某办的，陈某 3 和合肥平安证券怀宁路营业部的业务员对接的。

8. 证人闫某证言，证实在巢某股份复牌前的约一周，陈某啸打电话说确定大宗交易巢某股份，让他们做好准备，陈某啸说他母亲身体不好不方便，要求上门办理，他问陈有无交易对手方，陈说对手方由陈某2来找。公司派徐某带大宗交易的相关申请表去找陈某啸母亲，让她签字留痕。到巢某股份复牌的那天一大早陈某啸的助理明某就到了营业部现场，当时他还电话联系了陈某2，说要大宗交易了，把对手方信息发过来，后来陈某2在中午前后才把交易对手方信息发过来。他把信息给明某看了一下，又把交易信息和陈某啸短信、电话确认了一下，在当天下午三点至三点半之间申报的大宗交易，具体操作是柜员王某6办理的，明某确认后认为没有问题就离开了。他是在大宗交易巢某股份当天才知道对手方信息的，买入方是陈某3，买入方席位号22477，约定号600318。陈某啸母亲不懂股票的事，只是在办理相关业务的时候签个字，大宗交易巢某股份是钱某1的证券账户，买入巢某股份也是陈某啸用其母的证券账户买的。

9. 证人陈某3证言，证实2015年2月6日陈某2给他打电话说一个业务员今天会跟他联系，做一笔巢某股份的大宗交易，资金量需要2000多万元，还问账户的资金量够不够，他说够的。他就和业务员电话谈好，用恒泰证券股份有限公司东胜鄂尔多斯大街证券营业部这个资金账户并告知席位号22477。证券交易开始后，合肥平安证券的一个女业务员打电话来确定这笔大宗交易事宜，经过核对股票代码、双方席位号、股票交易数量、股票价格和约定号，当天下午3点钟就开始大宗交易后成交。他的资金来源于他所在的宝某资产公司，资金是放在他个人账户上运作的。接盘这笔大宗交易之前，他的账户上就有1个多亿的资金。2015年2月9日，他以每股13.55元的价格卖出了314500股，2015年2月12日又以每股18.04元的价格卖了2076571股，共计盈利1000多万元。他把股票卖出后，按照公司的惯例将资金再做其他股票大宗交易。

10. 调取自闫某手机短信息，证实闫某与陈某2、陈某啸确定大宗交易巢某股份交易要素，即卖出方：钱某1，卖出方席位：61097，标的：巢某股份，交易数量：2391071股，交易价格：11.18元，买入方：陈某3，买入方席位：22477，双方要素已确认，费率依然万2，下午报盘等情况。

第四组证明陈某啸泄露内幕信息的证据

第一部分关于陈某啸泄露巢某重组信息给明某、石某的证据

1. 证人明某证言，证实他是在 2014 年 9 月份的一天中午在公司吃饭，陈某啸说巢某股份不错，有重组的预期，当时有石某、白某鸿等人在场。陈某啸在他买入巢某股份之前向他推荐过，说这支股票不错，有重组预期，还讲过台湾一家水泥公司要收购巢某股份，浙江的某家居要借壳巢某股份上市等情况。

2. 证人石某证言，证实 2014 年 9 月 22 日在单位办公室，陈某啸向他说巢某股份业绩不错，也有重组预期，推荐他购买。

3. 被告人陈某啸供述，证实他在 2014 年 9 月 22 日买过巢某股份以后，当天中午跟办公室的明某、石某、白某鸿说这个股票不错，理由是巢某股份和浙江一个做家居的某家居有合作，近期有重组的可能。

第二部分关于明某、石某组织资金购买股票及抛售获利的证据

1. 郑丽招商银行交易明细、明某、石某证券账户交易记录等交易资料，证实明某、石某购买卖巢某股份情况。明某国信证券账户于 2014 年 9 月 25 日买入巢某股份共计 8.98 万股，于 2015 年 3 月 11 日全部卖出，获利 208.989 万元。石某西南证券账户于 2014 年 9 月 23 日至 26 日共计买入巢某股份 11 万股，于 2015 年 2 月 16 日至 3 月 31 日全部卖出，获利 214.754101 万元。

2. 证人明某证言，证实因为前期陈某啸跟他说的东方某珠、东某电器涨得都不错，听陈某啸说巢某股份以后，他就赎回自己的 100 万元理财资金，转入自己证券账户的三方存管银行账户。9 月 25 日开市前，他通过银证转账将 100 万元转入证券资金账户，当日买入 8.98 万股巢某股份，交易金额 99.8205 万元。接着隔了一个交易日就停牌了，2015 年 1 月底复牌后就涨停了，直到 2015 年 3 月份，以均价 30 多元一股全仓卖出，获利 200 多万元。

3. 证人石某证言，证实 2014 年 9 月 23 日他购买巢某股份之前，已经从东某电器中出来了一些资金，当时陈某啸说巢某这支股票不错，还提过巢某有重组的预期，他从 2014 年 9 月 23 日开始购入，后期三四天时间内陆续买了 11 万股，成交金额 100 多万元，买完后隔了周六和周日就停牌了，巢某股份复牌后，接着他陆续将巢某股份全部卖出，卖了 300 多万元，获利大概 210 万元；购买巢某股份的钱主要来源于卖出东某电器的所得款。

其他综合证据

1. 中国证监会移送函、中华人民共和国公安部通知，证实 2015 年 1 月 30 日，中国证监会向公安部经济犯罪侦查局移送陈某啸等人涉嫌内幕交易犯罪案；2015 年 2 月 4 日公安部经济犯罪侦查局下发通知要求安徽省公安厅经侦总队对陈某啸等人涉嫌内幕交易犯罪依法查处。

2. 指定管辖决定书、立案决定书，证实安徽省公安厅于 2015 年 3 月 6 日将陈某啸等人涉嫌内幕交易案指定蚌埠市公安局管辖；蚌埠市公安局于 2015 年 3 月 9 日对该案立案侦查。

3. 户籍证明、常住人口登记表、入所健康检查体检表，证实陈某啸的自然科目情况及入所健康检查情况。

4. 搜查证、搜查笔录、扣押物品清单，证实侦查人员于 2015 年 6 月 25 日对陈某啸办公室、合肥市中央花园家中进行搜查及扣押 2 台黑色笔记本电脑、1 台黑色电脑主机、1 部 iPhone6 手机等物品情况；同日对明某办公室进行搜查及扣押电脑主机、笔记本电脑情况；2015 年 7 月 23 日对石某手机等物品扣押情况；2015 年 7 月 29 日对朱某相关办公室、住所进行搜查及扣押借款协议等物品情况。

5. 抓获经过，证实陈某啸系被侦查机关抓获归案。

6. 协助冻结财产通知书回执，证实侦查机关对钱某 1 证券账户、银行账户，对明某证券账户、银行账户，对郑丽招商银行账户，石某证券账户的证券和资金进行冻结的情况。

一审法院认为：被告人陈某啸系非法获取证券交易内幕信息的人员，其在内幕信息尚未公开前，从事与内幕信息有关的股票交易，成交额 9592.715906 万元、获利 1.0381658135 亿元；被告人陈某啸还将内幕信息泄露给他人，导致他人从事与该内幕信息有关的股票交易，其行为已经构成内幕交易、泄露内幕信息罪，且情节特别严重。依照《中华人民共和国刑法》第一百八十条第一款、第三款、第六十四条、第五十二条、第五十三条，《最高人民法院、最高人民检察院关于办理内幕交易、泄露内幕信息刑事案件具体应用法律若干问题的解释》第七条第（一）项、第（三）项之规定判决：一、被告人陈某啸犯内幕交易、泄露内幕信息罪，判处有期徒刑七年，并处罚金 1.5 亿元（刑期从判决执行之日起计算。判决执行以前先行羁押的,羁押一日折抵刑期一日,即自 2015 年 6 月 26 日起至 2022 年 6 月 25 日止。罚金于本判决生效后十日内缴纳,上缴国库);二、违法所得 1.0381658135 亿元及孳息依法予以没收,上缴国库;三、扣押、冻结在案的股票、款项等,由扣押、冻结机关依法处理。

陈某啸上诉主要提出:1、其没有内幕交易犯罪的主观故意;2、在卷证据不能证明其买入涉案股票的交易行为异常,其不属于非法获取证券交易内幕信息的人员;3、其没有泄漏内幕信息给明某、石某;一审判决认定事实与客观事实不符。请求二审法院改判其无罪。

辩护人除提出与上诉理由基本一致的辩护意见外,另提出:1、薛某 1 不是东某电器资产重组的内幕信息知情人,因蚌埠市人民检察院作出(2018)1 号《不起诉决定书》认为蚌埠市公安局认定薛某 1 涉嫌内幕交易犯罪的事实不清、证据不足,不符合起诉条件,故本案证据发生了重大变化,应宣告陈某啸无罪;2、中国证监会关于薛某 1 等人涉嫌内幕交易案有关问题的认定函不具有客观性、真实性、合法性,不应作为定案的依据;陈某啸交易股票有正当理由和正当信息来源,不属于非法获取证券交易内幕信息的人员;3、陈某啸没有联络、接触薛某 1。

出庭检察员意见:本案事实清楚,证据确实、充分,原判定性准确,量刑适当。审判程序合法。建议驳回上诉,维持原判。

经本院审理查明,一审法院判决认定上诉人的事实,有经过一审庭审质证并予以确认的证据证实。二审期间,上诉人及辩护人均未向法庭提供新的证据,本院对上述事实和证据予以确认。

针对被告人辩解及辩护人辩护意见,综合评判如下:

(一)关于对薛某 1 不起诉的相关意见

经查,蚌埠市人民检察院在本案一审期间作出(2018)1 号《不起诉决定书》,认为"蚌埠市公安局认定的犯罪事实不清、证据不足,薛某 1 涉嫌内幕交易、泄露内幕信息罪,不符合起诉条件"。

辩护人据此认为,蚌埠市人民检察院作出的关于薛某 1 的不起诉决定书可以证明上诉人陈某啸没有从薛某 1 处获取东某电器、巢某水泥的内幕信息,不是非法获取内幕信息的人员。

出庭检察员认为,薛某 1 案件与本案有关联,但决定陈某啸构成内幕交易、泄露内幕信息罪是陈某啸本身的行为与司法解释规定的符合度与一致度，上诉人陈某啸系从薛某1处获得内幕信息并进行内幕交易行为。

经二审审查，中国证监会出具的认定函认定，薛某1系该案交易股票的内幕信息知情人；《最高人民法院、最高人民检察院关于办理内幕交易、泄露内幕信息刑事案件具体应用法律若干问题的解释》及《中华人民共和国证券法》第七十四条规定，薛某1属于"国务院证券监督管理机构规定的其他人"。根据在案证据，薛某1介绍了东某电器与余某1的资产重组、借壳上市以及与某高科的资产重组，巢某股份与某家居、新某投资的重组事宜，薛某1基于中间人、介绍人的身份全程参与重组过程，符合上述规定，同时薛某1对其属于内幕信息知情人的身份是认可的。薛某1作为内幕信息知情人，陈某啸系非法获取内幕信息的人员，两种不同的身份，法律作了不同的定罪标准；《最高人民法院、最高人民检察院关于办理内幕交易、泄露内幕信息刑事案件具体应用法律若干问题的解释》规定，非法获取证券内幕信息的人员包括非法手段型获取内幕信息的人员、特定身份型获取内幕信息的人员和积极联系型获取内幕信息的人员三类人员。其中特定身份型获取内幕信息的人员，是指内幕信息知情人员的近亲属或者其他与内幕信息知情人员关系密切的人员（包括基于学习、工作产生的关系，如同学、校友），这类人员无论是主动获取还是被动获取内幕信息，均属于非法获取内幕信息的人员。本案中，陈某啸从薛某1处既有被动获取也有主动获取内幕信息的行为，故陈某啸属于非法获取内幕信息的人员。

综上，辩护人提出本案因薛某1涉嫌内幕交易、泄露内幕信息案事实不清、证据不足不起诉，上诉人陈某啸不应作为非法获取内幕信息的人员的相关辩护意见不能成立。

（二）关于陈某啸交易东某电器、巢某股份是否异常的相关意见

陈某啸提出：在卷证据不能证明其买入涉案股票的交易行为异常；其辩护人认为，陈某啸交易股票有正当理由和正当信息来源。

出庭检察员认为，陈某啸交易东某电器、巢某股份的行为符合《最高人民法院、最高人民检察院关于办理内幕交易、泄露内幕信息刑事案件具体应用法律若干问题的解释》第三条的规定，属于相关交易行为明显异常。

经二审审查，关于东某电器的资产重组，证监会在认定函中认定，东某电器资产重组属于内幕信息，内幕信息敏感期不晚于2013年11月7日，终点为2014年9月10日。对比陈某啸的交易时间，2013年11月18日至21日，陈某啸在四个交易日转入资金1422.256016万元。2014年1月24日转入134.067537万元。2014年3月3日，朱某转款3100万元给陈某啸。2014年3月24日、25日陈某啸质押融资2200余万元。陈某啸交易东某电器的资金变化与东某电器的内幕信息形成、变化、公开基本一致；陈某啸供述其于2013年11月中旬从薛某1处得知东某电器的相关信息，而后买入东某电器股票；陈某啸相关账户交易资金的进出与薛某1有关联，其购买东某电器股票的资金中有3100万元由薛某1安排朱某提供；陈某啸的通话记录、短信记录在卷证实，从2014年2月2日到3月27日，陈某啸与薛某1电话、短信联系多达30余次，陈某啸买入东某电器股票期间与内幕信息知情人薛某1接触、联络频繁。

关于巢某股份的资产重组，证监会在认定函中认定，巢某股份内幕信息敏感期为2014年7月17日至2015年1月9日。2014年9月19日，薛某1得知某家居拟借壳上市，2014年9月20日，陈某啸在合肥徐同泰酒店宴请薛某1等人并于当日从薛某1处获取该内幕信息。在巢某股份内幕信息敏感期内，陈某啸使用其母亲钱某1账户，在2014年9月22、25、26日三个交易日，共计买入巢某股份2391071股，成交金额26730250.81元。因证监会调查，陈某啸于2015年2月6日，在巢某股份复牌当日"一字板"涨停（收盘价12.32元）的情形下，通过大宗交易方式将上述巢某股份股票以每股价格11.18元全部卖出，亏损4.295686万元。

综上，本院认为，上诉人陈某啸在内幕信息敏感期内，通过联络、接触内幕信息知情人员薛某1，获取信息得知相关股票重组事宜，筹集大量资金，不计成本将资金全部或大部投入相关股票，与其平时交易习惯明显背离，且其交易的时间点与内幕信息的形成、变化、公开以及获取内幕信息时间吻合，交易资金的进入与内幕信息知情人薛某1存在关联，在交易涉案股票停牌前持续买入只买不卖、相关股票"一字板"涨停复牌后通过大宗交易亏损卖出，上诉人陈某啸交易东某电器、巢某股份的行为符合《最高人民法院、最高人民检察院关于办理内幕交易、泄露内幕信息刑事案件具体应用法律若干问题的解释》第三条的规定，属于相关交易行为明显异常。故陈某啸此节上诉理由及其辩护人关于陈某啸交易股票有正当理由和正当信息来源的相关辩护意见不能成立。

（三）关于中国证监会对薛某1等人涉嫌内幕交易案有关问题的认定函能否作为定案的依据的意见

根据最高人民法院、最高人民检察院、公安部、中国证监会《关于整治非法证券活动有关问题的通知》的规定，中国证监会具备合法认定主体资格和法定取证职权。

认定函认定"2013年11月7日，孙某1与崔某沟通确认将书面全权委托薛某1方代其处理股份减持及负责东某电器的资产重组等事宜"，有证人孙某1、崔某等证言证实，且得到孙某1于2013年11月28日签署的书面委托书"委托薛某1方代其处理股份减持及负责东某电器的资产重组等事宜"的印证，认定函没有歪曲事实。

认定函认定薛某1属于内幕信息知情人，有参与重组的相关人员及薛某1等多名证人证言、薛某1亲笔签署的协议书等证据证明，足以认定，认定函有事实和法律依据。

综上，陈某啸辩护人关于此节的相关辩护意见不能成立。

（四）关于陈某啸有无联络、接触薛某1的相关意见

内幕交易案件由于其特殊性、隐蔽性，其信息传递往往发生在两人之间，传递的方式可能是明示，也可能是暗示，更有甚者通过对内幕信息知情人的行踪、接触对象，都能进行分析判断，故《最高人民法院、最高人民检察院关于办理内幕交易、泄露内幕信息刑事案件具体应用法律若干问题的解释》规定，行为人只要在内幕信息敏感期内与内幕信息知情人联络、接触，并从事相关交易，交易行为异常，交易数额达到立案标准即构成犯罪。从上述第（二）点的分析可以看出，陈某啸在内幕信息敏感期内，联络、接触薛某1的事实，有其本人有罪供述予以证实，在卷证人证言、通话记录、短信记录等证据能够相互印证。故陈某啸辩护人关于此节的相关辩护意见不能成立。

（五）关于陈某啸是否泄露内幕信息给明某、石某的相关意见

经查，陈某啸非法获取内幕信息后，在内幕信息尚未公开前，泄露内

幕信息导致明某、石某从事与该内幕信息有关的证券交易。此节事实不仅有陈某啸的供述，且有证人明某、石某证言等证据在卷予以印证，足以认定。故陈某啸此节上诉理由及其辩护人相关辩护意见不能成立。

（六）关于陈某啸是否具有内幕交易犯罪主观故意的相关意见

经查，2013 年 11 月中旬，陈某啸到薛某 1 家里听到东某电器的相关信息，2014 年春节，陈某啸要求薛某 1 帮其打听东某电器情况，2014 年 2 月份薛某 1 安排朱某以借款形式提供 3100 万元给陈某啸代买东某电器股票；在证监会认定函认定的内幕交易敏感期内，陈某啸大量买入东某电器股票；2014 年 9 月 20 日，陈某啸在合肥徐同泰饭店听薛某 1 讲巢某股份近期准备重组，某家居准备和巢某股份合作。上述时间点，系证监会认定函认定的内幕交易敏感期，相关重组信息符合《中华人民共和国证券法》第七十五条规定的内幕信息。陈某啸关于此节的供述得到了证人薛某 1、朱某、明某、石某的证言等证据印证，结合上述五项的分析，陈某啸在交易东某电器和巢某股份股票时主观上明知内幕信息的存在，且利用了内幕信息。故陈某啸此节上诉理由及其辩护人相关辩护意见不能成立。

本院认为，上诉人陈某啸系非法获取证券交易内幕信息的人员，其在内幕信息尚未公开前，从事与内幕信息有关的股票交易，成交额 9592.715906 万元、获利 1.0381658135 亿元；陈某啸还将内幕信息泄露给他人，导致他人从事与该内幕信息有关的股票交易，其行为已经构成内幕交易、泄露内幕信息罪，且情节特别严重。陈某啸关于其行为不构成犯罪的上诉理由及其辩护人相关辩护意见不能成立。

综上，原判认定事实清楚，证据确实、充分，定罪准确，量刑适当。审判程序合法。出庭检察员的意见正确。依照《中华人民共和国刑事诉讼法》第二百三十六条第一款第（一）项的规定，裁定如下：驳回上诉，维持原判。

四、操纵证券、期货市场罪的类型认定

实务要点 1

1. 准确把握虚假申报操纵犯罪和正常报撤单的界限。虚假申报操纵是

当前短线操纵的常见手段，其是指操纵者不以成交为目的，频繁申报后撤单或者大额申报后撤单，以此误导其他投资者作出投资决策，进而影响证券交易价格或者证券交易量，并进行与申报相反的交易或者谋取相关利益。实践中，要准确区分虚假申报操纵行为和合法的报撤单交易行为，着重审查判断行为人的申报目的、是否进行与申报相反的交易或者谋取相关利益，并结合实际控制账户相关交易数据，细致分析行为人申报、撤单和反向申报行为之间的关联性、撤单所占比例、反向交易数量、获利情况等，综合判断行为性质。

2.《中华人民共和国刑法修正案（十一）》明确了操纵类型。《中华人民共和国刑法修正案（十一）》将操纵证券、期货市场罪规定为："有下列情形之一，操纵证券、期货市场，影响证券、期货交易价格或者证券、期货交易量，情节严重的，处五年以下有期徒刑或者拘役，并处或者单处罚金；情节特别严重的，处五年以上十年以下有期徒刑，并处罚金：（一）单独或者合谋，集中资金优势、持股或者持仓优势或者利用信息优势联合或者连续买卖的；（二）与他人串通，以事先约定的时间、价格和方式相互进行证券、期货交易的；（三）在自己实际控制的账户之间进行证券交易，或者以自己为交易对象，自买自卖期货合约的；（四）不以成交为目的，频繁或者大量申报买入、卖出证券、期货合约并撤销申报的；（五）利用虚假或者不确定的重大信息，诱导投资者进行证券、期货交易的；（六）对证券、证券发行人、期货交易标的公开作出评价、预测或者投资建议，同时进行反向证券交易或者相关期货交易的；（七）以其他方法操纵证券、期货市场的。"即增加了第四项、第五项、第六项内容。2019 年 6 月 28 日，最高人民法院、最高人民检察院联合发布《最高人民法院、最高人民检察院关于办理操纵证券、期货市场刑事案件适用法律若干问题的解释》，其中第一条规定中的第五项、第一项、第二项分别被吸收为《中华人民共和国刑法》第一百八十二条第一款第四项、第五项、第六项，从罪名修改的变迁过程来看，更注重剥夺自由刑与财产处罚刑、追缴违法所得并用，不让犯罪者在经济上获得好处，增强了刑事追究的惩罚力度和震慑效果。

3. 单位犯罪的法定刑保持不变。2006 年《中华人民共和国刑法修正案（六）》将单位犯罪的法定刑升至"五年以上十年以下有期徒刑"并处罚金，即单位可能构成"情节特别严重"的犯罪情形，2021年《中华人民共和国刑法修正案（十一）》保持《中华人民共和国刑法修正案（六）》单位犯罪有关规定不变，即保持对单位犯罪的刑事追究力度，持续严查与惩罚证券领域的单位犯罪。

案例：虚假申报型操纵——唐某博等操纵证券市场案

基本案情

2012年5月至2013年1月期间，唐某博伙同唐某子、唐某琦，使用本人及其控制的数十个他人证券账户，不以成交为目的，采取频繁申报后撤单或者大额申报后撤单的方式，诱导其他证券投资者进行与虚假申报方向相同的交易，从而影响三只股票的交易价格和交易量，随后进行与申报相反的交易获利，违法所得金额共计2581万余元。其中：

2012年5月7日至23日，唐某博伙同唐某子、唐某琦，采用上述手法操纵"华资实业"股票，违法所得金额425.77万余元。其间，5月9日、10日、14日撤回申报买入量分别占当日该股票总申报买入量的57.02%、55.62%、61.10%，撤回申报买入金额分别为9000万余元、3.5亿余元、2.5亿余元。

2012年4月24日至5月7日，唐某博伙同唐某子、唐某琦采用上述手法操纵"京投银泰"股票，违法所得金额1369.14万余元。其间，5月3日、4日撤回申报买入量分别占当日该股票总申报买入量的56.29%、52.47%，撤回申报买入金额分别为4亿余元、4.5亿余元。

2012年6月5日至2013年1月8日，唐某博伙同唐某琦采用上述手法操纵"银基发展"股票，违法所得金额786.29万余元。其间，2012年8月24日，撤回申报卖出量占当日该股票总申报卖出量的52.33%，撤回申报卖出金额1.1亿余元。

2018年6月，唐某博、唐某子、唐某琦分别向公安机关投案，到案后对基本犯罪事实如实供述，主动缴纳全部违法所得并预缴罚金。唐某博还检举揭发他人犯罪，经查证属实。

上海市公安局以唐某博、唐某琦、唐某子涉嫌操纵证券市场罪向上海市人民检察院第一分院移送起诉。

2019 年 3 月 20 日，上海市人民检察院第一分院以涉嫌操纵证券市场罪对唐某博、唐某琦、唐某子提起公诉。

2020 年 3 月 30 日，上海市第一中级人民法院作出一审判决，综合全案事实、情节，对唐某博、唐某子减轻处罚，对唐某琦从轻处罚，以操纵证券市场罪判处被告人唐某博有期徒刑三年六个月，并处罚金 2450 万元；被告人唐某子有期徒刑一年八个月，并处罚金 150 万元；被告人唐某琦有期徒刑一年，缓刑一年，并处罚金 10 万元。操纵证券市场违法所得 2581 万余元予以追缴。被告人未上诉，判决已生效。

法律依据

《中华人民共和国刑法》

第一百八十二条 【操纵证券、期货市场罪】有下列情形之一，操纵证券、期货市场，影响证券、期货交易价格或者证券、期货交易量，情节严重的，处五年以下有期徒刑或者拘役，并处或者单处罚金；情节特别严重的，处五年以上十年以下有期徒刑，并处罚金：

（一）单独或者合谋，集中资金优势、持股或者持仓优势或者利用信息优势联合或者连续买卖的；

（二）与他人串通，以事先约定的时间、价格和方式相互进行证券、期货交易的；

（三）在自己实际控制的帐户之间进行证券交易，或者以自己为交易对象，自买自卖期货合约的；

（四）不以成交为目的，频繁或者大量申报买入、卖出证券、期货合约并撤销申报的；

（五）利用虚假或者不确定的重大信息，诱导投资者进行证券、期货交易的；

（六）对证券、证券发行人、期货交易标的公开作出评价、预测或者投资建议，同时进行反向证券交易或者相关期货交易的；

（七）以其他方法操纵证券、期货市场的。

单位犯前款罪的，对单位判处罚金，并对其直接负责的主管人员和其他直接责任人员，依照前款的规定处罚。

《最高人民法院、最高人民检察院关于办理操纵证券、期货市场刑事案件适用法律若干问题的解释》

第一条　行为人具有下列情形之一的，可以认定为刑法第一百八十二条第一款第四项规定的"以其他方法操纵证券、期货市场"：

（一）利用虚假或者不确定的重大信息，诱导投资者作出投资决策，影响证券、期货交易价格或者证券、期货交易量，并进行相关交易或者谋取相关利益的；

（二）通过对证券及其发行人、上市公司、期货交易标的公开作出评价、预测或者投资建议，误导投资者作出投资决策，影响证券、期货交易价格或者证券、期货交易量，并进行与其评价、预测、投资建议方向相反的证券交易或者相关期货交易的；

（三）通过策划、实施资产收购或者重组、投资新业务、股权转让、上市公司收购等虚假重大事项，误导投资者作出投资决策，影响证券交易价格或者证券交易量，并进行相关交易或者谋取相关利益的；

（四）通过控制发行人、上市公司信息的生成或者控制信息披露的内容、时点、节奏，误导投资者作出投资决策，影响证券交易价格或者证券交易量，并进行相关交易或者谋取相关利益的；

（五）不以成交为目的，频繁申报、撤单或者大额申报、撤单，误导投资者作出投资决策，影响证券、期货交易价格或者证券、期货交易量，并进行与申报相反的交易或者谋取相关利益的；

（六）通过囤积现货，影响特定期货品种市场行情，并进行相关期货交易的；

（七）以其他方法操纵证券、期货市场的。

第四条　具有下列情形之一的，应当认定为刑法第一百八十二条第一款规定的"情节特别严重"：

（一）持有或者实际控制证券的流通股份数量达到该证券的实际流通股份总量百分之十以上，实施刑法第一百八十二条第一款第一项操纵证券市场行为，连续十个交易日的累计成交量达到同期该证券总成交量百分之五十以上的；

（二）实施刑法第一百八十二条第一款第二项、第三项操纵证券市场行为，连续十个交易日的累计成交量达到同期该证券总成交量百分之五十以上的；

（三）实施本解释第一条第一项至第四项操纵证券市场行为，证券交易成交额在五千万元以上的；

（四）实施刑法第一百八十二条第一款第一项及本解释第一条第六项操纵期货市场行为，实际控制的账户合并持仓连续十个交易日的最高值超过期货交易所限仓标准的五倍，累计成交量达到同期该期货合约总成交量百分之五十以上，且期货交易占用保证金数额在二千五百万元以上的；

（五）实施刑法第一百八十二条第一款第二项、第三项及本解释第一条第一项、第二项操纵期货市场行为，实际控制的账户连续十个交易日的累计成交量达到同期该期货合约总成交量百分之五十以上，且期货交易占用保证金数额在二千五百万元以上的；

（六）实施操纵证券、期货市场行为，违法所得数额在一千万元以上的。

实施操纵证券、期货市场行为，违法所得数额在五百万元以上，并具有本解释第三条规定的七种情形之一的，应当认定为"情节特别严重"。

关联索引

最高人民法院发布 7 件人民法院依法惩处证券、期货犯罪典型案例

裁判文书

唐某博等操纵证券、期货市场罪一审案件一审刑事判决书
上海市第一中级人民法院
刑 事 判 决 书

（2019）沪 01 刑初 19 号

公诉机关，上海市人民检察院第一分院。

被告人唐某博，男，1973 年 12 月 25 日出生于湖南省绥宁县，汉族，大学文化，户籍地广东省深圳市福田区，住香港特别行政区；因本案于 2018 年 6 月 13 日被刑事拘留，同年 7 月 19 日被逮捕，现羁押于上海市第二看守所。

辩护人康烨，北京盈科（上海）律师事务所律师。

辩护人孙慧婷，上海孜求律师事务所律师。

被告人唐某子（曾用名唐元子），男，1978年1月15日出生于湖南省绥宁县，汉族，大学文化，户籍地江苏省南京市秦淮区，住江苏省南京市秦淮区；因本案于2018年6月19日被刑事拘留，同年7月19日被逮捕，2020年2月18日被取保候审。

辩护人林东品，上海博和律师事务所律师。

辩护人金亦平，北京市盈科（南京）律师事务所律师。

被告人唐某琦，男，1982年4月24日出生于湖南省绥宁县，汉族，大专文化，住湖南省长沙市岳麓区；因本案于2018年6月26日被取保候审。

辩护人谢杰、刘安东，上海汉盛律师事务所律师。

上海市人民检察院第一分院以沪检一分诉刑诉〔2019〕22号起诉书指控被告人唐某博、唐某子、唐某琦犯操纵证券市场罪，于2019年3月21日向本院提起公诉。本院受理后，依法组成合议庭，于2019年5月16日公开开庭审理了本案。上海市人民检察院第一分院指派检察员朱一峰出庭支持公诉。被告人唐某博及其辩护人康烨、孙慧婷，被告人唐某子及其辩护人林东品、金亦平，被告人唐某琦及其辩护人谢杰到庭参加诉讼。本案经依法延期审理，现已审理终结。

上海市人民检察院第一分院指控：

2012年5月至2013年1月间，被告人唐某博伙同唐某子、唐某琦，控制"杨某1""申某""王某3"等30余个证券账户，采取当日连续申报买入或卖出并在成交前撤回申报等手法，影响"华资实业""京投银泰""银基发展"等证券交易价格和交易量。分述如下：

2012年5月7日至23日，被告人唐某博伙同唐某子、唐某琦等人，使用自己及控制的他人账户，买入或卖出"华资实业"股票，账面盈利人民币4257728元（以下币种均为人民币）。其间，5月9日唐某子申报买入16666600股，撤回申报14743594股，撤回申报量占当日该种证券总申报量57.02%；5月10日唐某博伙同唐某子、唐某琦，申报买入71903800股，撤回申报54392952股，撤回申报量占当日该种证券总申报量55.62%；5月14日唐某博伙同唐某子、唐某琦，申报买入47054000股，撤回申报

39708802 股，撤回申报量占当日该种证券总申报量 61. 10%。

2012 年 4 月 24 日至 5 月 7 日，被告人唐某博伙同唐某子、唐某琦采用上述手法，买入或卖出"京投银泰"股票，账面盈利 13691473 元。其间，5 月 3 日唐某博伙同唐某琦，申报买入 77649000 股，撤回申报 61529833 股，撤回申报量占当日该种证券总申报量 56. 29%；5 月 4 日唐某博伙同唐某琦申报买入 94439400 股，撤回申报 67644786 股，撤回申报量占当日该种证券总申报量 52. 47%。

2012 年 6 月 5 日至 2013 年 1 月 8 日，被告人唐某博伙同唐某琦采用上述手法，买入"银基发展"股票，获利 7862920 元。其间，2012 年 8 月 24 日唐某博申报卖出 29775537 股，撤回申报 29775537 股，撤回申报量占当日该种证券总申报量 52. 33%。

2018 年 6 月 12 日、19 日、26 日，被告人唐某博、唐某子、唐某琦分别向公安机关投案并如实供述了自己的罪行。

为支持上述指控事实，公诉机关出示了相应的证据。据此，公诉机关认为，被告人唐某博、唐某子、唐某琦采用当日连续申报买入或卖出并在成交前撤回申报等手法操纵证券市场，其行为均触犯了《中华人民共和国刑法》第一百八十二条之规定，犯罪事实清楚，证据确实、充分，应以操纵证券市场罪追究刑事责任，且情节特别严重。鉴于唐某博系主犯，唐某子、唐某琦系从犯，3 名被告人均具有自首情节，还应分别适用《中华人民共和国刑法》第二十五条、第二十六条、第二十七条、第六十七条第一款之规定。

被告人、辩护人的辩解与辩护意见：

被告人唐某博及其辩护人对起诉指控的基本犯罪事实和罪名不持异议。唐某博提出，其一次性撤回申报"银基发展"股票并非出于虚假申报目的。辩护人提出如下辩护意见：（1）不应将虚假申报"银基发展"股票一节事实认定为操纵证券市场罪。唐某博于 2012 年 8 月 24 日虚假申报卖出"银基发展"股票过程中，并未进行与申报相反的交易，未从中获利，且该节事实已被行政处罚，不应当重复计算数额。（2）违法所得认定有误。涉案三只股票的操纵区间认定有误；涉案股票的浮盈、浮亏不应计入违法所得，即使计算账面获利，区间也应限定为操纵当日。（3）唐某博系从境外回国投案自首，具有自首、立功情节，愿意退赔违法所得并缴纳罚金，且患有抑郁症、严重高血压等疾病，请求对其从宽处罚，适用缓刑。

被告人唐某子及其辩护人对起诉指控的基本犯罪事实和罪名不持异议。辩护人提出如下辩护意见：（1）指控"银基发展"股票操纵区间及违法所得的计算区间与另外两只涉案股票的认定标准不一致。"银基发展"股票的操纵区间应认定为2012年8月14日至2012年9月5日，指控操纵区间显然将前期买卖该只股票的行为与具体操纵行为间的因果关系不当扩大，未区分合法买卖行为与非法操纵行为。（2）唐某子并未控制"王某3"账户。唐某博才系该账户的实际控制人。（3）唐某子系从犯，有自首情节，认罪、悔罪态度较好，且愿意退赔违法所得和退缴罚金，请求对其从轻、减轻处罚并适用缓刑。

被告人唐某琦及其辩护人对起诉指控的基本犯罪事实和罪名不持异议。辩护人提出如下辩护意见：（1）本案认定操纵证券市场的时间范围不宜过分扩大，首次撤单申报比例超标日之前已经完成的交易部分不应纳入违法所得计算范围。（2）虚假申报相关涉案股票的行为与市场价格波动间没有因果关系，相应获利金额应从全案违法所得数额中予以去除。（3）唐某琦系从犯，有自首情节，主观恶性较小，请求对其依法从轻处罚。

三名被告人的辩护人均提出，本案操纵证券市场行为未达到情节特别严重程度。理由如下：其一，相较于明示性操纵行为，虚假申报操纵行为对证券市场的影响具有间接性，且影响力度小、周期短，对市场的控制力较弱，实害性较低。其二，涉案三只股票的撤单比例仅略超出追诉标准，涉案股票在具体操纵日与同期大盘指数偏离度较小，操纵日市场价量并未明显异常。其三，本案违法所得未达到1000万元，唐某子实际控制账户组违法所得金额刚达到入罪标准。

为证明上述辩护意见，辩护人提交了相应的证据材料。

经审理查明：

2012年5月至2013年1月间，被告人唐某博实际控制"杨某1""王某3""朱某""赵某""闵某""申某""陈某""伍某""杨某2"等证券账户；被告人唐某子实际控制"苏某""张某1"等证券账户。其间，唐某博伙同唐某子、唐某琦，不以成交为目的，频繁申报、撤单或大额申报、撤单，影响股票交易价格与交易量，并进行与申报相反的交易。

2012 年 5 月 9 日、10 日、14 日，被告人唐某博、唐某子控制账户组撤回申报买入"华资实业"股票量分别占当日该股票总申报买入量的 57.02%、55.62%、61.10%，撤回申报金额分别为 9000 余万元、3.5 亿余元、2.5 亿余元。同年 5 月 7 日至 23 日，唐某博、唐某子控制账户组通过实施与虚假申报相反的交易行为，违法所得金额 425.77 万余元。

2012 年 5 月 3 日、4 日，被告人唐某博控制账户组撤回申报买入"京投银泰"股票量分别占当日该股票总申报买入量的 56.29%、52.47%，撤回申报金额分别为 4 亿余元、4.5 亿余元。同年 4 月 24 日至 5 月 7 日，唐某博、唐某子控制账户组通过实施与虚假申报相反的交易行为，违法所得金额共计 1369.14 万余元。

2012 年 6 月 5 日至 2013 年 1 月 8 日，被告人唐某博控制账户组在"银基发展"股票交易中存在虚假申报撤单等行为；其中，2012 年 8 月 24 日，唐某博控制账户组撤回申报卖出"银基发展"股票量占当日该股票总申报卖出量的 52.33%，撤回申报金额 1.1 亿余元。其间，唐某博控制账户组通过实施与虚假申报相反的交易行为等，违法所得金额共计 786.29 万余元。

前述交易中，被告人唐某博、唐某子控制账户组违法所得共计 2581.21 万余元。其中，唐某博控制账户组违法所得 2440.87 万余元，唐某子控制账户组违法所得 140.33 万余元。唐某琦在明知唐某博存在操纵证券市场行为的情况下，仍接受唐某博的安排多次从事涉案股票交易。

2018 年 6 月 12 日，被告人唐某博返回境内投案；同年 6 月 19 日、26 日，被告人唐某子、唐某琦分别向侦查机关投案。三名被告人到案后如实供述了基本犯罪事实。一审审理过程中，唐某博向侦查机关检举揭发他人犯罪行为，经查证属实。

以上事实，有控辩双方提交，并经法庭举证、质证的下列证据证实：

1. 证明被告人唐某博、唐某子实际控制账户情况的证据。

（1）证人袁某 1、杨某 1、余某、袁某 2、胡某、王某 1、闵某、王某 2、张某 1、王某 3 等人的证言证明：他们名下的证券账户、资金账户开设好后交给唐某博、唐某子使用或并非本人使用的事实。

（2）涉案证券账户、银行账户资料、司法会计鉴定书及附件等证明：

涉案证券账户、资金账户的开户、使用情况，涉案证券账户交易使用的IP、MAC 地址情况以及账户组交易地点与唐某博、唐某子出行记录匹配情况。其中，"王某 3"证券账户资金主要源于"张某 2"的民生银行南京中央门支行账户，资金去向主要为"王某 4"的民生银行南京中央门支行账户。

（3）被告人唐某博的供述证明：他使用的证券账户中，一部分是亲戚朋友开设的证券账户，另一部分主要是从券商那里获取的利用不认识人员身份开设的证券账户。"王某 3"账户系唐某子帮他开设的，里面的资金都归属于他。

被告人唐某琦的供述与唐某博的供述相印证。

（4）被告人唐某子的供述证明：他主要使用"苏某""张某 1"等人证券账户进行股票交易。"王某 3"账户是他帮唐某博开设的，账户内的资金归属于唐某博。

2. 证明被告人唐某博、唐某子控制账户组虚假申报并进行反向交易等的证据。

（1）深圳证券交易所、上海证券交易所提供的相关证券账户交易查询资料等证明：被告人唐某博、唐某子控制账户组的交易情况。

（2）司法会计鉴定意见书、补充意见书及附件、被告人唐某博、唐某子的供述等证明：唐某博、唐某子控制账户组的交易异常情况。其一，2012 年 5 月 9 日、10 日、14 日，唐某博、唐某子控制账户组撤回申报买入"华资实业"股票量分别占当日该股票总申报买入量的 57.02%、55.62%、61.10%，撤回申报金额分别为 9000 万余元、3.5 亿余元、2.5亿余元。同年 5 月 7 日至 5 月 23 日，唐某博、唐某子控制账户组通过实施与虚假申报相反的交易行为，违法所得金额 425.77 万余元。其二，2012年 5 月 3 日、4 日，唐某博控制账户组撤回申报买入"京投银泰"股票量分别占当日该股票总申报买入量的 56.29%、52.47%，撤回申报金额分别为 4 亿余元、4.5 亿余元。同年 4 月 24 日至 5 月 7 日，唐某博、唐某子账户组通过实施与虚假申报相反的交易行为，违法所得金额共计 1369.14 万余元。其三，2012 年 6 月 5 日至 2013 年 1 月 8 日，唐某博控制账户组所涉"银基发展"股票交易中存在虚假申报撤单等行为；其中，2012 年 8 月 24

日，唐某博控制账户组撤回申报卖出"银基发展"股票量分别占当日该股票总申报卖出量的52.33%，撤回申报金额1.1亿余元。其间，唐某博账户组通过实施与虚假申报相反的交易行为等，违法所得金额共计786.29万余元。

（3）被告人唐某博的供述证明：他从2012年开始操纵股票，操纵过"华资实业""京投银泰""银基发展"等股票。2012年5月买入"华资实业""京投银泰"时，发现后续卖盘压力较大，于是他追加了一笔资金通过垫单撤单方式拉升股价，股价上来后就通过反向交易出货。唐某子是他弟弟，两人分开炒股。他和唐某子就"华资实业"股票有过讨论，唐某子在"京投银泰"股票上也可能垫过单。唐某琦是他表弟，他没空时曾安排唐某琦下单操作过涉案股票。

（4）被告人唐某子的供述证明：他使用过垫单撤单、尾盘拉升等方式拉抬过股价，有时是根据唐某博的要求如此操作的。他和唐某博商量过操纵"华资实业"股票，还操纵过"京投银泰"股票。

（5）被告人唐某琦的供述证明：他平常跟着唐某博，在唐某博忙不过来时，他帮唐下单操作过"华资实业""京投银泰""银基发展"中的股票。

3. 案发经过、被告人唐某博、唐某子、唐某琦到案后的供述等证明：三名被告人的到案经过及供述情况。

此外，一审审理过程中，被告人唐某博、唐某子、唐某琦退缴了全部违法所得并预缴了全部罚金。

针对本案争议焦点，本院评判如下：

（一）关于指控操纵"银基发展"股票一节能否认定为操纵证券市场犯罪

本院认为，应认定该节事实构成操纵证券市场罪。主要理由是：（1）被告人唐某博控制账户组存在虚假申报交易"银基发展"股票行为。指控时间段内，唐某博控制账户组不以成交为目的，对"银基发展"股票频繁申报、撤单或者大额申报、撤单，且2012年8月24日当天，累计撤回申报卖出量达到同期该股票总申报卖出量百分之五十以上，撤回申报金额在一千万元以上，误导投资者作出投资决策，影响该股票的交易价格与交易量。（2）指控时间段内，唐某博控制账户组进行了与虚假申报相反的交易等行为，操纵"银基发展"股票获利的意图明显，且获取了巨额利益。

（二）关于"王某3"证券账户的实际控制人

本院认为，应认定系被告人唐某博而非唐某子实际控制"王某3"证券账户。主要理由是：(1) 唐某博、唐某子的供述相互印证，证明"王某3"账户系唐某博控制使用，账户内资金归属于唐某博。(2) 司法会计鉴定意见书及附件反映，"王某3"证券账户的资金来源、去向为唐某博实际控制的其他账户。"王某3"证券账户资金主要源于"张某2"中国民生银行南京中央门支行账户，资金去向主要为"王某4"中国民生银行南京中央门支行账户。而在案证据反映，"张某2"证券账户及银行卡、"王某4"证券账户及银行卡均系唐某博实际控制。(3) "王某3"证券账户操作的IP地址与唐某博的出行记录相吻合。

（三）关于违法所得数额认定

本院认为，对操纵证券市场违法所得数额的认定，应以与涉案股票操纵行为实质关联的股票建仓时间以及出售时间等为范围来计算违法所得，而非仅认定实施操纵行为当日的违法所得。同时，从本案来看，操纵证券市场违法所得数额以实际获利金额认定更为妥当，鉴于本案被告人实际获利金额略高于指控数额，本院不再增加认定。

（四）关于是否认定情节特别严重

本院认为，被告人唐某博应对全案操纵证券市场事实承担刑事责任，涉及违法所得金额2580余万元；被告人唐某子应对其参与的操纵证券市场事实承担刑事责任，涉及违法所得金额1790余万元；两人均系情节特别严重。鉴于唐某琦仅接受唐某博指令多次参与涉案股票交易，故认定其操纵证券市场情节严重。

综上，本院认为，被告人唐某博伙同被告人唐某子、唐某琦，不以成交为目的，频繁申报、撤单或者大额申报、撤单，误导投资者作出投资决策，影响证券交易价格、交易量，并进行与申报相反的交易，其行为均已构成操纵证券市场罪。其中，唐某博、唐某子属于情节特别严重，唐某琦属于情节严重。唐某博因操纵"银基发展"股票一节曾受行政处罚并不影响本案犯罪事实的认定，但在具体执行时应将对应的已执行违法所得及罚款数额予以折抵。唐某博在共同操纵证券市场犯罪中起主要作用，应认定为主犯；唐某子、唐某琦在共同操纵证券市场犯罪中起次要、辅助作用，系从犯。唐某博、唐某子、唐某琦均能主动到案，且到案后均对基本犯罪事实如实供述，故认定三名被告人均具有自首情节。唐某博在审理期间，检举揭发他人犯罪事实，经查证属实，具有立功表现。唐某博、唐某子、唐某琦能退缴操纵证券市场全部违法所得及预缴全部罚金，在量刑时予以考虑。综合全案事实、情节，对唐某博、唐某子减轻处罚，对唐某琦从轻处罚，辩护人的相关辩护意见予以采纳；但对唐某博、唐某子不宜适用缓刑。据此，为维护国家对证券交易的管理制度和投资者的合法权益，依照《中华人民共和国刑法》第一百八十二条第一款第（四）项、第二十五条第一款、第二十六条第一款及第四款、第二十七条、第六十七条第一款、第六十八条、第七十二条第一款及第三款、第七十三条第二款及第三款、第五十三条、第六十四条以及《最高人民法院、最高人民检察院关于办理操纵证券、期货市场刑事案件适用法律若干问题的解释》第一条第（五）项、第四条第一款第（六）项之规定，判决如下：一、被告人唐某博犯操纵证券市场罪，判处有期徒刑三年六个月，并处罚金人民币二千四百五十万元。(刑期从判决执行之日起计算。判决执行以前先行羁押的，羁押一日折抵刑期一日，即自 2018 年 6 月 12 日起至 2021 年 12 月 11 日止。罚金已预缴。) 二、被告人唐某子犯操纵证券市场罪，判处有期徒刑一年八个月，并处罚金人民币一百五十万元。(刑期从判决执行之日起计算。判决执行以前先行羁押的，羁押一日折抵刑期一日，即自 2018 年 6 月 19 日起至 2020 年 2 月 18 日止。罚金已预缴。) 三、被告人唐某琦犯操纵证券市场罪，判处有期徒刑一年，缓刑一年，并处罚金人民币十万元。(缓刑考验期限，自判决确定之日起计算。罚金已预缴。) 四、操纵证券市场违法所得予以追缴。被告人唐某琦回到社区后，应当遵守法律、法规，服从监督管理，接受教育，完成公益劳动，做一名有益社会的公民。

实务要点 2

1. 隐瞒控制账户和程序化交易的情形。

本案中，伊某顿公司违反了《××所交易细则》《××所实际控制关系账户报备指引（试行）》关于股指期货交易实行实际控制关系账户报备、连接测试、程序化交易报备等监管措施的规定，隐瞒了实际控制账户和大量账户使用高频程序化交易等情况，规避了××所的风险控制监管，从而恶意取得不正当交易优势。

2. 非法取得交易速度优势的认定。伊某顿公司违反了《期货交易管理条例》、《期货公司监督管理办法》、《××所交易细则》中关于××所实行会员（即期货公司）分级结算制度以及基于该制度延伸出的保证金制度和持仓限额制度等基本制度。该公司擅自使用未经检测的 RM 交易系统，绕过了 Z 公司的资金和持仓验证，减少了相对于其他合规投资者必须耗费的验证时间，降低了自身整体交易时间延迟，从而非法取得其他合规投资者无法获得的额外交易速度优势。

3. 操纵期货市场的行为特征。伊某顿公司在已经使用高频程序化交易的基础上，利用上述不正当交易优势和额外交易速度优势抢占交易先机，限制或排除其他合规投资者的最优交易机会。其行为严重破坏了股指期货市场的公平交易秩序和原则，符合操纵期货市场的行为特征。本案的正确处理，既符合刑法规定，也体现了宽严相济的刑事政策，实现了法律效果和社会效果的统一。

案例：利用技术优势型操纵——张家港保税区伊某顿国际贸易有限公司、金某献等操纵期货市场案

基本案情

被告单位张家港保税区伊某顿国际贸易有限公司（以下简称伊某顿公司）。

被告人金某献，男，汉族，1968 年 5 月 13 日出生，原系华某期货有限公司技术总监。

被告人高某，女，汉族，1981 年 6 月 16 日出生，原系伊某顿公司执行董事。

被告人梁某中（美国国籍），男，1971 年 7 月 5 日出生，原系伊某顿公司业务拓展经理。

被告单位伊某顿公司于 2012 年 9 月成立，后通过被告人金某献在华某期货有限公司开设期货账户。自 2013 年 6 月起至 2015 年 7 月间，为逃避

证券期货监管，伊某顿公司通过被告人高某和金某献的介绍，以租借或者收购的方式，实际控制了19名自然人和7个法人期货账户，与伊某顿公司自有账户组成账户组，采用高频程序化交易方式从事股指期货合约交易。其间，伊某顿公司隐瞒其实际控制伊某顿账户组、大量账户从事高频程序化交易等情况，规避××所的监管措施，从而取得不正当交易优势；还伙同金某献等人，将自行研发的报单交易系统非法接入中××所交易系统，直接进行交易，从而非法取得额外的交易速度优势。在2015年6月1日至7月6日期间，伊某顿公司及被告人高某、梁某中，伙同金某献，利用以逃避期货公司资金和持仓验证等非法手段获取的交易速度优势，大量交易中证500股指期货主力合约和沪深300股指期货主力合约，总交易量达377.44万手，从中非法获利人民币3.893亿余元。被告人金某献还利用职务便利侵占华某期货有限公司的资金1348万余元。

法院认为，被告单位伊某顿公司与被告人高某、梁某中、金某献的行为均构成操纵期货市场罪，且情节特别严重；金某献的行为还构成职务侵占罪，依法应当数罪并罚。鉴于伊某顿公司能认罪悔罪，依法可以酌情从轻处罚；高某、梁某中具有自首情节，能认罪悔罪，依法可以减轻处罚，并适用缓刑；金某献两罪均具有自首情节，依法分别减轻处罚。据此，法院依法以操纵期货市场罪判处被告单位伊某顿公司罚金人民币三亿元，追缴违法所得人民币三亿八千九百三十万元；判处被告人高某判处有期徒刑三年，缓刑四年，并处罚金人民币一百万元；判处被告人梁某中有期徒刑二年六个月，缓刑三年，并处罚金人民币八十万元；对被告人金某献以操纵期货市场罪、职务侵占罪判处有期徒刑五年，并处罚金人民币六十万元。

法律依据

《中华人民共和国刑法》

第一百八十二条 【操纵证券、期货市场罪】有下列情形之一，操纵证券、期货市场，情节严重的，处五年以下有期徒刑或者拘役，并处或者单处罚金；情节特别严重的，处五年以上十年以下有期徒刑，并处罚金：

（一）单独或者合谋，集中资金优势、持股或者持仓优势或者利用信息优势联合或者连续买卖，操纵证券、期货交易价格或者证券、期货交易量的；

（二）与他人串通，以事先约定的时间、价格和方式相互进行证券、期货交易，影响证券、期货交易价格或者证券、期货交易量的；

（三）在自己实际控制的账户之间进行证券交易，或者以自己为交易对象，自买自卖期货合约，影响证券、期货交易价格或者证券、期货交易量的；

（四）以其他方法操纵证券、期货市场的。

单位犯前款罪的，对单位判处罚金，并对其直接负责的主管人员和其他直接责任人员，依照前款的规定处罚。

第二百七十一条　【职务侵占罪】公司、企业或者其他单位的人员，利用职务上的便利，将本单位财物非法占为己有，数额较大的，处五年以下有期徒刑或者拘役；数额巨大的，处五年以上有期徒刑，可以并处没收财产。

关联索引

最高人民法院发布 10 起人民法院依法惩治金融犯罪典型案例

裁判文书

高某操纵证券、期货市场案

中华人民共和国上海市第一中级人民法院

刑 事 判 决 书

（2016）沪 01 刑初 78 号

公诉机关，上海市人民检察院第一分院。

被告单位张家港保税区伊某顿国际贸易有限公司，住所地江苏省张家港市张家港保税区纺织原料市场 1405A 室，主要办事机构所在地上海市南京西路 1038 号梅陇镇广场 2806 室，法定代表人乔治·扎亚（英文名 GEORGY ZARYA）。

诉讼代表人曲某。

辩护人刘潇江，北京观韬中茂（上海）律师事务所律师。

辩护人李强，国浩律师（上海）事务所律师。

被告人高某。

辩护人黄德海，上海理研律师事务所律师。

辩护人林坚，上海润言律师事务所律师。

被告人梁某中（英文名 LIANGTSECHUNG，美利坚合众国国籍）。

辩护人黄辉、管翊强，上海市丁孙黄律师事务所律师。

被告人金某献。

辩护人张培鸿、朱亮，上海市汇业律师事务所律师。

上海市人民检察院第一分院以沪检一分诉刑诉〔2016〕78 号起诉书指控被告单位张家港保税区伊某顿国际贸易有限公司、被告人高某、梁某中犯操纵期货市场罪、被告人金某献犯操纵期货市场罪、职务侵占罪，于 2016 年 8 月 3 日向本院提起公诉。本院受理后，依法组成合议庭，于 2017 年 3 月 14 日召开庭前会议，于同年 4 月 21 日进行公开开庭审理。上海市人民检察院第一分院指派检察员顾佳、万大庆和代理检察员陈海燕出庭支持公诉。被告单位张家港保税区伊某顿国际贸易有限公司的诉讼代表人曲某、被告人高某、梁某中、金某献及各自的辩护人刘潇江、李强、黄德海、林坚、黄辉、管翊强、朱亮等到庭参加诉讼。被告人梁某中表示因通晓中国语言、文字而不需要翻译，本院决定不聘请翻译。本案经依法延期审理和延长审理期限，现已审理终结。

公诉机关起诉指控：

一、操纵期货市场。被告单位张家港保税区伊某顿国际贸易有限公司（以下简称伊某顿公司）以国内贸易公司名义于 2012 年 9 月注册成立，由乔治·扎亚、安某（英文名 A，以下分别简称扎亚、安某，均另案处理）实际控制。2013 年 6 月起，伊某顿公司为逃避××所监管，通过被告人高某、金某献介绍，以借用或者收购方式，实际控制了严某 1 等 19 名自然人和 Y 某某公司（以下简称 Y 公司）名下 7 个基金开设于 Z 某某公司（以下简称 Z 公司）的期货账户，与伊某顿公司自有账户组成账户组（以下简称伊某顿账户组），进行××所股指期货合约交易。2015 年初，伊某顿公司将装有高频程序化交易软件的服务器托管于 Z 公司租用的××所机柜内，并违反规定逃避期货公司资金和持仓验证，将自行开发的报单交易系统（以下简称 RM 交易系统）非法接入××所交易系统，直接进场交易。同年 6 月 1 日至 7 月 6 日，伊某顿公司利用以逃避期货公司资金和持仓验证等非法手段获取的交易速度优势，滥用高频程序化交易，采取自买自卖、撤销申报等违规方法，在交易日内多次、反复、大量、连续交易中证500 股指期货主力合约（以下简称 IC 主力合约）、沪深 300 股指期货主力合约（以下简称 IF 主力合约）共 377.44 万余手，从中获取非法利益人民币 3.89 亿余元（以下所涉币种除另行注明外均为人民币）。经中国证券监督管理委员会（以下简称证监会）依法认定，上述行为构成期货市场操纵行为。在伊某顿公司的犯罪活动中，高某负责管理各账户资金出入、输入交易参数、执行人工平仓操作等；梁某中负责收集交易软件所需的市场行情、交易政策信息及采购、维护服务器等；金某献帮助伊某顿公司将 RM 系统非法接入××所交易系统，并提供信息技术服务。3 名被告人还帮助转移伊某顿公司获取的部分赃款。

二、职务侵占。2013 年 5 月至 2015 年 5 月，被告人金某献利用担任 Z 公司技术总监，负责为伊某顿公司提供技术服务的职务便利，向本公司虚构、谎报支付伊某顿公司的手续费返佣数额，侵吞本公司资金 1450 万余元。

案发后，被告人高某、梁某中、金某献先后自动投案，如实供述了主要犯罪事实。金某献在亲友帮助下，积极退赔赃款。

针对上述起诉指控，公诉机关当庭宣读、出示了下列证据：伊某顿公司期货账户组各账户交易记录等电子证据；××所《关于伊某顿公司从事期货交易行为的分析报告》、证监会《关于伊某顿公司涉嫌操纵期货市场案有关问题的认定函》《关于伊某顿公司涉嫌操纵期货市场案有关问题补充说明的函》等有关认定意见（以下分别简称分析报告、认定函、补充说明函）、相关期货账户开户资料、银行对账记录等书证；证人李某 1、黄某、姚某、巫某等人的证言；上海××事务所有限公司出具的《关于伊某顿公司司法会计鉴定意见书》（以下简称司法鉴定意见）；被告人高某、梁某中、金某献的供述等。

据此，公诉机关认为，被告单位伊某顿公司及其直接责任人员被告人高某、梁某中伙同被告人金某献利用以逃避期货公司资金和持仓验证等非法手段获取的交易速度优势，滥用高频程序化交易软件进行股指期货合约交易，严重影响期货市场正常定价机制，扰乱市场交易秩序，情节特别严重，应以操纵期货市场罪追究刑事责任，且系共同犯罪。金某献身为公司工作人员，利用职务便利，侵占本单位资金数额巨大，还应以职务侵占罪追究刑事责任，予以数罪并罚。高某、梁某中、金某献犯罪以后自动投案，如实供述主要犯罪事实，系自首。据此，依据《中华人民共和国刑法》第一百八十二条、第二百七十一条、第六条、第二十五条第一款、第三十条、第三十一条、第三十五条、第六十七条第一款、第六十九条和《中华人民共和国刑事诉讼法》第一百七十二条之规定，提起公诉。

被告单位伊某顿公司的诉讼代表人对起诉指控伊某顿公司犯操纵期货市场罪的事实、证据和罪名均无异议。伊某顿公司的辩护人提出如下辩护意见：（1）证监会和××所出具的函件不具备法定证据形式，在内容上存在统计数据不客观、计算方法误读、比较方式不正确和适用法律错误等问题，故不能作为证据使用；（2）起诉指控伊某顿公司非法获利3.893亿余元不准确，应该按照××所分析报告认定的市场正常偏离度区分合法所得和违法所得，而不能采用司法鉴定意见。

被告人高某和辩护人对起诉指控高某的行为构成操纵期货市场罪的事实、证据和罪名均没有异议。辩护人提出如下辩护意见：（1）高某系受指使参与伊某顿公司操纵期货市场犯罪，且参与程度较轻；（2）高某具有自首情节，且认罪悔罪态度较好，建议法庭结合本案系新型犯罪等因素对高某减轻处罚，并适用缓刑。

被告人梁某中和辩护人对起诉指控梁某中的行为构成操纵期货市场罪的事实、证据和罪名均没有异议。辩护人提出如下辩护意见：梁某中具有自首情节，系从犯，能认罪、悔罪，建议法庭对梁某中减轻处罚，并适用缓刑，且不附加驱逐出境。

被告人金某献对起诉指控其行为构成操纵期货市场罪和职务侵占罪的事实、证据和罪名均无异议。金某献的辩护人提出如下辩护意见：（1）证监会等出具的函件不能作为证据使用；（2）金某献所实施的操纵期货市场行为和职务侵占行为构成牵连关系，应当以操纵期货市场罪论处，建议法庭对金某献判处三年以下有期徒刑，并适用缓刑。

经审理查明：

一、操纵期货市场事实被告单位伊某顿公司于2012年9月在我国江苏省张家港保税区注册成立，法定代表人为扎亚，股东系以扎亚、安某（均另案处理）为法定代表人的两家境外企业。伊某顿公司自成立起即从事期货、证券交易。2012 年年底，伊某顿公司通过时任 Z 公司技术总监的被告人金某献在该期货公司开设期货账户。被告人高某于 2014 年 1 月正式进入伊某顿公司担任执行董事，主要负责联系安某和扎亚、对期货账户进行日常管理、购买部分服务器等。被告人梁某中于 2014 年 5 月进入伊某顿公司担任业务拓展经理，主要负责收集交易政策和市场行情数据、购买服务器、维护服务器网络和程序等。

自 2013 年 6 月起至 2015 年 2 月间，被告单位伊某顿公司通过被告人高某、金某献，以有偿租借方式先后实际控制了户名为高某、严某 1、姚某等 19 个个人期货账户，还通过高某开设了户名为富舜共赢 10 号-16 号的 7 个特殊法人期货账户，由此实际控制了连同伊某顿公司自有期货账户在内的伊某顿账户组。自 2013 年 1 月起至 2015 年 7 月间，伊某顿公司使用自有资金和从高某、金某献等人处拆借得的资金等，利用实际控制的期货账户，采用高频程序化交易方式从事股指期货交易。其间，伊某顿公司隐瞒实际控制伊某顿账户组、大量账户从事高频程序化交易等情况，规避××所对账户实际控制关系报备、股指期货交易的交易手数、撤单量和自成交量等限制的监管措施，从而取得不正当交易优势。

自 2013 年底起至 2015 年 4 月间，被告单位伊某顿公司伙同被告人金某献等人，自行研发、测试了 RM 交易系统，并进行了技术伪装，还铺设了专门用于股指期货交易的网络。其间，金某献指使下属员工配合伊某顿公司将自行购买的服务器存放于上海 A 有限公司（以下简称 A 公司）机房内和将 RM 交易系统下载、安装至上述服务器内并与伊某顿账户组相关联。至此，伊某顿公司因擅自使用 RM 交易系统，绕过 Z 公司资金和持仓验证，从而非法取得额外交易速度优势。

2015 年 6 月 1 日至 7 月 6 日间，被告单位伊某顿公司及其直接责任人员被告人高某、梁某中伙同被告人金某献，在已使用高频程序化交易的基础上，利用不正当的交易优势和额外交易速度优势大量操纵××所股指期货交易。经统计，伊某顿公司分别成交 IC、IF 主力合约 100.47 万手和 276.97 万手，合计 377.44 万手，共计非法获利 3.893 亿余元。

在上述期间内，被告人高某、梁某中、金某献除前述各自负责和参与的相关事项外，还帮助被告单位伊某顿公司向境外转移资金。此外，金某献在得知证监会调查伊某顿公司异常交易情况后即指使他人将服务器中的RM交易系统予以彻底删除。

上述事实，有公诉机关提交，并经法庭质证、认证的下列证据予以证明：

1. 查获的被告单位伊某顿公司的工商登记资料、证人曲某的证言、司法鉴定意见、被告人高某、梁某中的供述等证据证实：伊某顿公司的成立时间、注册资本、股东概况和经营范围等基本情况。

2. 查获的中某新际期货有限公司、Z公司、海某期货有限公司和华某证券有限责任公司相关期货、证券账户资料和证人曲某的证言、被告人高某的供述等证据证实：被告单位伊某顿公司自成立起即主要从事期货、证券交易。

3. 查获的户名为被告单位伊某顿公司的开户资料、证人陈某1、李某1的证言和被告人金某献的供述等证据证实：伊某顿公司在Z公司开设期货账户的经过。

4. 证人曲某、陈某1的证言、被告人高某、梁某中、金某献的供述等证据证实：被告人高某、梁某中在被告单位伊某顿公司的任职情况和负责事项。

5. 下列证据证实被告单位伊某顿公司实际控制相关账户和未按规定予以报备的事实：

（1）证人严某1、巫某、张某、薛某、高某1、高某2、姚某、李某2、周某、盛某等人的证言、查获的个人期货账户开户资料、被告人高某、金某献的供述证实：上述证人经高某、金某献介绍将各自在Z公司开设的个人期货账户出借给伊某顿公司的事实。

（2）证人刘某的证言、查获的户名为富舜共赢10号－16号的特殊法人期货账户开户资料、被告人高某的供述证实：高某应安某、扎亚等人要求在Y公司先后开设富舜共赢10号－16号共计7个（基金）产品，再以上述产品名义在Z公司开设7个基金产品期货账户（特殊法人账户），投入初始资金后供伊某顿公司实际控制用于从事股指期货交易。

（3）查获的涉案《期货经纪合同》证实：该合同之"客户须知"第

三条"客户须知事项"中第（九）项规定客户应当知晓并遵守期货交易所对实际控制关系账户的有关规定。

（4）认定函证实：被告单位伊某顿公司未按相关规定事先报备上述账户的实际控制关系。

（5）被告人高某、梁某中、金某献的供述共同证实：为了规避××所等对于每日交易手数、撤单量等限制，伊某顿公司采用借用个人期货账户和购买基金后开设法人期货账户等方式实际控制了相关账户，并用于从事股指期货交易，且未按相关规定向××所报备。

6. 证人巫某、严某1、姚某、李某2、张某、薛某、盛某、陈某2等人的证言、查获的《借款协议书》和《借款合同》、司法鉴定意见、被告人高某、金某献的供述等证据证实：被告单位伊某顿公司从事期货交易的资金来源。

7. 证人吴某、曲某的证言、分析报告、补充说明函和××所法律部出具的《查询结果反馈函》、被告人高某、梁某中的供述等证据证实：被告单位伊某顿公司采用高频程序化交易方式从事股指期货交易，且向××所隐瞒了大量账户进行高频程序化交易等事实。

8. 认定函、补充说明函和分析报告等证据证实：因被告单位伊某顿公司规避多项监管措施，致使伊某顿账户组在涉案的25个交易日内所出现的自成交超限、报撤单超限等异常情形均未被监管部门发现，从而恶意取得不正当交易优势。

9. 下列证据证实被告单位伊某顿公司自行研发、测试、技术伪装RM交易系统和铺设专网等事实：

（1）证人吴某、陈某1、曲某的证言证实：伊某顿公司（扎亚、安某等人）于2013年年底着手自行研发新交易系统，约于2014年年中开发出RM交易系统。

（2）证人吴某、黄某的证言分别证实：伊某顿公司分别于2014年5月、同年9月和2015年1月对RM交易系统进行测试的事实。

（3）证人黄某的证言证实：在测试期间，金某献将FTP地址和密码告知他，让他将RM交易系统下载、安装在伊某顿公司自行购买后存放在A公司机房内的服务器中，并与（伊某顿）账户组相关联。他还按金某献的要求配合伊某顿公司技术人员将该公司自行购买的策略服务器存放在 A 公司机房内。

（4）查获的日期为 2015 年 3 月 9 日的金某献、安某等人之间的往来邮件和被告人金某献的供述证实：金某献与安某、扎亚等人商议如何对 RM 交易系统进行技术伪装的事实。

（5）证人黄某的证言证实：金某献安排其他员工利用专用软件获取飞马交易系统的标识信息数据包等。

（6）Z 公司出具的《伊某顿一组客户"直连"的说明》证实：RM 交易系统在交易时伪装成飞马交易系统；（伊某顿公司）对 Z 公司运维人员谎称系策略系统，并非交易系统，使其公司误以为 RM 交易系统系通过飞马系统报单的次级策略系统。

（7）证人黄某、曲某的证言证实：伊某顿公司铺设了专门用于以高频程序化交易方式从事期货交易的网络。

（8）被告人梁某中、金某献对上述事实均作了供述，且与证人黄某等人的证言相印证。

10. 下列证据证实被告单位伊某顿公司非法取得额外交易速度优势的事实：

（1）证人陈某 1 的证言和查获的相关邮件证实：伊某顿公司技术人员曾于 2014 年 8 月 8 日在邮件中向他和金某献询问是否可以让伊某顿公司的 RM 交易系统绕过××所应用程序接口，因为 RM 交易系统的延迟时间小于 200 微秒，交易的时间耗费主要在上述接口上。他回复称经与吴某等人讨论后认为不能做绕过××所应用程序接口这种明显违规的事情。

（2）证人黄某的证言证实：RM 交易系统因被直接安装在伊某顿公司存放在 A 公司机房内的服务器内并与伊某顿账户组相关联，故绕过了 Z 公司资金和持仓验证。自第二次测试后，伊某顿公司开始使用 RM 交易系统从事股指期货交易。

（3）××所出具的《关于飞马系统相关三点情况的说明》和《关于使用会员端系统连接我所进行交易相关情况的说明》证实：××所只接受期货公司席位进行交易；期货公司席位只允许使用通过××所接口适应性测试的系统进行报单；××所从未收到伊某顿公司或 Z 公司以伊某顿公司自

主研发的 RM 系统进行交易的接口适应性测试申请。

（4）证人李某 1 的证言证实：他在案发前一直以为伊某顿公司在使用飞马交易系统，在案发后才知道该公司并没有使用飞马交易系统，而是擅自使用自行研发的 RM 交易系统，以至于 Z 公司根本无法对伊某顿公司的股指期货交易实现（事前）风控审核。该行为实质上是跳过期货公司的风控审核环节，在交易速度上比其他期货客户更快，是行业内禁止的。

（5）补充说明函证实：伊某顿公司利用自行研发的伪装成期货公司交易系统的 RM 交易系统直接进行股指期货交易的行为违反期货交易制度规定，取得了其他合规投资者难以获得的交易速度优势。

11. 认定函、补充说明函和分析报告等证实被告单位伊某顿公司操纵股指期货交易的特征：

（1）成交量占比明显高。具体为：伊某顿账户组累计成交量 549.74 万手占同期市场总成交量的 3.66%；IC、IF 主力合约成交量分别占同期市场成交量的 6.07% 和 2.97%，分别占同期市场前 10 名投资者（不包括伊某顿公司）总成交量的 71.5% 和 91.2%；单个 IC 主力合约成交量占比最高的是 6 月 18 日的 IC1507，达 9.7%；单个 IF 主力合约成交量占比最高的是 6 月 26 日的 IF1507，达 4.17%。

（2）委托速度绝对领先。具体为：伊某顿账户组订单申报时间集中在行情发布后 100 毫秒以内；在 IC、IF 主力合约行情发布 100 毫秒内，伊某顿账户组订单在委托笔数、委托量占其全天的比例分别为 92.94% 和 94.59%，另出现在前 10%、5% 的次数占其总报单的比例分别为 77.44% 和 55.04%，而同期市场成交量前 10 名交易者（不包括伊某顿公司）的上述比例分别为 7.46% 和 2.88%。

（3）订单排序绝对优先。具体为：在每个 IC、IF 主力合约行情发布周期内，伊某顿账户组订单全市场排序前 5 名、第 1 名的委托笔数、委托量占其总报单的比例分别为 78.17% 和 78.44%、35.89% 和 36.2%。

（4）成交率优势明显，最优价位成交率处于垄断地位。具体为：伊某顿账户组 IC、IF 主力合约成交率和最优价位成交率分别为 74.88%、70.61%，而同期市场平均成交率和最优价位成交率分别为 48.02%、35.92%，市场成交量前 10 名交易者（不包括伊某顿公司）的成交率和最优价位成交率分别为 29.58%、30.91%。

（5）在交易方向及交易数量对市场后续 5 笔行情均价已经产生了实际影响，干扰了市场瞬间行情的涨跌趋势。具体表现为：伊某顿账户组 60 万余个交易行情区间及其后 5 笔市场行情涨跌情况反映当伊某顿公司处于净买入状态时，后 5 笔市场行情均价上涨的次数超过 64%；反之净卖出时，后 5 笔行情均价下跌的次数也超过 64%，远高于合理区间；当伊某顿公司净买入或净卖出数量超过全市场 30% 时，后 5 笔市场行情均价上涨或下跌的次数高达近 70% 至 80%；只有当伊某顿公司买卖均衡时，上述涨跌次数才回归到合理区间。

12. 认定函和分析报告等证实：被告单位伊某顿公司操纵 IC、IF 主力合约的成交量和非法获利等基本情况。

13. 证人刘某、张某、梁某等人的证言、司法鉴定意见、被告人高某、梁某中、金某献的供述证实：各名被告人帮助被告单位伊某顿公司向境外转移资金等事实。

14. 证人黄某的证言和被告人金某献的供述证实：黄某受金某献指使删除 RM 交易系统等事实。

15.《扣押物品清单》和电子证据光盘等证实：公安机关于案发后查获用于股指期货交易的服务器和交换机；××所以电子证据光盘形式向公安机关提供了伊某顿公司从事股指期货交易的所有交易基础数据。

二、职务侵占事实

2013 年 5 月起，被告人金某献利用全面负责 Z 公司与伊某顿公司业务联系的职务便利，向 Z 公司虚构伊某顿公司要求返佣的事实，采用签订虚假软件服务协议等方式骗取返佣款予以非法占有。2013 年 8 月至 2014 年 7 月间，金某献采用上述方法侵吞 Z 公司钱款共计 550 万余元。

2014 年年中，被告人金某献向 Z 公司隐瞒已与伊某顿公司私下达成低比例返佣约定的事实，继续采用前述方法非法占有部分返佣款。2014 年 8 月至 2015 年 6 月间，金某献共计收到 Z 公司支付的返佣款 2627 万余元，在将其中 1827 万余元支付给伊某顿公司后，将剩余的 797 万余元予以侵吞。

综上所述，被告人金某献共计非法占有 Z 公司资金 1348 万余元。嗣后，金某献将其中 530 余万元支付给他人。

上述事实，有公诉机关提交，并经法庭质证、认证的下列证据予以证明：

1. 查获的 Z 公司《劳动合同》、岗位说明书、薪酬明细、《关于金某献在 Z 公司工作的内容的情况说明》、证人李某 1、严某 2 的证言、被告人高某、金某献的供述等证据证实：金某献在 Z 公司的任职情况。

2. 下列证据证实 Z 公司向伊某顿公司返佣情况：

（1）证人李某 1 的证言证实：2013 年伊某顿公司在 Z 公司开户初期，金某献向他提出伊某顿公司要求返佣。返佣款在 2015 年 5 月前是以金某献联系的上海 B 有限公司、上海 C 有限公司与 Z 公司签订技术服务协议形式支付，在此以后是以金某献提供的居间人姚某与 Z 公司签订居间协议形式支付。

（2）证人严某 2、金某的证言共同证实：Z 公司按照伊某顿公司等相关客户提供的居间协议按比例返佣给居间人。上述居间人开始是两家公司，后变更为姚某。

（3）证人杜某、陈某 3 的证言、查获的 3 份《程序化交易系统技术服务协议》等证实：2013 年，他们分别应金某献的要求，与 Z 公司签订上述虚假协议，以收取服务费的形式帮助金某献与 Z 公司开票走账。

（4）证人姚某的证言、落款为 Z 公司和姚某的《居间协议》《居间人信息登记表》《居间返还及业务提成审批表》《客户声明》证实：2015 年 5 月后，姚某曾按金某献的要求与 Z 公司签订上述协议，另在相关声明上签名，约定姚某作为居间人，但实际上姚并未为 Z 公司相关客户提供居间介绍服务。

（5）Z 公司提供的伊某顿公司等客户返佣明细表、"华某期货特殊类客户软件使用服务费说明"、"伊某顿国际等客户有关手续费返佣的说明"、"伊某顿国际等客户有关交易所减免返还及业务提成的说明"、"有关伊某顿国际等客户返佣及减免返还的说明"证实：金某献与 Z 公司约定，根据伊某顿公司等客户的业务量，按业务收入 60% 至 90% 的比例向伊某顿公司支付返佣款。2014 年，Z 公司与金某献约定提取伊某顿公司业务净收入的 20% 作为金某献的业务提成。Z 公司支付给金某献上述业务提成共计 102 万余元。

（6）查获的相关银行对账单、司法鉴定意见证实：2013 年 5 月至 2015 年 5 月间，Z 公司以向伊某顿公司返佣为名支付给伊某顿公司等客户返佣款共计 3756.27 万元。其中：207.08 万元以劳务费名义直接划入姚某的中国建设银行账户内；3123.29 万元在扣除税费后通过相关账户转账至姚某的中国建设银行账户内。

（7）被告人金某献对上述事实作了供述。

3. 下列证据证实被告人金某献非法占有返佣款的事实：

（1）证人杜某、陈某 3 的证言证实：他们按照金某献要求，将收到 Z 公司钱款扣除 12% 的开票费后，全部转入金指定的户名为姚某的中国建设银行账户内。

（2）证人姚某的证言证实：金某献实际控制和使用上述户名为姚某的中国建设银行卡。

（3）证人杜某、陈某 3 提供的与 Z 公司账务往来汇总、收款及开票明细表、银行交易明细等证据证实：他们各自所在公司在收到 Z 公司转账钱款后，又向金某献指定的户名为姚某的中国建设银行账户进行转账。

（4）被告人高某的供述证实：2014 年 4 月前后，高某向金某献提出要求 Z 公司返还交易手续费。金某献与她商谈后，发给她一个返佣比例表格。此后，伊某顿公司就按照该比例收取返佣款。金某献用户名为姚某的中国建设银行账户将返佣款转账给她。

（5）司法鉴定意见证实：户名为姚某的中国建设银行账户收到返佣款共计 3330.37 万元，其中 2014 年 8 月至 2015 年 4 月划入高某银行账户 1827.85 万元，Z 公司代扣所得税 52.18 万元。

（6）被告人金某献对上述事实作了供述。

4. 证人吴某、陈某 1 等人的证言、司法鉴定意见和被告人金某献的供述证实：金某献将所得钱款中的 530 余万元支付给陈某 1 和吴某。

三、其他事实

2015 年 7 月 7 日，被告人梁某中入境至上海市。同月 8 日至 10 日间，梁某中和被告人金某献在接受证监稽查部门调查期间如实供述了参与操纵期货市场的主要事实。同年 10 月 14 日，被告人高某主动入境向公安机关投案，到案后如实供述了操纵期货市场的主要事实。此外，金某献还主动供述了公安机关尚未掌握的职务侵占的主要事实。

案发后，公安机关查扣了被告单位伊某顿公司、被告人高某、金某献等银行账户内涉案钱款，从涉案人处追缴职务侵占违法所得530余万元。

上述事实，有公诉机关提交，并经法庭质证、认证的"案发经过"，相关冻结账户材料，证人吴某、陈某1的证言以及被告人高某、梁某中、金某献的供述等证实。

针对控辩双方争议焦点，本院评判如下：

（一）关于被告单位伊某顿公司、被告人金某献的辩护人所提证监会和××所出具的函件不具备法定证据形式，在内容上存在比较方式不客观和没有法律依据，故不能作为证据采用的问题

本院认为，证监会依法享有对期货市场监管的职责，作为主管部门有权对市场违法行为做出具体行政认定，故证监会出具认定函和补充说明函属于其法定职权。××所作为涉案股指期货交易的专门机构，是出具分析报告的合法主体，亦属于其法定职权。经对证监会、××所出具的上述函件进行全面审查，上述函件系依据伊某顿公司进行股指期货交易的全部基础数据出具，所反映的案件事实均有相关证据予以证实，出具的程序和形式符合法律规定。证监会和××所应法庭要求委派工作人员就上述函件中的专业问题向法庭说明情况。据此，上述函件可以作为本案证据。

（二）关于被告单位伊某顿公司的辩护人所提起诉指控伊某顿公司非法获利3.893亿余元不准确，应该按照××所分析报告认定的市场正常偏离度区分合法所得和违法所得，而不能采用司法鉴定意见的问题

本院认为，被告单位伊某顿公司在涉案交易日内对IC、IF主力合约所实施的全部交易行为均是通过擅自安装的、绕过Z公司资金和持仓验证的RM交易系统完成的，均属操纵行为，故全部交易所得扣除合理费用后的盈利即为非法获利。据此，××所分析报告所认定的伊某顿公司非法获利数额合理、合法，应予采纳。关于辩护意见所涉偏离度，本院认为，偏离度系××所用于分析伊某顿公司交易行为性质时所采用的一种数据评判标准，并非计算非法获利数额的标准，故该辩护意见本院不予采纳。

（三）关于被告人梁某中的辩护人所提梁某中系从犯的问题

本院认为，被告人梁某中系被告单位伊某顿公司操纵期货市场犯罪的直接责任人员之一，与其他被告人相互配合，积极参与伊某顿公司操纵期货市场犯罪，故不应当认定为从犯，但根据其在单位犯罪中的作用和地位，在量刑时予以综合考虑。相关辩护意见与事实不符，本院不予采纳。

（四）关于被告人金某献的辩护人所提牵连犯的问题

本院认为，本案中金某献并非基于一个犯罪目的实施了职务侵占行为和操纵期货市场行为，且该两种行为也不具有手段行为与目的行为、原因行为与结果行为的牵连关系，故依法不能对金某献以牵连犯论处。相关辩护意见于法无据，本院不予采纳。

（五）关于起诉指控被告人金某献职务侵占罪的数额认定问题

本院认为，现有证据证明，起诉指控被告人金某献职务侵占1450万余元中有102万余元是Z公司给予金某献个人的业务提成，不应计入犯罪数额中，应予扣除，故金某献职务侵占的数额应当为1348万余元。

综上所述，本院认为，被告单位伊某顿公司违反《××所交易细则》《××所实际控制关系账户报备指引（试行）》关于股指期货交易实行实际控制关系账户报备、连接测试、程序化交易报备等监管措施的相关规定，隐瞒了实际控制账户和大量账户使用高频程序化交易等情况，规避了××所对风险控制的监管，从而恶意取得不正当交易优势；伊某顿公司违反《期货交易管理条例》《期货公司监督管理办法》《××所交易细则》关于××所实行会员（即期货公司）分级结算制度和基于该制度延伸出的保证金制度和持仓限额制度等基本制度，擅自使用未经检测的RM交易系统，绕过Z公司的资金和持仓验证，减少了相对于其他合规投资者必须耗费的验证时间，降低了自身整体交易时间延迟，从而非法取得其他合规投资者无法取得的额外交易速度优势；伊某顿公司在本身已使用高频程序化交易的基础上，利用上述不正当交易优势和额外交易速度优势抢占交易先机，限制或排除其他合规投资者最优交易机会，其行为严重破坏了股指期货市场公平交易秩序和原则，符合操纵期货市场的行为特征。伊某顿公司的操纵行为系新型操纵行为，不仅破坏了股指期货市场的基本制度、基本原则和交易秩序，而且造成了严重的社会危害，与《中华人民共和国刑法》第一百八十二条第一款前三项所规定的典型操纵情形在危害性上具有相当性。据此，伊某顿公司为谋取非法利益，操纵××所IC、IF主力合约，其行为构成操纵期货市场罪。伊某顿公司所犯操纵期货市场罪的操纵手法隐蔽，操纵时间长，非法获利数额特别巨大，操纵后果十分严重，属于情节特别严重。伊某顿公司能认罪、悔罪，依法可予酌情从轻处罚。

被告人高某、梁某中作为被告单位伊某顿公司的直接责任人员，均积极参与伊某顿公司操纵期货市场行为，故其行为均构成操纵期货市场罪，且均属情节特别严重。高某能主动到案和如实供述犯罪事实，梁某中在被采取强制措施前如实供述犯罪事实，故依法应当认定高某、梁某中均具有自首情节，结合两名被告人在伊某顿公司中的具体地位和作用以及认罪悔罪态度，依法均可以减轻处罚，适用缓刑，并对梁某中不驱逐出境。

被告人金某献与被告单位伊某顿公司合谋，操纵××所IC、IF主力合约，其行为亦构成操纵期货市场罪，情节特别严重，且系共同犯罪；金某献还利用全面负责Z公司与伊某顿公司业务联系等职务便利，非法占有本单位资金达1348万余元，数额巨大，其行为又构成职务侵占罪，依法应予两罪并罚。金某献在被采取强制措施前后分别主动供述参与操纵期货市场的主要事实和公安机关尚未掌握的职务侵占事实，依法可予认定其所犯两罪均具有自首情节。结合金某献在操纵期货市场罪中所起作用和已退缴、追缴职务侵占罪大部分违法所得等情节综合考量，可对其所犯两罪均予减轻处罚。

公诉机关起诉指控被告单位伊某顿公司、被告人高某、梁某中犯操纵期货市场罪、被告人金某献犯操纵期货市场罪和职务侵占罪的罪名成立，应予支持。高某、梁某中的辩护人所提量刑意见可予采纳。金某献的辩护人所提部分量刑意见予以采纳。

为维护我国金融管理秩序，保障公私财产不受侵犯，依照《中华人民共和国刑法》第一百八十二条第一款第（四）项和第二款、第二百七十一条第一款、第六条、第二十五条第一款、第三十条、第三十一条、第六十七条、第六十九条、第七十二条第一款和第三款、第七十三条第二款和第三款、第六十四条之规定，判决如下：一、被告单位张家港保税区伊某顿国际贸易有限公司犯操纵期货市场罪，判处罚金人民币三亿元。（罚金自本判决生效之日起一个月内向本院缴付。) 二、被告人高某犯操纵期货市场罪，判处有期徒刑三年，缓刑四年，并处罚金人民币一百万元。(缓刑考验期限自本判决确定之日起计算。罚金自本判决生效之日起一个月内向本院缴付。) 三、被告人梁某中犯操纵期货市场罪，判处有期徒刑二年六个月，缓刑三年，并处罚金人民币八十万元。(缓刑考验期限自本判决确定之日起计算。罚金自本判决生效之日起一个月内向本院缴付。) 四、被告人金某献犯操纵期货市场罪，判处有期徒刑二年，并处罚金人民币六十万元；犯职务侵占罪，判处有期徒刑四年，决定执行有期徒刑五年，并处罚金人民币六十万元。(刑期从判决执行之日起计算。判决执行前先行羁押的，羁押一日折抵刑期一日，即自 2015 年 7 月 11 日起至 2020 年 7 月 10 日止。罚金自本判决生效之日起一个月内向本院缴付。) 五、追缴被告单位张家港保税区伊某顿国际贸易有限公司违法所得人民币三亿八千九百三十万元，上缴国库。追缴被告人金某献职务侵占违法所得人民币八百一十五万元，发还给被害单位 Z 公司。被告人高某、梁某中回到社区后，应当遵守法律、法规，服从监督管理，接受教育，完成公益劳动，做一名有益社会的公民。

实务要点 3

1.《最高人民法院、最高人民检察院关于办理操纵证券、期货市场刑事案件适用法律若干问题的解释》第一条第四项规定，信息型操纵是指"通过控制发行人、上市公司信息的生成或者控制信息披露的内容、时点、节奏，误导投资者作出投资决策，影响证券交易价格或者证券交易量，并进行相关交易或者谋取相关利益的"行为。在信息型操纵证券案件中，应当结合当事人控制信息的手段，对证券交易价格、交易量的影响，情节严重程度等认定是否构成操纵证券市场犯罪。上市公司实际控制人、高级管理人员利用其特殊地位，迎合市场热点，控制信息的生成或信息披露的内容、时点、节奏，进行误导性披露，是信息型操纵证券犯罪的重要手段。其本质是行为人通过控制公开披露的信息，误导投资者作出投资决策，扭曲证券价格正常形成机制，影响证券交易价格或者证券交易量。最高人民检察院、公安部关于印发《最高人民检察院、公安部关于公安机关管辖的刑事案件立案追诉标准的规定（二）》的通知（2010 年规定第三十九条第六项、2022 年规定第三十四条第六项）以及《最高人民法院、最高人民检察院关于办理操纵证券、期货市场刑事案件适用法律若干问题的解释》（第一条第四项）对信息型操纵均作了列举规定。司法实践中需要注意，信息型操纵与交易型操纵认定"情节严重"的标准不同，前者主要以证券交易成交额、违法所得数额来判断，而后者主要以持股占比、成交量占比来判断。

2. 本案中行为人采用连续买卖、洗售或对倒交易、虚假申报、利用信息优势操纵等四种手法。前三种属于交易型操纵，后一种属于信息型操纵。四种手法都服务于同一目的，时间上相互交织，作用上彼此叠加，共同影响了股票交易价格和交易量，彼此之间难以区分，应当将其整体视为一个操纵证券市场行为。鲜某实施了交易型和信息型混同的拉高型证券操纵，破坏了证券市场价格形成机制，使投资者无法依据真实价格进行买卖决策，额外支付了人为价格与真实价格的差价，由此产生损失。人为价格存在期间即操纵行为影响起止时点，交易型操纵影响消除取决于力量时长等因素，信息型操纵影响消除取决于信息影响何时消除。操纵侵权适用交易与损失两重因果关系，公开交易市场中应适用欺诈市场理论和推定信赖原则。应采用"净损差额法""价格同步对比法"精确计算投资损失。

3. 准确把握背信损害上市公司利益罪，即违背忠实义务，将上市公司利益向个人或其他单位输送的实质。背信损害上市公司利益犯罪的手段多种多样，如与关联公司不正当交易、伪造支付名目、违规担保、无偿提供资金等，并且多采用复杂的资金流转、股权控制方式掩饰违法行为。究其实质，均系违背对上市公司的忠实义务、输送公司利益。本案中，汉某公司系上市公司的并表子公司，鲜某将汉某公司资金转入个人控制账户，相比直接转移上市公司资金，其隐蔽性更强。由于相关财务数据计入上市公司，最终仍然导致上市公司利益遭受重大损失。办案中，应当透过合同、资金流转、股权关系等表象，准确认识行为实质，依法追究责任。

4. 坚持依法从严惩治，加大违法犯罪成本，遏制资本市场的违法犯罪行为。为维护资本市场秩序、防范化解重大风险，2024 年 5 月 17 日，最高人民法院、最高人民检察院、公安部、中国证券监督管理委员会联合印发《关于办理证券期货违法犯罪案件工作若干问题的意见》（以下简称《意见》）。其中提出，要坚持零容忍要求，坚持"严"的主基调，依法从严打击证券期货违法犯罪活动，加大财产刑适用和执行力度，严格控制缓刑适用，最大限度追赃挽损，完善全链条打击、全方位追责体系，实现政治效果、法律效果和社会效果的有机统一。本案系行政机关、司法机关对上市公司实际控制人挑战法律底线、屡次实施违法违规行为进行彻查严处的标杆案件。根据鲜某违法犯罪行为性质、情节、违法所得数额等，行政处罚顶格处以违法所得 5 倍罚金、终身市场禁入；刑事处罚依法认定构成数罪，判处有期徒刑并处罚金，追缴违法所得。通过全方位的从重追责，加大资本市场违法成本，震慑违法犯罪活动，营造崇法守信的市场法治环境。

案例：信息型操纵、交易型操纵——鲜某背信损害上市公司利益、操纵证券市场案

基本案情

被告人鲜某，系匹某匹金融信息服务股份有限公司（以下简称匹某匹公司）董事长、荆门汉某置业公司（以下简称汉某公司）法定代表人及实际控制人。匹某匹公司前身为上海多某实业股份有限公司（以下简称多某公司），汉某公司为多某公司、匹某匹公司的并表子公司。

2013 年 7 月至 2015 年 2 月，鲜某违背对公司的忠实义务，利用职务便利，采用伪造工程分包商签名、制作虚假资金支付审批表等手段，以支付工程款和往来款的名义，将汉某公司资金累计 1.2 亿元划入其控制的多个公司和个人账户内使用，其中有 2360 万元至案发未归还。

2015 年 4 月 9 日，鲜某决定向原上海市工商行政管理局（现已改为"上海市市场监督管理局"，下文仍简称市工商局）提出将多某公司更名为匹某匹公司的申请。2015 年 4 月 17 日，获得市工商局核发的《企业名称变更预先核准通知书》。2015 年 5 月 11 日，多某公司对外发布《关于公司名称变更的公告》《关于获得控股股东某网站域名特别授权的公告》，公告称基于业务转型的需要，为使公司名称能够体现主营业务，拟将名称变更

为匹某匹公司，通过本次授权可以使公司在互联网金融行业获得领先竞争优势。以上公告内容具有诱导性、误导性。2015 年 6 月 2 日，多某公司正式更名为匹某匹公司。更名后，匹某匹公司并未开展 P2P 业务，也未开展除配资外的金融业务，且配资业务在公司更名之前已经开展。在上述公司更名过程中，鲜某控制了多某公司信息的生成以及信息披露的内容，刻意延迟向市场发布更名公告。同时，鲜某于 2015 年 4 月 30 日至 5 月 11 日，通过其控制的多个公司账户、个人账户和信托账户买入多某公司股票 2520 万股，买入金额 2.86 亿元。2015 年 5 月 11 日，多某公司有关名称变更的公告发布后，股票连续涨停，涨幅达 77.37%。

经上海证监局立案调查，中国证监会于 2017 年 3 月 30 日对鲜某作出罚款 34.7 亿元的行政处罚决定和终身市场禁入决定，并将鲜某涉嫌犯罪案件移送公安机关立案侦查。

经公安部交办，上海市公安局侦查终结后，分别以鲜某涉嫌背信损害上市公司利益罪、操纵证券市场罪移送起诉。上海市人民检察院第一分院经审查，于 2018 年 2 月 22 日以背信损害上市公司利益罪对鲜某提起公诉，5 月 2 日对鲜某操纵证券市场犯罪补充起诉。

2019 年 9 月 17 日，上海市第一中级人民法院经审理作出一审判决，认定鲜某犯背信损害上市公司利益罪、操纵证券市场罪，数罪并罚，决定执行有期徒刑五年，并处罚金人民币一千一百八十万元。鲜某提出上诉，上海市高级人民法院经审理于 2020 年 12 月 21 日作出终审判决，鉴于鲜某在二审阶段自愿认罪认罚并退缴违法所得人民币五百万元，对主刑作了改判，数罪并罚后决定执行有期徒刑四年三个月，维持原判罚金刑。

法律依据

《中华人民共和国刑法》

第一百六十九条之一 【背信损害上市公司利益罪】上市公司的董事、监事、高级管理人员违背对公司的忠实义务，利用职务便利，操纵上市公司从事下列行为之一，致使上市公司利益遭受重大损失的，处三年以下有期徒刑或者拘役，并处或者单处罚金；致使上市公司利益遭受特别重大损失的，处三年以上七年以下有期徒刑，并处罚金：

（一）无偿向其他单位或者个人提供资金、商品、服务或者其他资产的；

（二）以明显不公平的条件，提供或者接受资金、商品、服务或者其他资产的；

（三）向明显不具有清偿能力的单位或者个人提供资金、商品、服务或者其他资产的；

（四）为明显不具有清偿能力的单位或者个人提供担保，或者无正当理由为其他单位或者个人提供担保的；

（五）无正当理由放弃债权、承担债务的；

（六）采用其他方式损害上市公司利益的。

上市公司的控股股东或者实际控制人，指使上市公司董事、监事、高级管理人员实施前款行为的，依照前款的规定处罚。

犯前款罪的上市公司的控股股东或者实际控制人是单位的，对单位判处罚金，并对其直接负责的主管人员和其他直接责任人员，依照第一款的规定处罚。

第一百八十二条　【操纵证券、期货市场罪】有下列情形之一，操纵证券、期货市场，情节严重的，处五年以下有期徒刑或者拘役，并处或者单处罚金；情节特别严重的，处五年以上十年以下有期徒刑，并处罚金：

（一）单独或者合谋，集中资金优势、持股或者持仓优势或者利用信息优势联合或者连续买卖，操纵证券、期货交易价格或者证券、期货交易量的；

（二）与他人串通，以事先约定的时间、价格和方式相互进行证券、期货交易，影响证券、期货交易价格或者证券、期货交易量的；

（三）在自己实际控制的账户之间进行证券交易，或者以自己为交易对象，自买自卖期货合约，影响证券、期货交易价格或者证券、期货交易量的；

（四）以其他方法操纵证券、期货市场的。

单位犯前款罪的，对单位判处罚金，并对其直接负责的主管人员和其他直接责任人员，依照前款的规定处罚。

关联索引

最高人民法院、最高人民检察院、公安部、中国证券监督管理委员会联合发布 5 件依法从严打击证券犯罪典型案例

裁判文书

鲜某背信损害上市公司利益、操纵证券市场案
上海市高级人民法院
刑 事 判 决 书
（2019）沪刑终 110 号

原公诉机关，上海市人民检察院第一分院。

上诉人（原审被告人）鲜某（曾用名鲜某龙）。

辩护人史贵勇，上海市君志律师事务所律师。

上海市第一中级人民法院审理上海市人民检察院第一分院指控原审被告人鲜某犯背信损害上市公司利益罪、操纵证券市场罪一案，于二〇一九年九月十七日作出（2018）沪 01 刑初 13 号刑事判决。被告人鲜某不服，提出上诉。本院受理后，依法组成合议庭，于 2020 年 9 月 29 日公开开庭审理了本案。上海市人民检察院指派检察员王某 2 出庭履行职务。上诉人鲜某及其辩护人史贵勇到庭参加诉讼。现已审理终结。

原判认定：

（一）鲜某实际控制匹某匹公司（上海多某实业股份有限公司，下称"多某公司"）及汉某公司情况

1993 年 12 月，多某公司在上海证券交易所上市；汉某公司成立于 2009 年 8 月，2010 年左右成为多某公司持股 70% 的子公司。

2012 年 5 月左右，被告人鲜某经与时任多某公司实际控制人李某某商议，收购了李某某经多某投资（香港）有限公司持有的多某公司 11.75% 股权计 4000 万股。2012 年 11 月，多某公司及汉某公司的法定代表人变更为鲜某。2015 年 6 月，多某公司更名为匹某匹公司。2016 年初，鲜某将所持有的匹某匹公司 11.75% 股权转让后，不再担任匹某匹公司的法定代表人。

被告人鲜某转让所持有的匹某匹公司股权时，匹某匹公司仍持有汉某公司 42% 股权。2016 年下半年匹某匹公司制作财务报表季报时，鲜某不予配合，导致汉某公司与匹某匹公司未能合并财务报表；之后，匹某匹公司与汉某公司一直未能合并财务报表。

（二）背信损害上市公司利益事实

2013 年 7 月至 2015 年 2 月，被告人鲜某利用担任上市公司多某公司及其子公司汉某公司的法定代表人及实际控制人的职务便利，为粉饰公司业绩，采用伪造汉某公司开发的荆门楚天城项目分包商林某某签名、制作虚假的资金支付申请与审批表等方式，以支付工程款和往来款名义，将汉某公司资金划转至该公司实际控制的林某某个人账户、荆门楚天城项目部账户，再通过上述账户划转至鲜某实际控制的多个公司、个人账户内，转出资金循环累计达人民币 1.2 亿余元（以下币种均同）。其中，2360 万元被鲜某用于理财、买卖股票等，至案发尚未归还，且部分资金已被结转至开发成本账户。

（三）操纵证券市场事实

1. 多某公司更名为匹某匹公司过程中，被告人鲜某控制了多某公司信息的生成以及信息披露的内容等。

2015 年间，被告人鲜某作为多某公司的实际控制人、董事长兼董事会秘书，个人决定启动公司名称变更程序。同年 4 月 9 日，鲜某安排公司员工周某某至原上海市工商行政管理局（以下简称市工商局）申请变更企业名称，将多某公司名称变更为匹某匹公司。4 月 17 日，周某某领取了市工商局核发的企业名称变更预先核准通知书并被告知仍需履行相关程序，暂时不能使用该名称；周某某将该情况告知了鲜某。

2015 年 4 月底，多某公司分别召开第七届董事会第八次、第九次会议，鲜某既未将更名事项提交董事会审议，亦未将更名事项告知其余董事会成员。5 月 4 日，市工商局通知名称变更审核已经通过，多某公司于同日发出召开董事会会议通知。5 月 7 日，多某公司召开董事会第十次会议，审议通过企业名称及经营范围变更，并于同日将草拟的公告内容递交上海证券交易所审核。5 月 8 日，多某公司收到上海证券交易所关于公告内容的问询函；5 月 11 日，多某公司就问询函的相关问题进行了回复。

2015 年 5 月 11 日，多某公司对外发布《关于公司名称变更的公告》《关于获得控股股东 www. ×××. com 网站域名特别授权的公告》。其中，《关于公司名称变更的公告》中有关公司更名的原因表述为立志于做中国首家互联网金融上市公司，基于业务转型的需要，为使公司名称能够体现主营业务，拟将名称变更为匹某匹公司。同时，《关于获得控股股东 www.×××.com 网站域名特别授权的公告》称，通过本次授权可以使公司在互联网金融行业获得领先竞争优势，该特别授权对公司转型具有突破性意义，必将给公司带来深远影响。而 2015 年 6 月多某公司正式更名为匹某匹公司后，并未开展 P2P 业务，也未开展除了配资以外的金融业务，且配资业务在公司更名之前即已经开展。

2. 被告人鲜某实际控制证券账户情况及交易多某公司股票情况。

2014 年后，被告人鲜某控制了刘某某、鲜某、夏某某等个人证券账户，并实际控制了 XZ 信托有限公司、XMGJ 信托有限公司、WX 信托有限公司、SC 信托有限公司、HRSGT 信托有限公司、FZDY 信托有限公司的"鸿禧 1 号""鸿禧 2 号""柯塞威 1 号"等 14 个信托账户中的 28 个 HOMS 单元。2015 年 4 月 30 日至 5 月 11 日间，鲜某通过其控制的前述账户组，买入多某公司股票共计 2520 万余股，买入金额 2.86 亿余元。2015 年 5 月 11 日，多某公司有关名称变更的公告发布后，股票连续涨停。同年 6 月 3 日，多某公司股价打开涨停。

原判认定上述事实的证据有：相关工商登记资料、涉案银行账户交易明细、相关公司财务账册、企业名称变更预先核准通知书、董事会决议公告、信托合同、交易数据、查封清单等书证及中国证监会关于鲜某涉嫌操纵证券市场案有关问题的认定函；证人李某、王某 1、林某某等人的证言；司法会计鉴定意见书等鉴定意见；被告人鲜某的供述等。

原判认为，被告人鲜某作为上市公司多某公司的董事长、实际控制人，违背对公司的忠实义务，利用职务便利，将上市公司资金用于个人营利活动，致使上市公司遭受重大损失，其行为已构成背信损害上市公司利益罪；鲜某通过控制上市公司信息的生成以及信息披露的内容，误导投资者作出投资决策，影响证券交易价格与交易量，并进行相关交易，其行为已构成操纵证券市场罪，且应认定为情节特别严重；对鲜某应当两罪并罚。鉴于在案证据不能排除鲜某为上市公司支付钱款 500 万元购买域名的事实，故从背信损害上市公司利益造成损失金额中扣除该部分数额。关于鲜某操纵证券市场罪的违法所得数额，宜以实际成交差额认定。鲜某在操纵证券市场罪中具有自首情节，依法可以从轻或者减轻处罚。依照《中华人民共和国刑法》第一百六十九条之一、第一百八十二条第一款第（四）项、第六十九条、第六十七条第一款、第五十三条、第六十四条以及《最高人民法院、最高人民检察院关于办理操纵证券、期货市场刑事案件适用法律若干问题的解释》第四条第（三）项之规定，对被告人鲜某以背信损害上市公司利益罪判处有期徒刑二年，并处罚金人民币一百八十万元；以操纵证券市场罪判处有期徒刑四年，并处罚金人民币一千万元，决定执行有期徒刑五年，并处罚金人民币一千一百八十万元；违法所得予以追缴。

鲜某以原判量刑过重为由上诉请求从轻处罚，并提出其在一审阶段对认罪认罚从宽制度认识不足，故在二审阶段自愿认罪认罚，请求对其从宽处理。

辩护人认为，上诉人鲜某在二审阶段的认罪认罚是出自其本人的真实意愿，并在家属的帮助下缴纳了全部罚金，新冠疫情期间通过家人向社会捐款捐物，请求二审法院对上诉人鲜某从轻处罚。

上海市人民检察院认为，一审判决认定上诉人鲜某背信损害上市公司利益、操纵证券市场的犯罪事实清楚，证据确实、充分，适用法律正确，量刑适当，审判程序合法。二审期间，鲜某具有自愿认罪认罚并主动缴纳全部罚金等情，建议二审法院依法对鲜某从轻处罚。

经本院审理查明的事实和证据与原判相同。

经查，二审期间，上诉人鲜某在其辩护人见证下自愿签署了《认罪认罚具结书》，在二审庭审中表示对一审判决没有异议、愿意接受刑罚处罚，并在家属帮助下代其缴纳了全部罚金1180万元及退缴了部分违法所得500万元。

本院认为，上诉人鲜某作为上市公司多某公司的董事长、实际控制人，违背对公司的忠实义务，利用职务便利，将上市公司资金用于个人营利活动，致使上市公司遭受重大损失，其行为已构成背信损害上市公司利益罪；鲜某通过控制上市公司信息的生成以及信息披露的内容，误导投资者作出投资决策，影响证券交易价格与交易量，并进行相关交易，其行为已构成操纵证券市场罪，且应认定为情节特别严重；对鲜某应当两罪并罚。原判认定上诉人鲜某背信损害上市公司利益、操纵证券市场的犯罪事实清楚，证据确实、充分，适用法律正确，量刑适当，诉讼程序合法。鉴于鲜某在二审期间自愿认罪认罚，并在家属帮助下缴纳了全部罚金及退缴了部分违法所得等情，其具有认罪、悔罪表现。辩护人关于对鲜某从轻处罚的辩护意见，上海市人民检察院建议本院对鲜某从轻处罚的意见，均予以采纳。据此，依照《中华人民共和国刑法》第一百六十九条之一、第一百八十二条第一款第（四）项、第六十九条、第六十七条第一款、第五十三条、第六十四条、《中华人民共和国刑事诉讼法》第十五条、第二百三十六条第一款第（二）项以及《最高人民法院、最高人民检察院关于办理操纵证券、期货市场刑事案件适用法律若干问题的解释》第四条第（三）项之规定，判决如下：一、维持上海市第一中级人民法院（2018）沪01刑初13号刑事判决的第二项，即"违法所得予以追缴"。二、撤销上海市第一中级人民法院（2018）沪01刑初13号刑事判决的第一项，即"被告人鲜某犯背信损害上市公司利益罪，判处有期徒刑二年，并处罚金人民币一百八十万元；犯操纵证券市场罪，判处有期徒刑四年，并处罚金人民币一千万元，决定执行有期徒刑五年，并处罚金人民币一千一百八十万元。"三、上诉人鲜某犯背信损害上市公司利益罪判处有期徒刑一年八个月，并处罚金人民币一百八十万元，犯操纵证券市场罪判处有期徒刑三年四个月，并处罚金人民币一千万元，决定执行有期徒刑四年三个月，并处罚金人民币一千一百八十万元。（刑期从判决执行之日起计算。判决执行以前先行羁押的，羁押一日折抵刑期一日，即自2017年5月10日起至2021年8月9日止。）

实务要点4

1. "抢帽子"交易型操纵的认定。2007年证监会发布的《证券市场操纵行为认定指引（试行）》将"抢帽子"交易操纵同蛊惑交易操纵、虚假申报操纵、特定时间价格或价值操纵、尾市交易操纵一样，都视为操纵证券市场的"其他手段"。2021年《中华人民共和国刑法修正案（十一）》颁布后，"抢帽子"交易行为被明确界定为"对证券、证券发行人、期货交易标的公开作出评价、预测或投资建议，同时进行反向证券交易或者相关期货交易的"行为，证券公司、证券咨询机构、专业中介机构及其工作人员，在违反规定买卖或者持有相关证券后，对该证券或者其发行人、上市公司作出公开评价、预测或者提出投资建议，通过期待的市场波动谋取利益的，构成"抢帽子"交易操纵行为。

2. 证券公司、证券咨询机构、专业中介机构及其工作人员，在违反规定买卖或者持有相关证券后，对该证券或者其发行人、上市公司作出公开评价、预测或者提出投资建议，通过期待的市场波动谋取利益的，构成"抢帽子"交易操纵行为。发布投资咨询意见的机构或者证券从业人员往往具有一定的社会知名度，他们借助影响力较大的传播平台发布诱导性信息，容易对普通投资者的交易决策产生影响。在发布信息后，他们利用证券价格波动实施与投资者反向交易的行为获利，破坏了证券市场管理秩序，违反了证券市场公开、公平、公正的原则，具有较大的社会危害性，情节严重的，构成操纵证券市场罪。

3. 证券犯罪具有专业性、隐蔽性、间接性等特征，司法实践中，应当根据证券犯罪案件的特点，从证券交易记录、资金流向等问题切入，全面收集涉及犯罪的书证、电子数据、证人证言等证据，并结合案件特点开展证据审查。对书证，要重点审查涉及证券交易记录的凭据，以及交易数量、交易额、成交价格、资金走向等证据。对电子数据，要重点审查收集程序是否合法，是否采取必要的保全措施，是否存在篡改，是否感染病毒等。对证人证言，要重点审查证人与犯罪嫌疑人的关系，以及证言能否与客观证据相印证等。同时，通过行为人资金往来记录，MAC 地址（硬件设备地址）、IP 地址与互联网访问轨迹的重合度与连贯性，身份关系和资金关系的紧密度，涉案股票买卖与公开荐股在时间及资金比例上的高度关联性，以及相关证人证言在细节上是否吻合等入手，分析判断是否构建严密的证据体系，确定被告人与涉案账户的实际控制关系。

案例："抢帽子"交易型操纵——朱某明操纵证券市场案

基本案情

被告人朱某明，男，1982 年 7 月出生，原系国某证券有限责任公司上海龙华西路证券营业部（以下简称国某证券营业部）证券经纪人，上海电视台第一财经频道《谈股论金》节目（以下简称《谈股论金》节目）特邀嘉宾。

2013年2月1日至2014年8月26日，被告人朱某明在任国某证券营业部证券经纪人期间，先后多次在其担任特邀嘉宾的《谈股论金》电视节目播出前，使用实际控制的三个证券账户买入多只股票，于当日或次日在《谈股论金》节目播出中，以特邀嘉宾身份对其先期买入的股票进行公开评价、预测及推介，并于节目首播后一至二个交易日内抛售相关股票，人为地影响前述股票的交易量和交易价格，获取利益。经查，其买入股票交易金额共计人民币2094.22万余元，卖出股票交易金额共计人民币2169.70万余元，非法获利75.48万余元。

2016年11月29日，上海市公安局以朱某明涉嫌操纵证券市场罪移送上海市人民检察院第一分院审查起诉。

审查起诉阶段，朱某明辩称：（1）涉案账户系其父亲朱某实际控制，其本人并未建议和参与相关涉案股票的买卖；（2）节目播出时，已隐去股票名称和代码，仅展示K线图、描述股票特征及信息，不属于公开评价、预测及推介个股；（3）涉案账户资金系家庭共同财产，其本人并未从中受益。

检察机关审查认为，现有证据足以认定犯罪嫌疑人在媒体上公开进行了股票推介行为，并且涉案账户在公开推介前后进行了涉案股票的反向操作。但是，犯罪嫌疑人与涉案账户的实际控制关系、公开推介是否构成"抢帽子"交易操纵中的"公开荐股"以及行为能否认定为"操纵证券市场"等问题，有待进一步查证。针对需要进一步查证的问题，上海市人民检察院第一分院分别于2017年1月13日和3月24日两次将案件退回上海市公安局补充侦查，要求公安机关补充查证犯罪嫌疑人的淘宝、网银等IP地址、MAC地址（硬件设备地址，用来确定网络设备的位置），并与涉案账户证券交易IP地址做比对；将涉案账户资金出入与犯罪嫌疑人个人账户资金往来做关联比对；进一步对其父朱某在关键细节上做针对性询问，以核实朱某明的辩解；由证券监管部门对本案犯罪嫌疑人的行为是否构成"公开荐股""操纵证券市场"提出认定意见。

经补充侦查，上海市公安局进一步收集了朱某明父亲朱某等证人证言、中国证监会对朱某明操纵证券市场行为性质的认定函、司法会计鉴定意见书等证据。中国证监会出具的认定函认定：2013年2月1日至2014年

8月26日，朱某明在《谈股论金》节目中通过明示股票名称或描述股票特征的方法，对15只股票进行公开评价和预测。朱某明通过其控制的三个证券账户在节目播出前一至二个交易日或当天买入推荐的股票，交易金额2094.22万余元，并于节目播出后一至二个交易日内卖出上述股票，交易金额2169.70万余元，非法获利75.48万余元。朱某明所荐股票在次日成交量及股价明显上涨，偏离行业板块和大盘走势。其行为构成操纵证券市场，扰乱了证券市场秩序，并造成了严重社会影响。

结合补充收集的证据，上海市人民检察院第一分院办案人员再次提讯朱某明，并听取其辩护律师的意见。朱某明在展示的证据面前，承认其在节目中公开荐股，称其明知所推荐股票的价格在节目播出后会有所上升，故在公开荐股前建议其父朱某买入涉案的15只股票，并在节目播出后随即卖出，以谋取利益。但对于指控其实际控制涉案账户买卖股票的事实，朱某明予以否认。

针对其辩解，办案人员将相关证据向朱某明及其辩护人出示，并一一阐明证据与朱某明行为之间的证明关系。（1）账户登录、交易IP地址大量位于朱某明所在的办公地点，与朱某明的出行等电脑数据轨迹一致。例如，2014年7月17日、18日，涉案的朱某证券账户登录、交易IP地址在重庆，与朱某明的出行记录一致。（2）涉案三个账户之间与朱某明个人账户资金往来频繁，初始资金有部分来自朱某明账户，转出资金中有部分转入朱某明的银行账户后由其消费，证明涉案账户资金由朱某明控制。经过上述证据展示，朱某明对自己实施"抢帽子"交易，操纵他人证券账户买卖股票牟利的事实供认不讳。

2017年5月18日，上海市人民检察院第一分院以被告人朱某明犯操纵证券市场罪向上海市第一中级人民法院提起公诉。7月20日，上海市第一中级人民法院公开开庭审理了本案。

法庭调查阶段，公诉人宣读起诉书，指控被告人朱某明违反从业禁止规定，以"抢帽子"交易的手段操纵证券市场谋取利益，其行为构成操纵证券市场罪。对以上指控的犯罪事实，公诉人出示了四组证据予以证明：

一是关于被告人朱某明主体身份情况的证据。包括：（1）国某证券公司与朱某明签订的劳动合同、委托代理合同等工作关系书证；（2）《谈股论金》

节目编辑陈某等证人证言；（3）户籍资料、从业资格证书等书证；（4）被告人朱某明的供述。以上证据证明：朱某明于2013年2月至2014年8月担任国某证券营业部证券经纪人期间，先后多次受邀担任《谈股论金》节目的特邀嘉宾。

二是关于涉案账户登录异常的证据。包括：（1）证人朱某等证人的证言；（2）朱某明的出入境及国内出行记录等书证；（3）司法会计鉴定意见书、搜查笔录等；（4）被告人朱某明的供述。以上证据证明：2013年2月至2014年8月，"朱某""孙某""张某"三个涉案证券账户的实际控制人为朱某明。

三是关于涉案账户交易异常的证据。包括：（1）证人陈某等人的证言；（2）证监会行政处罚决定书及相关认定意见、调查报告等书证；（3）司法会计鉴定意见书；（4）节目视频拷贝光盘、QQ群聊天记录等视听资料、电子数据；（5）被告人朱某明的供述。以上证据证明：朱某明在节目中推荐的15只股票，均被其在节目播出前一至二个交易日或播出当天买入，并于节目播出后一至二个交易日内卖出。

四是关于涉案证券账户资金来源及获利的证据。包括：（1）证人朱某的证言；（2）证监会查询通知书等书证；（3）司法会计鉴定意见书等；（4）被告人朱某明的供述。以上证据证明：朱某明在公开推荐股票后，股票交易量、交易价格涨幅明显。"朱某""孙某""张某"三个证券账户交易初始资金大部分来自朱某明，且与朱某明个人账户资金往来频繁。上述账户在涉案期间累计交易金额人民币4263.92万余元，获利人民币75.48万余元。

法庭辩论阶段，公诉人发表公诉意见：

第一，关于本案定性。证券公司、证券咨询机构、专业中介机构及其工作人员，买卖或者持有相关证券，并对该证券或其发行人、上市公司公开作出评价、预测或者投资建议，以便通过期待的市场波动取得经济利益的行为是"抢帽子"交易操纵行为。根据《中华人民共和国刑法》第一百八十二条第一款第（四）项的规定，属于"以其他方法操纵"证券市场，情节严重的，构成操纵证券市场罪。

第二，关于控制他人账户的认定。综合本案证据，可以认定朱某明通过实际控制的"朱某""孙某""张某"三个证券账户在公开荐股前买入涉案 15 只股票，荐股后随即卖出谋取利益，涉案股票价量均因荐股有实际影响，朱某明实际获利 75 万余元。

第三，关于公开荐股的认定。结合证据，朱某明在电视节目中，或明示股票名称，或介绍股票标识性信息、展示 K 线图等方式，投资者可以依据上述信息确定涉案股票名称，系在电视节目中对涉案股票公开作出评价、预测、推介，此行为可以认定构成公开荐股。

第四，关于本案量刑建议。根据《中华人民共和国刑法》第一百八十二条的规定，被告人朱某明的行为构成操纵证券市场罪，依法应在五年以下有期徒刑或拘役的幅度内量刑，并处违法所得一倍以上五倍以下罚金。建议对被告人朱某明酌情判处三年以下有期徒刑，并处违法所得一倍以上的罚金。

被告人朱某明及其辩护人对公诉意见没有异议，被告人当庭表示愿意退缴违法所得。辩护人提出，鉴于被告人认罪态度好，建议从轻处罚。

法庭经审理，认定公诉人提交的证据能够相互印证，予以确认。综合考虑全案犯罪事实、情节，对朱某明处以相应刑罚。2017 年 7 月 28 日，上海市第一中级人民法院作出一审判决，以操纵证券市场罪判处被告人朱某明有期徒刑十一个月，并处罚金人民币 76 万元，其违法所得予以没收。一审宣判后，被告人未上诉，判决已生效。

法律依据

《中华人民共和国刑法》

第一百八十二条 【操纵证券、期货市场罪】有下列情形之一，操纵证券、期货市场，情节严重的，处五年以下有期徒刑或者拘役，并处或者单处罚金；情节特别严重的，处五年以上十年以下有期徒刑，并处罚金：

（一）单独或者合谋，集中资金优势、持股或者持仓优势或者利用信息优势联合或者连续买卖，操纵证券、期货交易价格或者证券、期货交易量的；

（二）与他人串通，以事先约定的时间、价格和方式相互进行证券、期货交易，影响证券、期货交易价格或者证券、期货交易量的；

（三）在自己实际控制的账户之间进行证券交易，或者以自己为交易对象，自买自卖期货合约，影响证券、期货交易价格或者证券、期货交易量的；

（四）以其他方法操纵证券、期货市场的。

单位犯前款罪的，对单位判处罚金，并对其直接负责的主管人员和其他直接责任人员，依照前款的规定处罚。

关联索引

最高人民检察院《关于印发最高人民检察院第十批指导性案例》的通知

裁判文书

朱某明操纵证券、期货市场案
上海市第一中级人民法院
刑事判决书

（2017）沪01刑初49号

公诉机关：上海市人民检察院第一分院。

被告人朱某明。

辩护人李捷，上海欣尚律师事务所律师。

辩护人章进，上海永盈律师事务所律师。

上海市人民检察院第一分院以沪检一分诉刑诉〔2017〕47号起诉书指控被告人朱某明犯操纵证券市场罪，于2017年5月18日向本院提起公诉。本院受理后，依法组成合议庭，于2017年7月20日公开开庭审理了本案。上海市人民检察院第一分院指派代理检察员陈海燕出庭支持公诉。被告人朱某明及其辩护人到庭参加诉讼。现已审理终结。

上海市人民检察院第一分院指控：2013年2月1日至2014年8月26日，被告人朱某明在担任××公司龙华西路营业部证券经纪人期间，先后多次在其受邀担任"谈股论金"电视节目嘉宾前，使用实际控制的"朱某""孙某""张某"等3个证券账户，预先买入"某某精制""某某股份"等15只股票，并于当日或次日在上述电视节目中通过详细介绍股票标识性信息、展示K线图或明示股票名称、代码等方式，对其预先买入的上述15只股票进行公开评价、预测或推介，再于节目在上海电视台首播后1至2个交易日内抛售相关股票，获取非法利益。经审计，朱某明买入股票交易金额共计人民币 2094.22 万余元（以下币种均为人民币），卖出股票交易金额共计 2169.70 万余元，非法获利 75.48 万余元。

为支持上述指控事实，公诉机关出示了相应的证据。据此，公诉机关认为，被告人朱某明身为证券公司工作人员，违背规定买卖或持有证券，并通过公开评价、预测或者投资建议，在相关证券交易中非法获利 75 万余元，情节严重，其行为已触犯《中华人民共和国刑法》第一百八十二条第一款第（四）项之规定，应当以操纵证券市场罪追究刑事责任。

被告人朱某明及其辩护人对起诉指控的主要犯罪事实及罪名不持异议；同时请求法庭综合考虑其当庭自愿认罪，愿意退缴违法所得等情节，对其从轻处罚。

经审理查明：

2013 年 2 月 1 日至 2014 年 8 月 26 日间，被告人朱某明担任××公司龙华西路营业部经纪人，并受邀担任"谈股论金"电视节目嘉宾。期间，朱某明在其亲属"朱某""孙某""张某"名下的证券账户内，预先买入"某某精制""某某股份"等 15 只股票，并在随后播出的"谈股论金"电视节目中通过详细介绍股票标识性信息、展示 K 线图或明示股票名称、代码等方式，对其预先买入的前述 15 只股票进行公开评价、预测及推介，再于节目在上海电视台首播后 1 至 2 个交易日内抛售相关股票，人为地影响前述股票的交易量与交易价格，获取非法利益。经审计，朱某明买入前述股票交易金额共计 2094.22 万余元，卖出股票交易金额共计 2169.70 万余元，非法获利 75.48 万余元。

认定上述事实的证据如下：

第一组证据，证实被告人朱某明的主体身份。

1.《劳动合同》《证券经纪人委托代理合同》《证券经纪人委托代理合同补充材料》《关于银行账户变更确认书》《证券经纪人备案登记表》《证券从业人员资格考试成绩合格证》《证券经纪人证书》《朱某明的情况说明》等证明：2010 年 6 月至 2014 年 8 月 26 日，朱某明担任××公司龙华西路营业部证券经纪人。

2. 证人陈某（"谈股论金"节目编辑）的证言证明：朱某明担任过"谈股论金"节目的嘉宾，上过很多次节目。之前并非固定嘉宾，从 2013

年起几乎是每周五晚上的固定嘉宾。

3. 被告人朱某明的供述与前述书证及证人证言反映内容相印证。

第二组证据，证实被告人朱某明实际控制涉案账户的事实。

1. 上海××事务所《关于朱某明涉嫌操纵证券市场案的司法会计鉴定意见书》、孙某、张某、朱某证券账户交易资料、朱某明、朱某、孙某、张某工商银行网银交易资料、朱某明支付宝账户登录 IP 地址等证明：（1）朱某明登录其工商银行网银及支付宝的 IP 地址及设备 MAC 地址与朱某、孙某网银登录、朱某期货账户登录及朱某、张某、孙某证券账户委托交易登录 IP 地址及 MAC 地址高度重合。（2）根据朱某、张某、孙某证券账户对应的三方存管账户的银行对账单及朱某明工商银行账户对账单显示：三个存管账户之间与朱某明个人账户资金往来频繁，三个证券账户证券交易初始资金大部分来自朱某明。（3）Z 公司（以下简称 Z 公司）法定代表人邵某名下证券账户委托交易 IP 地址中，有 2 个地址与朱某、张某、孙某三个证券账户委托交易 IP 地址一致，涉及 269 笔。

2. 证人章某（时任 Z 公司业务总监）、邵某（Z 公司法定代表人）、韩某（"谈股论金"节目嘉宾）的证言证明：2013 年 3 月左右，朱某明经韩某介绍到 Z 公司担任讲课老师。朱某明是从周一到周四下午在 Z 公司上班。

韩某的证言还证明：他知道朱某明操作证券账户买卖股票。朱某明称不是使用自己的证券账户，而是使用父母的证券账户，朱某明还称为规避风险就说都是父母操作就行了。

3. 被告人朱某明到案后的相应供述及当庭供述证明：他奶奶张某的账户是在他担任经纪人的××公司龙华西路营业部开户；父亲朱某、母亲孙某的账户之前在其他证券公司开设，后来转到了××公司龙华西路营业部。他能够控制这三个证券账户并实施交易，"某某精制""某某股份"等 15 只股票所涉交易由其操作。

被告人朱某明的当庭供述还证明：朱某、张某、孙某证券账户内部分钱款由其转入。

证人周某（朱某明之妻）、姚某（朱某明岳母）的证言与朱某明的相关供述内容相印证。

4. 朱某明出入境及国内出行记录证明：2014 年 7 月 17 日、18 日，涉案的朱某证券账户登录、交易 IP 地址在重庆，与朱某明的出行记录一致；2014 年 12 月 22 日、23 日，涉案的孙某证券账户登录、交易 IP 地址在韩国，与朱某明的出行记录一致。

5. 搜查笔录等证明：2016 年 8 月 30 日上午，侦查人员依法在朱某明住处扣押台式电脑、戴尔笔记本电脑、苹果笔记本电脑、苹果 iPad 各一台等。

第三组证据，证实被告人朱某明采用提前建仓，事后公开荐股并在一至二个交易日内卖出的方式谋取非法利益。

1. 证人徐某（投资人）的证言证明：（1）他是"谈股论金"节目的忠实观众。2013 年时，他看到朱某明在担任"谈股论金"节目嘉宾时谈到的一些观点很有意思，后于 2013 年 6 月左右正式加入了朱某明创建的 QQ 群"××群"（群号××××××××××）。加入 QQ 群后，朱某明会在每周五下午两点多让群里的网友关注某只股票，而且他让大家关注的这只股票会在当晚播出的"谈股论金"节目中提出来。（2）最初朱某明在"谈股论金"节目中是明确说出股票名称或代码，后来根据他想要推荐的股票量身定制一些特征，比如价格、板块、市盈率、公告等，从这些特征能识别出所推荐的股票。他们都知道朱某明会在推荐股票前先行买入股票，等上节目后再卖掉。他因为在 QQ 群质疑朱某明的做法被朱踢出了 QQ 群。

证人唐某（投资人）的证言与徐某的证言内容相印证，并证明：朱某明周四或周五下午会在 QQ 群里推荐股票，之后这些股票都会在"谈股论金"节目上介绍，朱某明还要求大家在节目播出后就尽快卖掉。

2. 证人葛某、韩某、陈某的证言证明："谈股论金"节目嘉宾被确定参加直播后，在上节目前都会将自己想要表达的内容整理成文字，然后发给"谈股论金"编辑。

3. 被告人朱某明的当庭供述证明：他从 2012 年至 2014 年 8 月、9 月左右在"谈股论金"节目担任嘉宾。上节目前，他会将一个提纲发给节目组审核，内容包括大盘走势、板块热点以及 PPT 文件，上节目时也会将热点板块中资金流入、技术面比较好的个股 K 线图等拿出来举例。

4. 朱某明"××群"（群号××××××××××）QQ 群聊天记录等证

明：朱某明在 QQ 群中向群成员推荐股票并在随后的"谈股论金"节目中谈论相同的股票。

5. 第一财经频道出具的《情况说明》证明："谈股论金"节目收视率在 1.5% 上下，表现稳定，在证券节目中排名靠前。

6. 中国证监会《行政处罚决定书》、中国证监会《关于朱某明涉嫌操纵市场犯罪的移送函》《关于对朱某明涉嫌操纵证券市场案有关问题的认定函》、对朱某明操纵证券市场调查的报告等证明：2013 年 3 月 1 日至 2014 年 8 月 25 日间，朱某明在上海电视台第一财经频道"谈股论金"栏目中通过明示股票名称或描述股票特征的方法，公开评价、推介"某某精制""某某股份"等股票，并在公开荐股前先行建仓买入，公开荐股后 3 个交易日内卖出。

7. 上海 ×× 事务所《关于朱某明涉嫌操纵证券市场案的司法会计鉴定意见书》证明：(1) 朱某、张某、孙某证券账户 2013 年 2 月至 2014 年 8 月间的股票交易与朱某明担任嘉宾的"谈股论金"节目高度关联，"某某精制"等 15 只朱某明在节目中推荐的股票均在节目播出前 1 至 2 个交易日或播出当天买入，并于节目播出后 1 至 2 个交易日内卖出。15 只股票分 17 个交易日买入，其中有 9 个交易日买入朱某明推荐股票金额占当日资金的 95% 以上。(2) 朱某明在公开推荐上述 15 只股票之后的一个交易日内，除"某某精制"之外，另 14 只股票涨幅明显，最高涨幅分别为 0.37% 至 10.04%；15 只股票的交易量均比前 5 个交易日有明显增加，为前 5 个交易日平均成交量的 109.60% 至 704.41%。(3) 朱某明买入前述股票金额共计 20942150.17 元，卖出金额共计 21696974.99 元，获利 754824.82 元。

此外，被告人朱某明的供述、侦查机关出具的《侦破经过》等证明：朱某明的到案情况。

以上证据均经庭审举证、质证，证据之间能够相互印证，本院予以确认。

另查明，审理阶段，被告人朱某明退赔违法所得 75.48 万余元。

本院认为，被告人朱某明身为证券公司工作人员，违反规定买卖或持有证券，并通过公开评价、预测或者投资建议，在相关证券交易中非法获利 75 万余元，情节严重，其行为已构成操纵证券市场罪，应处五年以下有期徒刑或者拘役，并处罚金。朱某明在庭审期间能自愿认罪，且退回全部违法所得，在量刑时酌情予以考虑。综合全案犯罪事实、情节，对朱某明处以相应刑罚。据此，为维护国家对证券交易的管理制度和投资者的合法权益，依照《中华人民共和国刑法》第一百八十二条第一款第（四）项、第五十三条以及第六十四条之规定，判决如下：一、被告人朱某明犯操纵证券市场罪，判处有期徒刑十一个月，并处罚金人民币七十六万元。(刑期自判决执行之日起计算。判决执行以前先行羁押的，羁押一日折抵刑期一日，即自 2016 年 8 月 30 日起至 2017 年 7 月 29 日止。罚金自本判决发生法律效力第二日起一个月内向本院缴纳完毕。) 二、扣押在案的违法所得予以没收。

第三部分 金融领域新型职务犯罪

一、挪用资金罪

实务要点

1. 私募基金有合伙制、公司制、契约制等多种形式，挪用资金罪的认定要区分不同的被挪用单位。采用合伙制或公司制的私募基金，由私募基金管理人和投资人共同成立合伙企业或公司发行私募基金，投资人通过认购基金份额成为合伙企业或公司的合伙人或股东，私募基金管理人作为合伙人或股东负责基金投资运营。其工作人员利用职务便利挪用私募基金资金的，实际挪用的是合伙企业或公司的资金。因该工作人员同时具有合伙企业或者公司工作人员的身份，属于挪用"本单位资金"的行为，应当依法追究刑事责任。采用契约制的私募基金，由私募基金管理人与投资人签订合同，受托为投资人管理资金、投资运营，双方不成立新的经营实体。其工作人员利用职务便利挪用私募基金资金的，实际挪用的是私募基金管理人代为管理的资金。从侵害法益的角度看，无论是"单位所有"还是"单位管理"的财产，挪用行为均直接侵害了单位财产权（间接侵害了投资人财产权），属于挪用"本单位资金"的行为，应当依法追究刑事责任。本案中，统某投资、安某控股、安徽亚某资产管理有限公司及8名自然人均为统某富邦合伙人，郭某利用担任合伙人代表的职务便利，挪用统某富邦资金归个人使用且超过三个月未归还，构成挪用资金罪。

2. 全面把握挪用私募基金资金犯罪的特点和证明标准，准确认定案件事实。私募基金具有专业性强、不公开运营的特点，负责基金管理的工作人员利用职务便利实施的犯罪隐蔽性强，常以管理人职责权限、项目运营需要等理由进行辩解，侦查取证和指控证明的难度较大。司法办案中，应当全面把握私募基金的特点和挪用资金罪的证明方法，重点注意以下几点：一是通过收集管理人职责、委托授权内容、投资决策程序等证据，证明是否存在利用职务便利，不经决策程序，擅自挪用资金的行为；二是通过收集私募基金投资项目、托管账户和可疑账户关系、资金往来等证据，证明是否超出投资项目约定，将受委托管理的资金挪为个人使用或者借贷给他人；三是通过收集行为人同时管理的其他私募基金项目、账户、资金往来以及投资经营情况等证据，证明是否存在个人管理的项目间资金互相拆借挪用、进行营利活动的情形。对于为避免承担个人责任或者收取管理费用等谋取个人利益的目的而挪用资金供其他项目使用的，应当认定为"归个人使用"。

案例：基金管理的工作人员利用职务便利犯罪的认定——郭某挪用资金案

基本案情

被告人郭某，北京统某投资基金管理有限公司（以下简称统某投资）原董事长。

2015年3月，统某投资（该公司在基金业协会登记为私募股权、创业投资基金管理人）与安徽安某控股股份有限公司（以下简称安某控股）签订《战略合作框架协议》，设立苏州安某统某富邦投资中心（合伙企业，以下简称统某富邦），发行"富邦Ⅰ号"私募基金，为安某食品进出口（集团）公司（系安某控股大股东）及其下属公司投资的项目提供资金支持。统某投资为统某富邦合伙人，管理基金投资运营，郭某担任统某富邦执行事务合伙人代表。

2015年3月至7月，安徽亚某资产管理有限公司及胡某等8名自然人认购"富邦Ⅰ号"基金份额，成为统某富邦合伙人，投资金额共计2735万元。上述资金转入统某富邦在银行设立的基金募集专用账户后，郭某未按照《战略合作框架协议》和"富邦 I 号"合同的约定设立共管账户、履行投资决策程序，而是违反约定的资金用途，擅自将其中 2285 万余元资金陆续从统某富邦账户转入其担任执行事务合伙人代表的另一私募基金"统某恒既"账户，而后将 120 万余元用于归还该私募基金到期投资者，2165 万余元转入郭某个人账户和实际控制的其他账户，至案发未归还。

2015 年 10 月 27 日，安徽省合肥市公安局蜀山分局对本案立案侦查。2016 年 11 月 20 日，蜀山分局以郭某涉嫌挪用资金罪移送起诉。侦查和审查起诉过程中，郭某辩称其未违反决策程序，依据私募基金管理人职责有权独立进行投资决策；转入"统某恒既"私募基金账户的 2285 万余元，均用于偿还该项目到期投资人，该基金也是为安某控股投资项目筹资，资金使用符合"富邦 I 号"基金的使用宗旨，不构成挪用资金罪。针对犯罪嫌疑人辩解，经补充侦查查明，根据双方协议，"富邦 I 号"基金对外投资须经安某控股、专业委员会、决策委员会审核通过方可实施，郭某未经任何决策程序自行将私募基金账户资金转出；接收 2285 万余元的另一私募基金"统某恒既"并非为安某控股筹资，而是为其他公司收购安某控股旗下酒店筹资，与"富邦 I 号"投资项目无关；郭某因投资经营不善，面临管理的"统某恒既"基金到期无法兑付、个人被撤销基金从业资格的风险；2285 万余元转入"统某恒既"账户后，120 余万元用于归还该项目投资人，其余资金转入郭某个人账户、其实际控制的 3 家公司账户及其亲属账户等；统某富邦内部账与银行对账单一致，2285 万余元均记录为委托投资款，属应收账款，郭某无平账行为，案发时"富邦 I 号"未到兑付期，挪用时间较短，郭某未携款潜逃，其间有少量还款。检察机关认为，上述证据证明，郭某利用担任私募基金项目公司合伙人代表的职务便利，未经决策程序，挪用单位资金归个人使用，数额较大、超过三个月未归还，但无法证明郭某具有非法占有目的，郭某构成挪用资金罪。

2017 年 5 月 10 日，安徽省合肥市蜀山区人民检察院以郭某构成挪用资金罪提起公诉。2018 年 5 月 11 日，安徽省合肥市蜀山区人民法院作出一审判决，认定郭某犯挪用资金罪，判处有期徒刑四年六个月，责令退赔被害单位统某富邦全部经济损失。郭某提出上诉。2018 年 8 月 1 日，安徽省合肥市中级人民法院作出终审裁定，驳回上诉，维持原判。

法律依据

《中华人民共和国刑法》

第一百八十五条 【挪用资金罪】商业银行、证券交易所、期货交易所、证券公司、期货经纪公司、保险公司或者其他金融机构的工作人员利用职务上的便利，挪用本单位或者客户资金的，依照本法第二百七十二条的规定定罪处罚。

第二百七十二条 【挪用资金罪】公司、企业或者其他单位的工作人员，利用职务上的便利，挪用本单位资金归个人使用或者借贷给他人，数额较大、超过三个月未还的，或者虽未超过三个月，但数额较大、进行营利活动的，或者进行非法活动的，处三年以下有期徒刑或者拘役；挪用本单位资金数额巨大的，处三年以上七年以下有期徒刑；数额特别巨大的，处七年以上有期徒刑。

【挪用公款罪】国有公司、企业或者其他国有单位中从事公务的人员和国有公司、企业或者其他国有单位委派到非国有公司、企业以及其他单位从事公务的人员有前款行为的，依照本法第三百八十四条的规定定罪处罚。

有第一款行为，在提起公诉前将挪用的资金退还的，可以从轻或者减轻处罚。其中，犯罪较轻的，可以减轻或者免除处罚。

关联索引

最高人民法院、最高人民检察院联合发布 5 件依法从严打击私募基金犯罪典型案例

裁判文书

郭某挪用资金二审刑事裁定书

安徽省合肥市中级人民法院

刑 事 裁 定 书

（2018）皖 01 刑终 477 号

原公诉机关，安徽省合肥市蜀山区人民检察院。

上诉人（原审被告人）郭某，曾用名郭某 2。因涉嫌犯挪用资金罪于

2016 年 8 月 14 日被合肥市公安局蜀山分局刑事拘留，同年 9 月 20 日经合肥市蜀山区人民检察院批准逮捕，同日被合肥市公安局蜀山分局执行逮捕。现羁押于合肥市看守所。

辩护人乔天，安徽品涵律师事务所律师。

辩护人刘成志，安徽品涵律师事务所实习律师。

安徽省合肥市蜀山区人民法院审理安徽省合肥市蜀山区人民检察院指控原审被告人郭某犯挪用资金罪一案，于 2018 年 5 月 11 日作出（2017）皖 0104 刑初 255 号刑事判决。原审被告人郭某不服，提出上诉。安徽品涵律师事务所律师乔天、刘成志受上诉人郭某的委托担任其辩护人，本院依法组成合议庭，经阅卷、讯问上诉人、听取辩护人意见，认为本案事实清楚，决定不开庭审理。本案现已审理终结。

原判认定：统某富邦投资中心系安某控股公司与北京统某投资公司为组建"安某·统某富邦新城市经济投资基金"而成立，该基金的设立系为安某控股公司及其下属各子公司、参/控股项目公司，目前持有以及未来一段时间内拟投资的各类型项目提供专项投资资金、流动资金支持、资产证券化等各类型金融服务。2015 年 3 月 6 日，统某富邦投资中心被核准登记为有限合伙企业，登记合伙人分别为北京统某投资公司（普通合伙人）、苏州统某天展公司（有限合伙人）；执行事务合伙人为北京统某投资公司，委派被告人郭某为执行事务合伙人的代表。苏州统某天展公司系为安某控股公司代持合伙份额。

统某富邦投资中心被核准成立后，在本市政务区天鹅湖某某广场 1 号写字楼 1607 室实际营业。被告人郭某作为执行事务合伙人的代表，以"苏州安某统某富邦投资中心（有限合伙）综合收益权投资基金计划（富邦 I 号）"（以下简称为富邦 I 号基金计划）名义进行了基金募集。2015 年 3 月底至 7 月期间，先后自安徽亚某资产管理有限公司以及胡某等 8 名自然人处募集到资金 2735 万元，所募集的资金均转入了统某富邦投资中心在中某银行合肥政务区支行设立的基金募集专用账户（尾号 1312）。之后，有 300 万元以计提风险准备金名义转至北京统某投资公司，其余 2435 万元被告人郭某未履行投资决策程序，违反约定的资金用途，以资金托管名义转至统某恒既投资中心银行账户，继而转至郭某个人账户和与统某富邦投资中心无关的个人及单位银行账户，至今未归还。

2015年12月底，安某控股公司鉴于实际情况，与安徽亚某资产管理有限公司以及胡某等8名自然人签订协议，以受让出资人权益的方式，将富邦Ⅰ号基金投资人的投资款共计2735万元予以返还。

2016年8月13日，被告人郭某被公安机关抓获。被告人郭某归案后，如实供述了其未经审批将募集资金的大部分转至统某恒既投资中心的事实。

另查明：1. 安某控股公司与北京统某投资公司签订的战略合作框架协议约定"所有基金业务投资只针对安某集团、安某控股公司指定项目或由各方共同同意的第三方的项目进行投资；北京统某投资公司应确保资金流向事先征得安某控股公司的同意，依规定独立运用和管理基金资产，获得基金管理费及其他费用；基金设定投资决策委员会，为业务决策机构，对基金业务有最终决定权，合伙事务执行人执行一般行政决定与投资决策委员会指令，对于业务决策指令只有执行权；基金业务审批制度为三级三审；针对具体项目双方设立共管账户，对基金的放款进行共同监管，框架协议为双方开展合作的指导性文件，根据一事一议原则，针对具体项目将在合作框架基础上签署相应合作协议"。

2. 统某富邦投资中心与安某集团另签订了保证合同，约定"安某集团为安某控股公司及基金投向具体项目公司，向基金提供人民币不超过2亿元的连带责任保证担保"；安某控股公司与苏州统某天展公司签订了回购协议，约定"安某控股公司承诺符合回购条件时回购苏州统某天展公司在基金即有限合伙中所持有的合伙份额"。

3. 富邦Ⅰ号基金计划对外发布的募集资料中的"基金计划设立要点"载明"本基金计划投资于安某集团公司，用以向该企业提供流动资金支持"；有限合伙协议载明"合伙的目的是为安某集团及其下属各子公司、参/控股项目公司，目前持有以及未来一段时间内拟投资的各类型项目提供专项投资资金、流动资金支持、资产证券化等各类型金融服务；投资业务由普通合伙人决策和实施，为提高投资决策专业化程度、控制风险，普通合伙人组建投资委员会，投资委员会负责投资业务的最终决策，投资决策需要投资委员会半数以上委员同意"。

4. 统某恒既投资中心转到郭某个人账户中的 720.89 万元中，有 149.4 万元系转给季某芳，此款系郭某因其为富邦 I 号基金推销，支付给其的"佣金"（"渠道费"）。

5. 2014 年，东某酒店为"东某金融广场"项目、广东惠某实业有限公司（以下简称为广东惠某公司）为购买安某地产公司在东某酒店的股份，分别与统某恒既投资中心约定合作募集资金，由统某恒既投资中心发起"苏州统某恒既投资中心（有限合伙）综合收益权投资基金计划"（以下简称为统某恒既基金），所募资金分别用于收购工行合肥滨湖支行对东某酒店的债权收益权、支付东某金融广场项目的工程尾款，以及广东惠某公司收购安某地产公司所持有的东某酒店的全部股权。中某信用融资担保有限公司（以下简称为中某担保公司）为东某酒店在"东某金融广场"项目的基金清偿义务以及统某恒既投资中心收购工行合肥滨湖支行对东某酒店持有的债权收益权提供 1.2 亿元的第三方信用保证；东某酒店以其所有的"东某金融广场"房地产提供抵押反担保，广东惠某公司股东姚某 1、姚某 2 以其在广东惠某公司的股权提供股权质押反担保，合肥东某酒店有限公司法定代表人姚某 1 承诺以个人全部财产以无限连带责任的方式提供保证反担保。截至 2014 年 7 月 30 日，中某担保公司持有的有限合伙人统计表计有 95 人 1 亿 1857 万元。2015 年 10 月 21 日，统某恒既投资中心向东某酒店、广东惠某公司、中某担保公司发出告知书，称将享有的债权全部转让给债权的实际出资人，即基金全体出资人。

原判认定上述事实的证据有：

1. 北京统某投资公司与安某控股公司签订的战略合作框架协议，证实 2015 年 3 月 5 日，安某控股公司（甲方）与北京统某投资公司（乙方）签订战略合作框架协议，双方鉴于北京统某投资公司拟携手安某集团、安某控股公司组建"安某·统某富邦新城市经济投资基金"，约定：（1）双方合作目的是为安某控股公司及其下属各子公司、参/控股项目公司，目前持有以及未来一段时间内拟投资的各类型项目提供专项投资资金、流动资金支持、资产证券化等各类型金融服务；安某集团向基金提供连带责任保证担保。（2）基金采取有限合伙形式，名称为苏州安某统某富邦投资中心（有限合伙），为私募投资基金性质。（3）甲方在有限合伙中的合伙份额由苏州统某天展公司代持；甲方承诺根据一事一议原则，在条件成就时回购该有限合伙份额。（4）乙方作为普通合伙人、基金事务管理人发起设立基金，甲方及其关联企业可作为创始有限合伙人设立投资基金，第三方以基金计划资金加入有限合伙成为有限合伙人。（5）基金成立及备案地为江苏省苏州市工业园区，运营地为安徽省合肥市，唯一营业场所为安徽省合肥市政务区天鹅湖某某广场 1 号写字楼 1607 室。（6）基金设定组织架构为合伙人大会、投资决策委员会、合伙事务执行人以及投资业务中心、资产管理中心等；合伙人大会为基金最高权力机构，合伙协议为基金最高权力文件；投资决策委员会为业务决策机构，对基金业务有最终决定权；合伙事务执行人为基金唯一管理者，对合伙人大会及投资决策委员会负责，执行一般行政决定与投资决策委员会指令；基金业务独立于基金一般事务，合伙事务执行人对于业务决策指令只有执行权。（7）所有基金业务投资标准必须符合本基金宗旨，为基金的设立目标而制定，即只针对安某集团、安某控股公司指定项目或由各方共同同意的第三方的项目进行投资。（8）基金业务审批制度分为三级三审，首先由安某集团及安某控股公司对拟投资项目进行集团审核，符合标准的由项目公司送达基金业务主管部门对可行性、交易架构涉及、风险控制措施制定方案提交专业委员会审核，审核通过的提交投资决策委员会审核，审核通过交业务主管部门具体执行。（9）乙方依照法律、法规和基金合同的规定独立运用和管理基金资产，获得基金管理费及其他费用；乙方确保资金流向事先征得安某控股公司的同意。（10）乙方作为普通合伙人及基金计划管理人全权负责基金的注册、募集、发行、管理等工作，针对具体项目双方设立共管账户，对基金的放款进行共同监管。（11）框架协议为双方开展合作的指导性文件；根据一事一议原则，针对具体项目将在合作框架基础上签署相应合作协议，具体业务协议与框架协议约定不一致的，以具体业务协议为准。

2. 统某富邦投资中心与安某集团签订的保证合同，证实双方约定鉴于北京统某投资公司拟携手安某集团、安某控股公司组建"安某·统某富邦新城市经济投资基金"，北京统某投资公司与安某控股公司已签署了战略合作框架协议，安某集团愿意为安某控股公司及基金投向具体项目公司，向基金提供人民币不超过 2 亿元的连带责任保证担保，具体金额以基金向安某控股公司申报的投资项目实际使用金额为准。

3. 安某控股公司（回购方）与苏州统某天展公司（转让方）签订的回购协议，证实双方协议约定安某控股公司承诺在基金定向投资项目未完成基金约定的业绩标准、施工进度等条件时，或基金计划到期，具体项目公司不能支付基金投资本金及收益时回购苏州统某天展公司在基金即有限合伙中所持有的合伙份额。

4. 苏州安某统某富邦投资中心（有限合伙）综合收益权投资基金计划（富邦Ⅰ号）资金合同，证实（1）统某富邦投资中心以"富邦Ⅰ号"基金计划募集资金，该基金资金合同中的募集资料包含的文件有基金计划设立要点、风险控制措施、风险申明书、资金认购协议、有限合伙协议、有限合伙人信息登记表、附件法律意见书及保证合同。（2）基金计划设立要点载明基金发起人为安某控股公司，管理人为北京统某投资公司；基金计划规模2亿元，资金运用方向为用于向安某集团提供流动资金支持；募集专户为统某富邦投资中心在中某银行合肥政务区支行的账户（尾号1312），监管银行为合肥科技农村商业银行高新区支行。（3）风险控制措施载明安某集团为基金计划提供不可撤销的无限连带责任保证担保；安某控股公司为基金计划创始有限合伙人，占1.8亿元有限合伙份额，并委托苏州统某天展公司代持，安某控股公司作为创始有限合伙人以认缴出资额为限承担有限责任；安某集团与安某控股公司以企业同等价值资产提供抵/质押担保；监管银行、北京统某投资公司和项目公司共同设立监管账户对基金资金进行监管；本基金设立专门的资产管理中心，全程监管基金资金运用及项目的实际运营。（4）风险申明书向投资人告知了投资风险。（5）资金认购协议书载明本基金计划投资于安某集团公司，用以向该企业提供流动资金支持；认购人须将认缴出资款汇入统某富邦投资中心在中某银行合肥政务区支行的账户（尾号1312）。（6）有限合伙协议载明了合伙的目的是为安某集团及其下属各子公司、参/控股项目公司，目前持有以及未来一段时间内拟投资的各类型项目提供专项投资资金、流动资金支持、资产证券化等各类型金融服务；投资业务由普通合伙人决策和实施，普通合伙人应组建投资委员会，投资委员会负责投资业务的最终决策，投资决策需要投资委员会半数以上委员同意。（7）该基金募集资料的附件附有北京大成

（合肥）律师事务所出具的法律意见书，以及安某集团与统某富邦投资中心签订的保证合同。

5. 苏州安某统某富邦投资中心（有限合伙）综合收益权投资基金计划（富邦Ⅰ号）募集说明书，证实富邦Ⅰ号基金计划募集说明书载明募集资金全部用于对安某集团提供流动资金支持。募集说明书随附了安某控股公司与北京统某投资公司签订的《战略合作框架协议》，以及安某控股公司与苏州统某天展公司签订的回购协议。

6. 认购确认书、资金认购协议、银行转账汇款回单，证实统某富邦投资中心向胡某、石某、李某、张某1、章某各募集了100万元资金，向张某2、王某各募集了300万元资金，向凌某募集了400万元资金，向安徽亚某资产管理有限公司募集了1235万元资金。募集的资金合计2735万元均由各出资人汇入统某富邦投资中心在中某银行合肥政务区支行的银行账户（尾号1312）。

7. 统某富邦投资中心在中某银行账户（尾号1312）的交易明细，证实该账户自2015年3月27日至7月2日收取的出资人出资款其情况，所收款项除300万元以计提风险准备金名义转给北京统某投资公司外，其余款项均在当日或次日以资金托管名义转给统某恒既投资中心。

8. 文件移交确认单，证实朱某1于2015年7月24日将统某富邦投资中心公章、中银银行账户对账单等移交给安某控股公司；于2015年7月27日将统某富邦投资中心财务章等移交给安某控股公司。

9. 权益转让协议书、安某控股公司付款申请书、收条、交通银行电子回单，证实胡某、石某、李某、张某1、章某、张某2、王某、凌某、安徽亚某资产管理有限公司分别与安某控股公司签订权益转让协议书，将其在统某富邦投资中心的全部出资权益转让给安某控股公司；安某控股公司已于2015年12月29日、30日将2735万元分别支付给各出资人。

10. 合肥中徽会计师事务所出具的统某富邦投资中心资金收付情况鉴证报告及相应银行账户交易记录。证实合肥中徽会计师事务所接受合肥市公安局蜀山分局委托，以相关收支账户的银行交易记录为基础，对统某富邦投资中心的资金收付情况进行了鉴证，同时对转入相关资金支出进行了鉴证。经鉴证：（1）统某富邦投资中心账户（尾号1312）自2015年3月

27 日至 2015 年 7 月 2 日收到资金 16 笔，扣除 1 笔零星转入和 1 笔利息收入，合计金额 2745 万元。胡某、石某、李某、张某 1、章某、张某 2、王某、凌某、安徽亚某资产管理有限公司共计转入 2735 万元，郭某转入 10 万元。(2) 统某富邦投资中心账户（尾号 1312）自 2015 年 3 月 27 日至 2015 年 7 月 2 日合计支出 17 笔，扣除 4 笔零星转出计 209.73 元，合计转出资金 2745 万元，分别转给统某恒既投资中心 2445 万元、北京统某投资公司 300 万元。(3) 统某恒既投资中心收到统某富邦投资中心账户的资金 2445 万元，转出 2444 万余元，分别转给郭某、达某、韩某、孙某、朱某 1 等 12 名个人以及苏州统某三源投资中心、苏州统某信聚投资中心、统某恒既投资中心（建行长江东路支行账户）、宿州市佛某公证处，其中转给郭某个人账户（尾号 0809）720.89 万元、转给苏州统某三源投资中心 416 万余元、转给苏州统某信聚投资中心 100 万元、朱某 125 万元。(4) 郭某账户（尾号 0809）收到统某恒既投资中心转入 720.89 万元资金，分别转给丁某、季某等个人以及安徽信某典当行、苏州统某三源投资中心等单位，其中转给季某 149.4 万元。(5) 统某恒既投资中心（建行长江东路支行账户）收到统某恒既投资中心（建行巢湖长江路支行账户）转入 27 万元，分别转给朱某 2、魏某。(6) 苏州统某三源投资中心收到统某恒既投资中心（建行巢湖长江路支行账户）转入 416 万余元及郭某转入 110.55 万元，转给苏州某某金理投资中心 526 万余元。

11. 企业登记查询信息、工商注册登记、变更资料，证实（1）北京统某投资公司于 2014 年 4 月 22 日成立，法定代表人为郭某，经营范围为项目投资、投资咨询、投资管理。(2) 统某富邦投资中心于 2015 年 3 月 6 日被核准，为有限合伙企业；合伙期限自 2015 年 3 月 6 日至 2035 年 3 月 5 日；合伙人为北京统某投资公司（普通合伙人）、苏州统某天展公司（有限合伙人）；执行事务合伙人为北京统某投资公司，委派郭某为执行事务合伙人的代表；合伙协议中载明：普通合伙人为执行事务合伙人，对外代表本合伙企业，并执行合伙事务，向本合伙企业提供日常运营及其投资管理事务，其他合伙人不再执行本合伙企业事务，不得对外代表本合伙企业。2016 年 4 月 7 日该投资中心核准变更登记，普通合伙人变更为安某控股公司，北京统某投资公司被除名。(3) 统某恒既投资中心于 2013 年 11

月 20 日被核准，为有限合伙企业；2014 年 2 月普通合伙人由北京统某投资基金管理有限公司变更为安徽庐某投资公司；2014 年 8 月 25 日普通合伙人由安徽庐某投资公司变更为北京统某投资公司，并变更执行事务合伙人为北京统某投资公司，委派代表为郭某。(4) 苏州统某天展公司于 2014 年 3 月 5 日成立，法定代表人为郭某；2014 年 8 月 27 日该公司股东由安徽庐某投资公司、郭某、朱某 1 变更为郭某，并变更企业类型为有限责任公司（自然人独资）。(5) 东某酒店股东中原安某地产公司占股 65.9%，2014 年 5 月 14 日变更为 16.9%，增加广东惠某公司占股 49%。(6) 苏州统某信聚投资中心为北京统某投资公司与朱某 1 设立，北京统某投资公司为普通合伙人、执行合伙事务合伙人，委托的代表为郭某。(7) 苏州统某三源投资中心系北京统某投资基金管理有限公司与北京华某富源资产管理有限公司设立，北京统某投资基金管理有限公司为普通合伙人、执行合伙事务合伙人，委托的代表为郭某。(8) 苏州统某信聚投资中心系北京统某投资公司与朱某 1 设立，北京统某投资公司为普通合伙人、执行合伙事务合伙人，委托的代表为郭某，2014 年 6 月新增安徽省金某房地产开发有限公司为有限合伙人。

12. 统某恒既投资中心（甲方）、工行合肥滨湖支行（乙方）、东某酒店（丙方）签订的合作框架协议，证实乙、丙方系借贷关系，丙方将开发建设的东某金融广场项目的土地及在建工程抵押给乙方作为担保。2014 年 1 月，甲、乙、丙三方签订合作框架协议，约定甲方发起总规模 2.4 亿元的基金计划，其中 1.2 亿元用于收购乙方的债权收益权、6000 万元用于支付工程尾款等费用、6000 万元代广东惠某公司拟用于收购安某地产公司所持有的东某酒店的全部股权。

13. 统某恒既投资中心（甲方）、东某酒店（乙方）、广东惠某公司（丙方）签订的合作框架协议，证实 2014 年 3 月，三方约定丙方拟收购安某地产公司所持有的甲方 65.9% 股权，丙方作为融资方向甲方提出融资合作，由甲方提供资金 6000 万元拟用于丙方收购安某地产持有的乙方 65.9% 的股权。

14. 调取证据清单及中某担保公司出具的情况说明、履约保证函、统某恒既基金有限合伙人统计表、委托保证合同［(2014) 第 006 号、006A

号]、公证书、监管协议书、房地产抵押反担保合同、股权质押反担保合同、个人无限连带责任承诺函，证实：（1）东某酒店（甲方、委托人）与中某担保公司（乙方、保证人）签订的委托保证合同约定东某酒店作为项目公司、统某恒既投资中心作为基金募集方，乙方为甲方在合肥"东某金融广场"项目的基金清偿义务以及统某恒既投资中心收购工行合肥滨湖支行对甲方持有的债权收益权提供第三方信用保证，合计 1.2 亿元；双方并签订监管协议。为确保委托保证合同的履行，合肥东某酒店有限公司以其所有的东某金融广场房地产向甲方提供抵押反担保，合肥广东惠某公司股东姚某 1、姚某 2 以其在广东惠某公司的股权为合肥东某酒店有限公司向中某担保公司提供股权质押反担保，合肥东某酒店有限公司法定代表人姚某 3 并承诺以个人全部财产，以无限连带责任的方式向中某担保公司提供保证反担保。中某担保公司于 2014 年 2 月 25 日向统某恒既投资中心出具履约保证函，承诺向基金计划优先级投资者提供 1.2 亿元的信用担保。（2）截至 2014 年 7 月 30 日，中某担保公司持有的有限合伙人统计表计有 95 人 1 亿 1857 万元。中某担保公司称据其公司目前了解，投资客户并无接收到后期郭某的任何还款。

15. 东某酒店出具的情况说明，证实该公司称曾与统某恒既投资中心开展过私募基金业务合作，募集资金统某恒既投资中心直接支付至该公司。2014 年 12 月之后，除收到统某恒既投资中心支付的 1 笔 100 万元私募资金外，未再收到任何资金，该笔 100 万元资金已于 2015 年 2 月 2 日归还统某恒既投资中心。

16. 还款合同书，证实统某恒既投资中心（甲方）与广东惠某实业公司（乙方）、中某担保公司（丙方）以及投资人（戊方）等各方约定乙方承诺偿还甲方 4800 万元，以终结乙方、东某酒店的还款义务；丙方解封合肥东某酒店有限公司的部分抵押房屋，乙方立即偿还 1965 万元给戊方，剩余 2835 万元视条件成就予以支付或提存。

17. 债权转让再次告知书，证实统某恒既投资中心、北京统某投资中心于 2015 年 10 月 21 日向东某酒店、广东惠某公司、中某担保公司以及姚某 3 发出告知书，称其发起的"统某恒既投资中心综合收益权投资基金计划"为广东惠某公司募集资金用于收购东某酒店部分股权，该笔基金已全部到期，但广东惠某公司、东某酒店未能按期履行还款义务，现对其享有的对广东惠某公司、东某酒店的到期债权不低于4800万元全部转让给债权的实际出资人，即基金的全体出资人。该告知书随附了债权转让清单。

18. 户籍信息，证实被告人郭某的身份信息，其已达到负完全刑事责任的年龄。

19. 案发现场方位图，证实统某富邦投资中心的实际经营地在本市政务区。

20. 归案经过，证实郭某于2016年8月13日被公安机关抓获。

21. 统某恒既基金部分出资人的报案材料及笔录，证实马某、于某2、肖某、朱某3、庞某报案称购买了郭某等人操作的统某恒既投资中心发行的基金，被骗金额1020万元。

22. 证人朱某的证言：她自北京统某投资公司成立时起是郭某的助理，帮其处理日常办公事务。北京统某投资公司主要从事私募基金的运作。

资金收付情况鉴证报告中第2页所列的14个人是统某富邦投资中心的私募投资人。第2、3页所列苏州统某恒既投资中心（建行巢湖长江路支行）账户收支情况中，所列韩某、江某、孙某她记得是苏州统某恒既投资中心的投资人；转给她的25万元是让她转给公司的法律顾问；苏州统某三源投资中心、苏州统某信聚投资中心都是郭某注册的空壳公司，没有任何实际经营。第3页郭某个人账户收支情况中，所列郭某、沙某、王某2分别是郭某的父母和妻子，武某是郭某的表弟；季某是给公司介绍客户的介绍人，给他的钱应该是介绍客户的费用；施某、张某3是他们公司的同事，给她们以及给她的钱应该是公司的日常开支费用；杨某是铜陵一家公司的负责人，找郭某是借款的；周某文是代办工商注册的，给他的钱是代办费。第4页所列苏州统某恒既投资中心（建行长江路支行）账户的收支情况中，朱某2是东某酒店的总经理。第5页所列苏州统某三源投资中心收支情况中，苏州某某金理投资中心也是郭某注册的空壳公司，没有任何实际经营。

她记不清苏州统某恒既投资中心有多少投资人了，募集了大约1.2亿元，基本都投资到合作单位东某酒店了。按照与安某控股公司签订的协议，统某富邦投资中心的投资款应该在双方协商确定后确认投资标的，但具体如何商议、投资到哪里她不清楚，她曾听郭某说过用于归还统某恒既投资中心私募基金的投资人了。

23. 证人吴某的证言：他是安某控股公司的财务人员。根据统某富邦投资中心银行交易清单来看，8 个自然人和 1 家资产管理公司共计投资了 2735 万元，均存入了统某富邦投资中心在中某银行政务区支行设立的账户。这些款项中，200 万元转给了北京统某投资公司，作为约定的管理费；其余 2535 万元均转入了苏州统某恒既投资中心在建设银行开设的账户。根据苏州统某恒既投资中心建行账户交易清单来看，确有 2535 万元到账，之后分别在一两天内转出，仅归还了统某恒既投资中心东某酒店项目的投资人孙某 64 万元、达某 20 万元、韩某 35.8 万元，共 120 万元；转给郭某个人的款项约有 960 万元；通过郭某的账户交易清单看，郭某将这些款项再次转给众多个人账户，其中没有统某恒既投资中心东某酒店项目的投资人；剩余的 1454 万元均转给了与统某富邦、统某恒既的投资人无关的账户。

通过交易清单可以看出，统某恒既投资中心的投资人共募集了 1 亿 927 万元资金，只归还了投资人 3270 万元，他制作了列明投资人投资款及已归还款项的清单，投资人的名单是中某融资担保公司提供的。另东某酒店也已归还统某恒既投资中心 5489 万元。

根据 2535 万元银行交易记录显示，其中只有 120.8 万元用于归还统某恒既投资中心东某酒店项目的投资人。转给郭某个人的 960 万元中，有 43 万元转给了杨某，此人与郭某及北京统某投资公司另有资金募集的合作，但与安某控股公司及统某富邦投资中心、统某恒既投资中心没有关系；还有 15 万元转给了郭某的妻子。

24. 证人张某的证言：他是中某担保公司的业务总监。中某担保公司在 2014 年 2 月 25 日出具了一份履约保证函，为统某恒既投资中心提供 1.2 亿元的信用担保。后期该投资中心募集了约 1.18 亿元的资金，但时至今日尚有部分资金没有归还。中某担保公司提供的统某恒既基金有限合伙人统计表是截止到 2014 年 7 月 30 日该基金收取的有限合伙人资金记录，是当时郭某提供，他们公司经过核对，确认对这 95 人共计 1 亿 1857 万元资金提供担保的名单。除此之外的投资，他们公司没有提供任何担保，也与他们公司无关。他们公司认可的这些投资人的款项由东某酒店与郭某他们负责还款。

统某富邦投资中心的钱是否用来归还统某恒既投资中心的投资人款项他们公司不清楚，他们也曾找过郭某想与他对账，确认统某恒既投资中心的账目，搞清楚尚有多少欠款，但郭某一直不配合。还款合同书上他们公司没有盖章，但据他了解，上面列明的 54 人尚未还款基本差不多。

25. 证人季某的证言：他与郭某于 2015 年经朋友介绍认识，郭某让他帮助介绍推销其管理的一支私募基金，名称他记不清了，只记得是北京统某投资公司与安某控股公司合作的那支基金。郭某通过个人账户向他个人账户陆续转入的 149.4 万元是他与郭某之前谈好的帮其推销基金给他的佣金。他没有帮郭某与安某地产公司合作的私募基金介绍推销过。

26. 证人杨某的证言：他与郭某的北京统某投资公司于 2014 年 7 月 25 日签订协议进行合作，约定由北京统某投资公司为铜陵恒某电器有限公司募集 2.5 亿元，在募集过程中，郭某只通过统某信既投资中心给了他 350 万元，其中 300 万元是帮他公司支付给了南某明胶化工厂，50 万元支付到他的公司。

27. 安某控股公司代表陶某的报案陈述：她是安某控股公司法务部工作人员，代表其公司进行报案。

2015 年 3 月，安某控股公司与北京统某投资公司签订战略合作框架协议、统某富邦投资中心与安某集团签订保证合同、安某控股公司与苏州统某天展公司签订回购协议，约定合资成立统某富邦投资中心，合作的目的是为安某控股公司及其下属各子公司、参或控股项目公司目前持有以及未来一段时间拟投资的各类型项目提供专项投资资金、流动资金支持、资产证券化等各类型金融服务；安某集团为安某控股公司及基金投向具体项目公司向基金提供人民币不超过 2 亿元的连带责任保证担保；当基金定向投资项目未完成业绩标准或施工进度等条件时，基金要求安某控股公司回购。之后，北京统某投资公司委派的代表郭某在苏州工业园区成立了统某富邦投资中心，股东为北京统某投资公司和苏州统某天展公司，其中统某天展公司是代安某控股公司持有股份。该投资中心实际经营地址在合肥市政务区天鹅湖某某广场 1 号楼 1607 室。郭某以前述 3 份协议为主要内容，印制多份"苏州安某统某富邦投资中心（有限合伙）综合收益权投资基金计划（富邦 I 号）资金合同"等材料，通过委托安徽华某投资管理有限公司等机构以及其他方式，向不特定的多名社会人员宣传该基金计划。自 2015 年 3 月至 7 月，郭某以统某富邦投资中心名义募得资金 2735 万元。根据统某富邦投资中心在中某银行账号流水记录显示，所有资金在入账当天即被郭某转出至统某恒既投资中心的银行账户，而统某恒既投资中心的注册资料显示其股东之一是北京统某投资公司，委托代表为郭某。按照私募基金管理办法，募集专户应设立为监管账户。但基金宣传材料中载明的募集专户没有经过安某控股公司的监管，每有资金入账都当天被转出挪作他用。多数投资者与统某富邦投资中心约定的投资期限为 3 个月，已届兑付时间，但投资资金已被郭某转移挪用。鉴于郭某的行为，安某控股公司不愿再与其合伙，并与其签订解除合伙协议。时至今日，郭某仍未能归还一分钱，故予以报案。

安某控股公司提供的"债权转让再次告知书"是郭某提供给统某恒既投资中心相关当事人的文书，列有投资人名单，共 57 人。"还款合同书"是统某恒既投资中心与相关方就该合伙公司投资人还款事项签订的文书，也列有投资人名单。2 份文书说明了统某恒既投资中心的投资人名单，郭某称其从统某富邦投资中心挪用的资金用于归还统某恒既投资中心的投资人，但这些钱没有用于归还这些投资者，从银行账目看也没有反映出其挪用的 2535 万元归还了这些投资者。

28. 被告人郭某供述：（1）他自 2012 年中开始从事私募工作，注册了合肥星某投资咨询有限公司，提供融资咨询服务；2013 年底成立统某恒既投资中心；2014 年 4 月注册成立北京统某投资公司；2015 年 3 月成立统某富邦投资中心。

（2）2013 年 10 月左右，因安某集团下属安某地产公司控股的东某酒店在工行滨湖支行有 9000 万元的贷款未偿还，且其运作的"东某金融广场"项目资金回笼可能有问题，该行副行长翟某找到他，向他介绍"东某金融广场"项目的资金融资。他了解后找了北京统某投资基金管理有限公司（以下简称为北京统某投资公司）来运作这个项目。

经多方协商，工商银行，东某酒店、北京统某公司签署了合作框架协议，成立统某恒既投资中心私募基金，为东某酒店融资1.2亿元，其中3000万元用于归还东某酒店在工商银行的到期贷款，剩余9000万元用于东某酒店的二股东广东惠某公司收购大股东安某地产公司在东某酒店的49%的股权，中某担保公司为这个私募基金项目提供担保。之后，他成立了安徽庐某投资管理公司（以下简称为安徽庐某投资公司）并拿到私募基金牌照，经协商后北京统某投资公司退出这个项目，由安徽庐某投资公司作为此私募基金的管理人。为了让北京的投资人放心，他后来又成立了北京统某投资公司并拿到私募基金牌照，变更北京统某投资公司为此私募基金的管理人。

2014年3月左右，他自北京格某理财公司募集到约1亿元资金，又向他人借了约2000万元，这其中3000万元归还了东某酒店的银行贷款，另9000万元按约定他应转到安徽股权交易中心，作为广东惠某公司收购安某地产公司在东某酒店的股份，但他不放心，要求东某酒店提供抵押，于是该公司就自己先凑了9800万元，汇到统某恒既投资中心的账上，统某恒既投资中心再将此9800万元汇到安徽股权交易中心，收购了安某地产公司在东某酒店的股权，并过户到安徽庐某投资公司名下作为抵押，同时统某恒既投资中心将9800万元还给东某酒店。股权过户不久，"东某金融广场"项目的房产证办了下来，东某酒店又与中某担保公司签署反担保协议，以东某酒店价值2.4亿元的商业地产做反担保，他才将东某酒店49%的股权变更给了广东惠某公司。

2015年3月，此项目的私募基金到了归还投资人资金的时候，东某酒店陆续仅归还了5200万元，另以房产置换给投资者1800万元，之后就无力归还。当年9月份，经对账和协商，东某酒店、中某担保公司、北京格某理财公司、广东惠某公司与他基本商定，东某酒店再支付4800万元至5500万元，将投资人的钱还上，他管理的此私募基金也算正常完毕，但此款东某酒店到现在都没有支付。

统某恒既投资中心这个私募基金共募集到1.28亿元资金，有约110多个投资者，资金都用于了约定的项目。他作为私募基金的管理人，只是按照合同约定募集资金并支付，至于东某酒店拿募集的资金作何用，只要是符合合同约定就行。东某酒店为什么用这笔资金帮广东惠某公司收购股份他不清楚，也不需要问。

统某恒既投资中心备案的募集金额是 2.4 亿元，一期只募集了 1.2 亿元，所以他在 2014 年 12 月发行了二期募集计划，共计募集了约 2200 万元，这些资金除了 50 万元用于支付渠道费用外，其余都用于归还一期募集资金中已到期部分客户了。后来东某酒店还款时，他也退还了部分资金。

（3）2015 年 1 月底，他经人介绍，与安某控股公司的副总经理张某 5、战略投资部的陈总经协商，于 2015 年 3 月 5 日，他以北京统某投资公司的名义与安某控股公司签署《战略合作框架协议》，共同设立安某·统某富邦新城市经济投资基金计划，初始设立额度为 2 亿元，整体存量规模不超过 20 亿元，募集资金用途是为安某控股公司及其下属各子公司、参或控股项目公司目前持有以及未来一段时间内拟投资的各类型项目提供专项投资资金、流动资金支持、资产证券化等各类型金融服务，基金采取有限合伙形式。由于安某控股公司是国有公司，要成为有限合伙人需国资委批准，审批周期长，故安某控股公司与他商议先找一家公司作为发起合伙人，先将这个私募基金发起，之后视审批结果决定是否变更安某控股公司为发起合伙人。他经安某控股公司同意，将安徽庐某投资公司名下的苏州统某天展公司变更到他的个人名下，用该公司与北京统某投资公司作为发起合伙人，成立统某富邦投资中心，同时安某控股公司与苏州统某天展公司签订回购协议，约定安某控股公司回购苏州统某天展公司持有的有限合伙份额，安某集团与统某富邦投资中心签署保证合同，安某集团对这个私募基金项目承担连带担保责任。

2015 年 3 月至 5 月，他经朋友介绍，共计募集了 2735 万元资金，有 8 个自然人投资者和 1 个法人投资者。其中的 200 万元是管理费用，他已用在了注册、招募团队等费用上，其余的 2500 万元他都用于归还统某恒既投资中心的私募基金到期投资者了。是将款先汇到统某恒既投资中心在建行的账户上，再一一归还了部分投资人。到了 5 月份，因为安某控股公司没有收到募集的资金，担心资金安全，不想与他合作了。此后，投资人找到他，他与投资人协商准备拿东某金融广场的房产先抵押给他们。约 7 月份，安某控股公司找他协商解决此事，他写了个承诺，写明了募集的投资款被他给统某恒既投资中心的投资人了，承诺此款由统某恒既投资中心和统某富邦投资中心归还。因统某恒既投资中心的债权没到位，所以他至今没能归还投资人的款项。

（4）他与安某控股公司签署的战略合作框架协议书上对统某富邦投资中心的资金使用有规定。这2500万元的使用不是安某集团或安某控股公司指定的项目或共同同意，也没有经过审批，其他合伙人也不知道。

（5）2015年3月中旬开始，统某恒既投资中心私募基金投向的"东某金融广场"项目由于商业地产卖不动，没有回笼资金，基金的投资者因到期拿不到钱，到北京各有关部门投诉、报案，这些部门让他尽快解决问题。按照有关文件规定，私募基金出现兑付问题时，按期解决不了将面临吊销从业执照、基金管理者终身不得从事私募基金相关工作等行政处罚。他当时认为"东某金融广场"也是安某集团主导开发的项目，统某富邦投资中心募集的资金用在这个项目的募集资金归还上，从资金用途上来说是符合规定的，所以虽然没有经过安某控股公司同意，也没有经过资金使用审批手续，就将统某富邦投资中心募集到资金中的2535万元用于归还苏州统某恒既投资中心私募基金的到期投资者了。

统某富邦投资中心募集到的资金中转到他个人账户再转给他人的款项应该是偿还他借相关人员的款项，用于归还统某恒既投资中心的投资人，转到统某恒既投资中心账户上并转给与投资中心无关人员的款项应该也是偿还他借相关人员的款项，用于归还统某恒既投资中心的投资人。

原审法院认为：被告人郭某在担任苏州安某统某富邦投资中心（有限合伙）执行事务合伙人的代表期间，利用职务上的便利，挪用该投资中心募集资金中的2285.6万元归个人使用，数额巨大，至今不能归还，其行为已构成挪用资金罪。公诉机关指控的罪名成立，但指控的数额不准确，应予更正。被告人郭某归案后，如实供述了其未经决策、审批程序，将募集资金中的大部分转至统某恒既投资中心的事实，构成坦白，其庭审中对行为性质进行的辩解，不影响坦白的认定，依法可从轻处罚。据此，根据被告人郭某犯罪的事实、性质、情节及社会危害程度，依照《中华人民共和国刑法》第二百七十二条第一款、第六十七条第三款、第六十四条之规定，判决：一、被告人郭某犯挪用资金罪，判处有期徒刑四年六个月。

二、责令被告人郭某于本判决生效之日起三十日内退赔被害单位苏州安某统某富邦投资中心经济损失人民币二千二百八十五万六千元。

原审被告人郭某上诉认为：本案事实不清、证据不足、程序违法、适用法律错误，其对涉案资金的使用符合约定的投资用途，也符合其职权范围，本案鉴定意见等证据存在问题，其行为只是民事纠纷，不构成犯罪。其辩护人同意其上诉理由，认为郭某的行为是合法行为，符合私募资金的宗旨和目的，并不是挪用，也没有违反专款专用，原判认定事实错误。

经审理查明：原判认定上诉人郭某犯挪用资金罪的事实已被一审判决列举的证据证实，所列证据已经一审当庭举证、质证，本院对一审判决认定的事实及相关证据予以确认。

关于上诉人郭某及其辩护人认为本案事实、证据、程序上存在问题，郭某的行为不构成犯罪的意见。综合评判如下：本案证据均系侦查机关依照法定程序依法取得，经一审开庭当庭举证、质证，能够证实本案的犯罪事实。综合本案的证据，证实北京统某投资公司与安某控股公司合作成立的统某富邦投资中心的目的是为安某控股公司及其下属各子公司、参/控股公司，目前持有以及未来一段时间内拟投资的各类型项目提供专项投资资金、流动资金支持、资产证券化等各类型金融服务；所有基金业务投资标准必须为基金的设立目标而制定。因此，统某富邦投资中心、富邦Ⅰ号基金是基于此目的而成立和募集，北京统某投资公司作为普通合伙人担任执行事务合伙人，上诉人郭某作为执行事务合伙人委派的代表，并不享有独立投资决策权，应当依照约定，对募集资金的投向履行投资决策程序，并执行投资决策决定。上诉人郭某将富邦Ⅰ号募集的大部分资金既未经过投资决策程序，又未获得安某控股公司或安某集团同意，自行决定转至统某恒既投资中心使用，最终转至其个人账户以及与统某富邦投资中心、安某控股公司、安某集团无关的个人或单位账户。郭某利用担任苏州安某统某富邦投资中心执行事务合伙人的代表的便利，挪用本单位资金归个人使用，超过三个月未还，其行为已构成挪用资金罪。故该意见不能成立，本院不予采纳。

本院认为：上诉人郭某在担任苏州安某统某富邦投资中心（有限合

伙）执行事务合伙人的代表期间，利用职务上的便利，挪用该投资中心募集资金中的2285.6万元归个人使用，数额巨大，至今不能归还，其行为已构成挪用资金罪。上诉人郭某系坦白，依法可从轻处罚。原判认定事实清楚，适用法律正确，量刑适当。审判程序合法。据此，依照《中华人民共和国刑事诉讼法》第二百二十五条第一款第（一）项之规定，裁定如下：驳回上诉，维持原判。

二、职务侵占罪

实务要点

1. 准确区分挪用资金罪与职务侵占罪。主观故意的判断应结合行为手段、资金数额、资金用途、偿还能力等客观因素，综合判断行为人是否具有非法占有的主观故意，以准确区分挪用资金罪与职务侵占罪。本案中，行为人前后套取的资金方式、资金用途一致，但在资金数额、偿还能力、主观心态上并不相同，应区分认定。行为人利用担任思南县A商银行文家店支行主办会计的职务之便，采用空存实转的方式，挪用本单位资金59.3496万元用于网络赌博后即时归还，已构成挪用资金罪；利用职务上的便利，短时间不计后果地套取1223.84055万元用于网络赌博，放任资金处于极大风险之中，该资金输掉后已不具有偿还可能，其行为已触犯了《中华人民共和国刑法》第二百七十一条"公司、企业或者其他单位的人员，利用职务上的便利，将本单位财物非法占为己有，数额较大的，处五年以下有期徒刑或者拘役；数额巨大的，处五年以上有期徒刑，可以并处没收财产"的规定，已构成职务侵占罪。

2. 采取多种有效途径，防范化解金融风险。金融系统是经营管理货币和融通资金的职能部门，金融工作人员接触钱、账、有价单证、印章等重要物品的范围广、机会多，具有行业特殊性，客观上具有利用职务便利作案的工作条件。一旦监管不力、内控机制失控，将造成无法估量的危害后果。应秉持防微杜渐、堵塞漏洞的原则，在办理金融领域职务侵占案件时，要注重结合案件特点，从案发原因着手，探查涉案企业及相关岗位是否存在管理漏洞。

案例：职务侵占罪与挪用资金罪的区分与认定——A 商业银行下属支行主办会计王某某职务侵占、挪用资金案

基本案情

2020 年 3 月 4 日，被告人王某某调任贵州 A 商业银行下属支行主办会计，协助支行行长负责银行柜员、柜面业务、资金调拨、内部操作风险等方面的管理工作，其权限高于一般柜员。工作期间，王某某发现该银行业务系统存在 10 万元以下的个人无卡存款业务不需要经过审批即可办理的漏洞。为筹集网络赌博资金，王某某于 2020 年 4 月 15 日至 19 日，利用该业务系统漏洞及其作为主办会计的职务便利，在没有存入资金的情况下伪造现金存款凭证，虚增聂某兰等 2 人账户资金，并从这些账户中将资金转移，套取银行资金 7 笔共计 59.34 万元，其中 49.99 万元用于网络赌博。同月 19 日，王某某将款项全部归还。2020 年 6 月 23 日至 6 月 25 日，被告人再次采用相同手段，利用吴某敏等 4 人账户套取银行资金 135 笔共计 1223.84 万元，其中 1203.79 万余元用于网络赌博，20 万余元用于个人消费。同年 6 月 25 日，王某某销毁现金存款客户联，并将银行联带出单位藏匿家中。同年 6 月 26 日上午，王某某向其父亲王某讲明实情后驾车逃匿至贵阳家中，在明知其父亲已向银行反映情况后，王某某仍先后两次转账 400 万元至网络赌博平台。当晚 11 时许，贵阳市×××区公安局在贵阳市将其抓获归案。案发后，王某某退赃 58 万余元。

2020 年 10 月 28 日，贵州省思南县人民检察院以被告人王某某犯挪用资金罪、职务侵占罪提起公诉。同年 11 月 26 日，思南县人民法院作出一审判决，认为王某某的行为属于挪用单位资金从事非法活动，不具有非法占有的目的，不构成职务侵占罪，且认为其具有自首情节，以挪用资金罪判处王某某有期徒刑七年。思南县人民检察院认为王某某对套取的 1223 万元具有非法占有目的，一审法院改变定性为挪用资金不当，且认定自首系法律适用错误，导致量刑明显不当，据此提出抗诉。2021 年 3 月 25 日，铜仁市中级人民法院二审采纳检察机关抗诉意见，且认定王某某不构成自首，改判王某某犯职务侵占罪判处有期徒刑九年，犯挪用资金罪判处有期徒刑二年，数罪并罚决定执行有期徒刑十年。

法律依据

《中华人民共和国刑法》

第二百七十一条 【职务侵占罪】公司、企业或者其他单位的人员，利用职务上的便利，将本单位财物非法占为己有，数额较大的，处五年以下有期徒刑或者拘役；数额巨大的，处五年以上有期徒刑，可以并处没收财产。

【贪污罪】国有公司、企业或者其他国有单位中从事公务的人员和国有公司、企业或者其他国有单位委派到非国有公司、企业以及其他单位从事公务的人员有前款行为的，依照本法第三百八十二条、第三百八十三条的规定定罪处罚。

第二百七十二条 【挪用资金罪】公司、企业或者其他单位的工作人员，利用职务上的便利，挪用本单位资金归个人使用或者借贷给他人，数额较大、超过三个月未还的，或者虽未超过三个月，但数额较大、进行营利活动的，或者进行非法活动的，处三年以下有期徒刑或者拘役；挪用本单位资金数额巨大的，或者数额较大不退还的，处三年以上十年以下有期徒刑。

【挪用公款罪】国有公司、企业或者其他国有单位中从事公务的人员和国有公司、企业或者其他国有单位委派到非国有公司、企业以及其他单位从事公务的人员有前款行为的，依照本法第三百八十四条的规定定罪处罚。

关联索引

最高人民检察院发布6件检察机关依法办理民营企业职务侵占犯罪典型案例

裁判文书

王某某挪用资金、职务侵占案

贵州省铜仁市中级人民法院

刑 事 判 决 书

（2021）黔06刑终9号

抗诉机关贵州省思南县人民检察院。

原审被告人王某某。因涉嫌犯职务侵占罪，2020年6月26日被思南县公安局抓获，次日被刑事拘留，同年7月31日被依法执行逮捕。现羁押于思南县看守所。

　　贵州省思南县人民法院审理贵州省思南县人民检察院指控原审被告人王某某犯挪用资金罪、职务侵占罪一案，于 2020 年 11 月 26 日作出 (2020) 黔 0624 刑初 146 号刑事判决。思南县人民检察院提出抗诉，铜仁市人民检察院支持抗诉。本院依法组成合议庭，于 2021 年 2 月 24 日在思南县看守所审判法庭公开开庭审理，铜仁市人民检察院指派检察员樊通会到庭履行职务，原审被告人王某某及其辩护人赵倩到庭参与诉讼。本案经合议庭评议，并经审判委员会讨论决定。现已审理终结。

　　原判认定：2020 年 4 月至 6 月，被告人王某某利用担任贵州思南 A 商业银行股份有限公司 (下称思南 A 商行) 文家店支行主办会计的职务之便，用其工号 140781 在文家店支行 GRBC 系统上，采用空存实转的方式挪用单位资金，将挪用的资金转入网络赌博平台 "某某娱乐" 用于网络赌博。其中，王某某 2020 年 4 月 15 日至 4 月 19 日，挪用资金共计 59.3496 万元；2020 年 6 月 23 日至 6 月 25 日，王某某挪用资金共计 1223.84055 万元。具体如下：

　　(一) 2020 年 4 月 15 日至 4 月 19 日套取 59.3496 万元的事实。

　　1. 2020 年 4 月 15 日，王某某利用聂某兰尾号 6666 的银行账户空存共计 9.9998 万元转入其尾号 4523 银行账户用于网络赌博。当日 15 时许，王某某用冯某尾号 3736 的银行账户办理取款业务，填平从聂某兰银行账户空存实转的 9.9998 万元。同日 16 时，王某某又利用冯某尾号 3736 的银行账户空存 19.9998 万元转入其尾号 1550 的银行账户用于网络赌博。次日，王某某利用王某江的 POS 机，从其尾号 4069 银行账户刷款 40 万元到王某江尾号 9994 银行账户，用 20 万元填平空存实转的 19.9998 万元。

　　2. 2020 年 4 月 19 日，王某某在聂某兰尾号 6666 银行账户空存 29.35 万元，将其中 20 万元用于网络赌博，9.35 万元用于个人消费。次日 10 时许，冯某用其尾号 4373 的银行账户到文家店支行王某某工作柜台办理取款 29.35 万元，填平从聂某兰银行账户空存实转的 29.35 万元。

　　(二) 2020 年 6 月 23 日至 6 月 25 日期间套取 1223.84055 万元的事实。

　　1. 2020 年 6 月 23 日，王某某在吴某敏尾号为 3793 的银行账户空存 66.79 万元后转入其尾号 4523 的银行账户用于网络赌博。

2. 2020 年 6 月 24 日，王某某在吴某敏尾号 3793 银行账户空存 90.0062 万元后转入其尾号 4523 银行账户用于网络赌博。

3. 2020 年 6 月 24 日，王某某在丁某娇尾号 5317 的银行账户空存 90.00354 万元；在何某珍尾号 6987 的银行账户空存 90.0055 万元；在佘某玲尾号 8406 的银行账户空存 90.00355 万元，并安排丁某娇等三人分别将 90 万元转入蔡某尾号 0563、5578 和寇某成尾号 5676 的银行账户用于网络赌博。

4. 2020 年 6 月 25 日，王某某在吴某敏尾号 3793 银行账户空存 200.0011 万元，安排吴某敏将其中 100 万元转入寇某成尾号 5676 银行账户、100 万元转入王某某尾号 4523 银行账户用于自己网络赌博。

5. 2020 年 6 月 25 日，王某某在丁某娇尾号 5317 的银行账户空存 199.01 万元，安排丁某娇将 80 万元转入林某明尾号 7186 银行账户用于网络赌博；19 万元转入吴某敏尾号 3793 银行账户用于归还向贵州 A 商业银行股份有限公司的借款。

6. 2020 年 6 月 25 日，王某某在佘某玲尾号 8406 的银行账户空存 199.0108 万元后，安排佘某玲将其中 99 万元转入曾某标尾号 7372 银行账户、100 万元转入王某某 4523 银行账户用于自己网络赌博。

7. 2020 年 6 月 25 日，王某某在何某珍尾号为 6987 的银行账户空存 199.01 万元后，安排何某珍将其中 99 万元转入到王某某尾号 4523 银行账户、100 万元转入林某明尾号 7186 的银行账户用于自己网络赌博。

2020 年 6 月 25 日晚，王某某将挪用单位 1200 余万元用于网络赌博一事告知父亲王某、母亲冯某、妻子聂某兰。次日，王某告知思南 A 商行文家店支行，该行行长张某等人向公安机关报案，当日 23 时许，王某某被抓获。案发后，王某某的家人赔偿思南 A 商行 39.08 万元，吴某敏退还王某某空存实取资金 19 万元给思南 A 商行，共计挽回经济损失 58.08 万元。

原判认为，被告人王某某利用担任思南 A 商行文家店支行主办会计的职务之便，将本单位资金挪用进行非法活动，其行为构成挪用资金罪。王某某明知他人报案在家中等候，没有抗拒抓捕，到案后如实供述犯罪事实，视为自首，可以从轻或者减轻处罚。王某某到案后及法庭审理过程中均能如实供述犯罪事实，自愿认罪认罚，符合《中华人民共和国刑事诉讼法》第十五条规定，可以依法从宽处理。依照《中华人民共和国刑法》第二百七十二条第一款、第六十七条第一款、第六十四条、《最高人民法院、最高人民检察院关于办理贪污贿赂刑事案件适用法律若干问题的解释》第十一条第二款、第五条和《中华人民共和国刑事诉讼法》第十五条、第二百条第（一）项，判决：1. 被告人王某某犯挪用资金罪，判处有期徒刑七年。2. 被告人王某某犯罪所得财物未退（追）缴的1165.76055万元继续予以追缴，退赔被害人贵州思南A商业银行股份有限公司。

宣判后，思南县人民检察院以原审被告人王某某套取思南A商行1223.84055万元资金构成职务侵占，且王某某不具有自首情节为由提出抗诉。铜仁市人民检察院支持抗诉，具体理由是：1. 王某某利用职务便利，伪造账务窃取单位财产；2. 王某某套取数额太大，不具有客观还款能力；3. 王某某具有销毁、隐匿银行凭证的行为；4. 王某某系公安机关通过技侦手段锁定藏身地点后被抓获，不具有自首情节。

二审中，出庭检察员坚持抗诉理由和支持抗诉意见，并出具了证人张某、谭某证言以及思南县公安局出具的抓捕情况说明，用以证实王某某没有将归案当晚所处位置告知单位相关人员，系被公安机关通过技术侦查手段抓获，不具有自首情节。

原审被告人王某某答辩称：1. 自己挪用单位资金的行为是可以通过系统比对查实，将存款产生的客户联毁掉以及将银行联带走，是为掩盖挪用单位资金的犯罪行为，不是为了侵占单位财产。2. 挪用单位资金赌博是想赢钱后补齐挪用的款项。3. 回到贵阳家中是为了筹款弥补单位损失，不是逃跑。4. 知道他人报案后未逃跑，并准备第二天回思南自首，符合自首的规定。5. 请求将公安机关冻结赌博平台的600万元认定为追回赃款返还思南A商行。

辩护人辩护意见：1. 王某某挪用资金是为了"借钱赢钱"，未进行转移、隐藏、挥霍，不具有非法占有目的。2. 王某某损毁客户联以及带走银行保存联不影响单位查账，不属于恶意毁灭证据。3. 王某某主观上想还钱，客观上不能退还不影响本案定性。4. 王某某主动配合侦查机关冻结赌博平台相关账户600万余元，具有立功表现。5. 王某某在准备自首时被抓捕，具有自首情节。

原审被告人王某某及其辩护人认为出庭检察员当庭出示的证据达不到证明目的。

经审理查明：原判认定王某某利用思南A商行文家店支行主办会计的职务之便，采用空存实转的方式于2020年4月套取单位资金共计59.3496万元，于2020年6月套取单位资金共计1223.84055万元，将套取的资金用于网络赌博的事实，以及2020年6月26日23时许，王某某在贵阳家中被公安机关抓获的事实清楚。证实上述事实的证据经一、二审庭审举证、质证，查证属实，应予确认。

针对抗诉理由、支持抗诉意见、出庭检察员意见，以及原审被告人及其辩护人的答辩意见，结合本案案情、证据，综合评析如下：

1. 关于王某某2020年6月套取单位资金共计1223.84055万元用于网络赌博的定性问题。经查，王某某以用于网络赌博为目的，在6月23日至25日短短的三日内即空存135笔共套取1223.84055万元用于网络赌博，其中6月23日39.29万元，6月24日就套取了360余万元，6月25日更是套取了800余万元，且事后具有销毁、隐匿银行凭证的行为。虽然其供述是想通过网络赌博赢钱后再偿还所套取的资金，但参与网络赌博本就属于违法行为，王某某在极短时间内即套取远超其偿还能力的1223.84055万元用于网络赌博，放任该款处于极大风险中，且该款输掉后王某某已无还款可能性，足以证明王某某套取1223.84055万元的主观故意是非法占用。综上，对原审被告人及其辩护人所提王某某不具有非法占有单位资金目的的辩护意见不予采纳，对抗诉机关所提王某某套取的资金远超过其还款能力，并销毁、隐匿银行凭证，具有非法占有单位资金的主观故意的抗诉意见予以支持。

2. 公安机关现未查实所冻结款项的性质，也未对冻结相关款项作出处理决定，其配合侦查机关冻结赌博平台相关账户600万余元的行为，不符合《中华人民共和国刑法》第六十八条"犯罪分子有揭发他人犯罪行为，查证属实的，或者提供重要线索，从而得以侦破其他案件等立功表现的，可以从轻或者减轻处罚；有重大立功表现的，可以减轻或者免除处罚"的规定，不具有立功表现。故该辩护意见不能成立，不予采纳。同时，该冻结款项与思南A商行无关，对王某某要求将该冻结款项作为赃款予以返还的请求，不予支持。

3. 王某某虽然知道他人已报警，但其与单位领导通话时并未告知其藏身的具体位置，且现无证据证实其家人将王某某藏身之所告知了侦查机关或受害单位，王某某系公安机关通过技术侦查手段抓获，其不是主动投案。另外，王某某被抓获时并未准备去投案，其被抓获过程不符合《最高人民法院关于处理自首和立功具体应用法律若干问题的解释》第一条"……经查实确已准备去投案，或者正在投案途中，被公安机关捕获的，应当视为自动投案"的规定，不具有自首情节。故抗诉机关关于王某某不具有自首情节的抗诉理由成立，应予采纳；对出庭检察员当庭出示的证据予以采信；对王某某及其辩护人所提王某某具有自首情节的辩护意见不予采纳。

本院认为，原审被告人王某某利用担任思南县 A 商业银行文家店支行主办会计的职务之便，采用空存实转的方式，挪用本单位资金 59.3496 万元用于网络赌博后即时予以归还，其行为触犯了《中华人民共和国刑法》第二百七十二条第一款关于"公司、企业或者其他单位的工作人员，利用职务上的便利，挪用本单位资金归个人使用或者借贷给他人，数额较大、超过三个月未还的，或者虽未超过三个月，但数额较大、进行营利活动的，或者进行非法活动的，处三年以下有期徒刑或者拘役"的规定，已构成挪用资金罪；利用职务上的便利，短时间不计后果地套取 1223.84055 万元用于网络赌博，放任资金处于极大风险之中，该资金输掉后已不具有偿还可能，其行为已触犯了《中华人民共和国刑法》第二百七十一条"公司、企业或者其他单位的人员，利用职务上的便利，将本单位财物非法占为己有，数额较大的，处五年以下有期徒刑或者拘役；数额巨大的，处五年以上有期徒刑，可以并处没收财产"的规定，已构成职务侵占罪，均依法应负刑事责任，并实行数罪并罚。根据《最高人民法院、最高人民检察院关于办理贪污贿赂刑事案件适用法律若干问题的解释》第十一条第一款关于"刑法第一百六十三条规定的非国家工作人员受贿罪、第二百七十一条规定的职务侵占罪中的'数额较大''数额巨大'的数额起点，按照本解释关于受贿罪、贪污罪相对应的数额标准规定的二倍、五倍执行"、第二款"刑法第二百七十二条规定的挪用资金罪中的数额较大、数额巨大以及进行非法活动情形的数额起点，参照本解释关于挪用公款罪数额较大、情节严重、进行非法活动的数额标准规定的二倍执行"，以及第二条关于"贪污或者受贿数额在二十万元以上不满三百万元的，应当认定为刑法第三百八十三条第一款规定的'数额巨大'"、第五条"挪用公款归个人使用，进行非法活动，数额在三万元以上的，应当依照刑法第三百八十四条的规定以挪用公款罪追究刑事责任；数额在三百万元以上的，应当认定为刑法第三百八十四条第一款规定的'数额巨大'"的规定，王某某挪用资金的 59.3496 万元和侵占的 1223.84055 万元均属于数额巨大。对王某某所犯挪用资金罪，依法应在三年以下有期徒刑或者拘役的量刑幅度内判处刑罚；对其所犯职务侵占罪依法应当在五年以上有期徒刑，可以并处没收财产的量刑幅度内判处刑罚。王某某的职务侵占行为造成其所在单位重大资金损失，对其应予从严惩处。王某某虽然当庭表示认罪认罚，但未签署《认罪认罚具结书》，原判适用《中华人民共和国刑事诉讼法》第十五条的规定对其从宽处理不当，应予纠正。王某某归案后能如实交代犯罪事实，具有坦白情节，依法可从轻处罚；主动供述侦查机关未掌握的其于2020 年 4 月挪用资金的犯罪事实，案发后退赔部分资金，可在量刑时综合予以体现。

综上，原判认定事实清楚，证据确实、充分，审判程序合法，但对部分事实定性错误，导致量刑不当，应依法予以改判。依照《中华人民共和国刑法》第二百七十一条第一款、第二百七十二条第一款、第六十七条第三款、第六十四条、第六十九条、《中华人民共和国刑事诉讼法》第二百三十六条第一款第（二）项的规定，判决如下：一、维持贵州省思南县人民法院（2020）黔 0624 刑初 146 号刑事判决主文及第二项。即被告人王某某犯罪所得财物未退（追）缴的 1165.76055 万元继续予以追缴，退赔被害人贵州思南 A 商业银行股份有限公司。二、撤销贵州省思南县人民法院（2020）黔 0624 刑初 146 号刑事判决主文第一项。即被告人王某某犯挪用资金罪，判处有期徒刑七年。三、原审被告人王某某犯挪用资金罪，判处有期徒刑二年；犯职务侵占罪，判处有期徒刑九年，并处没收财产人民币三十万元，数罪并罚决定执行有期徒刑十年，并处没收财产人民币三十万元。(刑期从判决执行之日起算，判决执行前先行羁押的，羁押一日折抵刑期一日，即自 2020 年 6 月 26 日起至 2030 年 6 月 25 日止。）本判决为终审判决。

三、利用影响力受贿罪

实务要点

1. 利用原职权便利，进而利用其他国家工作人员职权行为的认定。

"离职的国家工作人员"是指曾经是国家工作人员，但目前的状态是已离开国家工作人员岗位，包括离休、退休、辞职、辞退等。本案中，被告人杨某曾任××银行上海总部金融服务一部支付处处长，是时任金融服务一部支付处清算组织监管科科长施某的老领导，与施某间存在上下级的领导关系。杨某利用了原职权或者地位产生的影响和工作联系。施某负责对第三方支付公司进行分类评级初审，该分类评级是××银行上海总部反洗钱处、法律事务处、科技处、支付处四部门按照××银行制定的标准对第三方支付公司进行的综合评价。分类评级等级低可能会吊销牌照，并影响牌照的续展。施某对于请托人黄某 2 公司的分类评级具有职权行为和职务便利。

2. 为请托人谋取不正当利益的认定。

《中华人民共和国刑法》第三百八十八条之一规定的利用影响力受贿罪的对价是"为请托人谋取不正当利益"。不正当利益是指行贿人谋取的利益违反法律法规、规章、政策规定，或者要求国家工作人员违反法律法规、规章、政策、行业规范的规定，为自己提供帮助或者方便条件，违背公平、公正原则，在经济、组织人事管理等活动中谋取竞争优势。本案中，请托人黄某 2 因第三方支付分类评级打分过低会影响牌照续展，为确保牌照顺利续展，黄某 2 积极寻求具有相应职权的国家工作人员在调高分类评级分数、确保牌照续展的事项上提供帮助，这显然属于不正当利益。为帮黄某 2 达到上述目的，杨某明知黄某 2 有具体请托事项，不仅打电话给施某请求其帮助调高分类评级分数，还帮黄某 2 宴请国家工作人员施某。吃饭当天，黄某 2 还准备了两部苹果手机送给杨某和施某，施某同样明确清楚黄某 2 的具体请托事项。根据 2003 年最高人民法院发布的《全国法院审理经济犯罪案件工作座谈会纪要》规定，为他人谋取利益包括承诺、实施和实现三个阶段的行为。只要具有其中一个阶段的行为，如国家工作人员收受他人财物时，根据他人提出的具体请托事项，承诺为他人谋取利益的，就具备了"为他人谋取利益"的要件。明知他人有具体请托事项而收受其财物的，视为承诺为他人谋取利益。另根据《最高人民法院、最高人民检察院关于办理贪污贿赂刑事案件适用法律若干问题的解释》规定，实际或者承诺为他人谋取利益的；明知他人有具体请托事项的；履职时未被请托，但事后基于该履职事由收受他人财物的，应当认定为"为他人谋取利益"。本案中，被告人杨某为黄某2谋取不正当利益的行为已经覆盖了承诺和实施阶段，其行为符合利用影响力受贿罪的客观要件，可以认定为请托人谋取不正当利益。

3. 向请托人索取了数额特别巨大的钱款的认定。

被告人杨某在约施某吃饭的两天后，主动打电话给黄某2约其喝茶，以买房子缺钱为由，向黄某2索要350万元。该过程中，黄某2一是出于感谢杨某出面帮忙分类评级和牌照续展的事情；二是考虑到杨某在行业中的影响力，出于后续还想让杨某在行业中帮忙的目的，将350万元给了杨某，并不再向杨某主张还款。该事实亦有杨某的供述予以印证。辩护人提出该350万元实际上是杨某的借款，与其原职权或地位形成的便利条件并无任何对价关系，这显然有悖于法院查明的事实。被告人杨某的行为侵犯了国家工作人员职务行为的公正性，以及民众对国家工作人员职务行为不可收买性的信赖，其本质上仍然是"权钱交易"。故此，被告人杨某的行为应当认定为利用影响力受贿罪。

案例：银行退休人员利用影响力受贿的认定——杨某利用影响力受贿案

基本案情

公诉机关上海市奉贤区人民检察院指控，2012年7月至2015年10月，被告人杨某曾担任××银行上海总部金融服务一部支付结算处处长和金融服务一部副主任等职务，负责审核第三方支付业务许可证、对第三方支付机构和各银行业支付机构进行监管以及本部门日常管理工作。2016年

11月，杨某从××银行上海总部离职后，利用其原职权、地位形成的便利条件，通过电话、宴请等方式，要求原下属、现任××银行上海总部金融服务一部支付结算处清算组织管理科科长施某，在C公司名下的子公司D公司分类评级中帮助提高分值，以帮助该公司顺利通过对第三方支付牌照续展的审核。嗣后，杨某以借款为由向C公司总经理黄某2索取贿赂款350万元。

公诉机关指出，杨某利用自身影响力，通过其他国家工作人员职务上的行为，为请托人谋取不正当利益，并向请托人索取财物350万元，数额特别巨大，其行为构成利用影响力受贿罪。

辩护人提出，施某拒绝且并未帮助黄某2谋取不正当利益，杨某的原职权或地位对施某的职务行为不产生任何影响，故杨某不构成利用影响力受贿罪。另外，350万元系借款，并非索贿款。

上海市奉贤区人民法院于2021年2月9日作出（2020）沪0120刑初266号刑事判决，公诉机关指控的相关罪名成立，被告人杨某的行为构成利用影响力受贿罪。判决后杨某不服，上诉至上海市第一中级人民法院。上海市第一中级人民法院于2021年6月22日作出（2021）沪01刑终579号刑事裁定：驳回上诉，维持原判。

法律依据

《中华人民共和国刑法》

第三百八十五条 【受贿罪】国家工作人员利用职务上的便利，索取他人财物的，或者非法收受他人财物，为他人谋取利益的，是受贿罪。

国家工作人员在经济往来中，违反国家规定，收受各种名义的回扣、手续费，归个人所有的，以受贿论处。

第三百八十六条 【受贿罪的处罚规定】对犯受贿罪的，根据受贿所得数额及情节，依照本法第三百八十三条的规定处罚。索贿的从重处罚。

第三百八十八条 【斡旋受贿犯罪】国家工作人员利用本人职权或者地位形成的便利条件，通过其他国家工作人员职务上的行为，为请托人谋取不正当利益，索取请托人财物或者收受请托人财物的，以受贿论处。

第三百八十八条之一 【利用影响力受贿罪】国家工作人员的近亲属或者其他与该国家工作人员关系密切的人，通过该国家工作人员职务上的行为，或者利用该国家工作人员职权或者地位形成的便利条件，通过其他国家工作人员职务上的行为，为请托人谋取不正当利益，索取请托人财物或者收受请托人财物，数额较大或者有其他较重情节的，处三年以下有期徒刑或者拘役，并处罚金；数额巨大或者有其他严重情节的，处三年以上七年以下有期徒刑，并处罚金；数额特别巨大或者有其他特别严重情节的，处七年以上有期徒刑，并处罚金或者没收财产。

离职的国家工作人员或者其近亲属以及其他与其关系密切的人，利用该离职的国家工作人员原职权或者地位形成的便利条件实施前款行为的，依照前款的规定定罪处罚。

《最高人民法院、最高人民检察院关于办理贪污贿赂刑事案件适用法律若干问题的解释》

第三条 贪污或者受贿数额在三百万元以上的，应当认定为刑法第三百八十三条第一款规定的"数额特别巨大"，依法判处十年以上有期徒刑、无期徒刑或者死刑，并处罚金或者没收财产。

贪污数额在一百五十万元以上不满三百万元，具有本解释第一条第二款规定的情形之一的，应当认定为刑法第三百八十三条第一款规定的"其他特别严重情节"，依法判处十年以上有期徒刑、无期徒刑或者死刑，并处罚金或者没收财产。

受贿数额在一百五十万元以上不满三百万元，具有本解释第一条第三款规定的情形之一的，应当认定为刑法第三百八十三条第一款规定的"其他特别严重情节"，依法判处十年以上有期徒刑、无期徒刑或者死刑，并处罚金或者没收财产。

第十三条 具有下列情形之一的，应当认定为"为他人谋取利益"，构成犯罪的，应当依照刑法关于受贿犯罪的规定定罪处罚：

（一）实际或者承诺为他人谋取利益的；

（二）明知他人有具体请托事项的；

（三）履职时未被请托，但事后基于该履职事由收受他人财物的。

国家工作人员索取、收受具有上下级关系的下属或者具有行政管理关系的被管理人员的财物价值三万元以上，可能影响职权行使的，视为承诺为他人谋取利益。

第十五条　对多次受贿未经处理的，累计计算受贿数额。

国家工作人员利用职务上的便利为请托人谋取利益前后多次收受请托人财物，受请托之前收受的财物数额在一万元以上的，应当一并计入受贿数额。

第十九条　对贪污罪、受贿罪判处三年以下有期徒刑或者拘役的，应当并处十万元以上五十万元以下的罚金；判处三年以上十年以下有期徒刑的，应当并处二十万元以上犯罪数额二倍以下的罚金或者没收财产；判处十年以上有期徒刑或者无期徒刑的，应当并处五十万元以上犯罪数额二倍以下的罚金或者没收财产。

对刑法规定并处罚金的其他贪污贿赂犯罪，应当在十万元以上犯罪数额二倍以下判处罚金。

关联索引

上海市高级人民法院 2021 年第三批参考性案例 121 号

裁判文书

杨某受贿罪二审刑事裁定书

（2021）沪 01 刑终 579 号

原审法院经审理查明：

一、受贿犯罪事实

2012 年 7 月至 2015 年 10 月，被告人杨某在担任××银行上海总部金融服务一部支付结算处处长和金融服务一部副主任期间，利用负责审核第三方支付业务许可证、对第三方支付机构和各银行业支付机构监管以及本部门日常管理的职务便利，为他人提供帮助，谋取不正当利益，先后多次收受或索取他人贿赂款人民币 240 万元（以下币种无特别说明均为人民币）、美元 4.1 万余元。具体分述如下：

1. 2013 年至 2015 年，被告人杨某利用担任××银行上海总部金融服务一部支付结算处处长的职务便利，在 Z 公司（以下简称 Z 公司）第三方支付业务许可证的发放和监管过程中提供帮助，收受该公司董事长栾某贿赂款 50 万元、美元 4.1 万余元。

2013 年夏天，被告人杨某在东某饭店收受栾某给予的现金 50 万元。

2014 年 10 月至 2015 年 11 月，杨某女儿杨某 1 赴美国加州大学洛杉矶分校就读研究生期间，栾某委托他人支付其在美国留学住宿费用共计美元 4.1 万余元。

2. 2015 年上半年，被告人杨某收受上海××集团有限公司董事长金某 1 给予的现金 50 万元。

3. 2013 年 3 月，被告人杨某向上海 A 有限公司董事长黄某 1 提出购买其位于江苏省苏州市吴江区××镇××大道××花园××幢别墅，并通过金某 2 的银行账户向黄某 1 转账 300 万元，2014 年春节后，因双方未实际交易房产，黄某 1 退还杨某现金 350 万元，其中 300 万元系归还款，50 万元系贿赂款。

4. 2012 年 7 月，被告人杨某向上海××集团股份有限公司董事长陈某以每股 1 元的价格购买该公司 50 万份股权，实际每股价格为 1.6 元，杨某自己支付 50 万元，差额 30 万元由陈某支付。该 50 万份股权由金某 2 代为持有，并于 2017 年 3 月转移至杨某女儿杨某 1 名下。

5. 2012 年 5 月 22 日，被告人杨某以其女儿出国需要资金为由，向本市松江区××村镇银行董事长张某索取贿赂，张某以银行转账的方式给予其 30 万元。

6. 2012 年 5 月，被告人杨某以其女儿出国需要资金为由，向江苏 B 有限公司总经理王某 2 索取贿赂，王某 2 通过其儿子王某 1 的银行账户向杨某转账 30 万元。

二、利用影响力受贿事实

2016 年 11 月，被告人杨某从××银行上海总部离职后，利用其曾担任××银行上海总部金融服务一部副主任的便利条件，让其原下属、现任××银行上海总部金融服务一部支付结算处清算组织管理科科长施某，在上海 C 有限公司名下子公司上海 D 有限公司分类评级中帮助提高分值，以顺利通过××银行上海总部对第三方支付牌照续展的审核，后以借款为由向上海 C 有限公司总经理黄某 2 索取贿赂款 350 万元。

2019 年 10 月 29 日，被告人杨某经奉贤区监察委员会通知主动至调查机关接受调查，并如实供述上述犯罪事实。

原审认定上述事实的证据有证人栾某、金某 1、黄某 1、陈某、张某、王某 2、王某 1、黄某 2、施某、王某 3、言某、杨某、金某 2、金某 3 等人的证言、××银行上海总部出具的任职证明、杨某任职情况及相关岗位职责权限、上海市××中心出具的干部任免审批表、证人 J 出具的情况说明、租赁清单、银行交易记录、银行汇款业务凭证、借条以及被告人杨某的供述等。

原审法院认为，被告人杨某身为国家工作人员，利用职务上的便利，索取他人财物，又非法收受他人财物，为他人谋取利益，收受贿赂共计 260 余万元，数额巨大，且部分属索贿，其行为已构成受贿罪；被告人杨某在离职后，利用原职权、地位形成的便利条件，通过其他国家工作人员职务上的行为，为请托人谋取不正当利益，索取请托人 350 万元，数额特别巨大，其行为已构成利用影响力受贿罪；被告人杨某具有自首情节，依法应当从轻或减轻处罚；案发后被告人杨某退出赃款 265.6 万元。据此，原审法院依照《中华人民共和国刑法》第三百八十五条第一款、第三百八十六条、第三百八十三条、第三百八十八条之一、第六十九条、第六十七条第一款、第五十六条第一款、第五十五条第一款、第五十二条、第五十三条、第六十四条、《中华人民共和国监察法》第四十四条第三款、《最高人民法院、最高人民检察院关于办理贪污贿赂刑事案件适用法律若干问题的解释》第三条、第十三条第一款、第十五条、第十九条之规定判决：一、被告人杨某犯受贿罪，判处有期徒刑八年，剥夺政治权利二年，并处罚金人民币一百万元；犯利用影响力受贿罪，判处有期徒刑七年六个月，并处罚金人民币一百万元；决定执行有期徒刑十二年，剥夺政治权利二年，并处罚金人民币二百万元。二、退赃款人民币二百六十五万六千元予以没收。三、违法所得继续追缴。

杨某上诉称：第一，其收受黄某 1 多退的 50 万元系黄未实际交付房产而支付的违约金；第二，其向王某 2 借款 30 万元已经归还；第三，其未利用原职权或地位形成的便利条件为黄某 2 谋取不正当利益，收取的 350 万元系向黄某 2 的借款，其行为不构成利用影响力受贿罪；第四，原判对其量刑过重。

杨某的辩护人提出，原判认定事实不清、证据不足，程序违法，适用法律错误，建议发回重审或依法查明事实后改判杨某缓刑。具体理由：第一，证人 J 出具的情况说明属于境外证据，未经所在国公证机关证明，所在国中央外交主管机关或其授权机关认证，并经我国驻该国使领馆认证，不符合证据的合法性，不应作为证据使用；第二，原判认定杨某收受栾某贿赂款 20 万元，仅有言某 2014 年 11 月 6 日出具的借条证明，无其他证据印证，不能认定；第三，杨某收取黄某 1 多退还的现金 50 万元系黄支付给杨的违约金；第四，原判认定杨某向王某 2 索贿 30 万元的事实不清，证据不足；第五，现有证据不能证明杨某离职后，利用原职权、地位形成的便利条件，通过其他国家工作人员职务上的便利为黄某 2 谋取不正当利益，并索取请托人 350 万元的事实。

上海市人民检察院第一分院的出庭意见认为，原判认定上诉人杨某犯受贿罪、利用影响力受贿罪的事实清楚，证据确实、充分，定性准确，量刑适当，且审判程序合法。建议二审法院驳回上诉，维持原判。

本院经审理查明的事实和证据与原判相同，原判所列举的认定本案事实的证据均经原审当庭出示、辨认、质证等法庭调查程序查证属实，原判认定的事实清楚，本院予以确认。

针对本案的争议焦点，结合相关事实、证据，评判如下：

第一，杨某是否收受栾某贿赂款美元 4.1 万余元。

杨某的辩护人提出，原判认定杨某收受栾某贿赂款美元 4.1 万余元的事实不清，证据不足。

经查，2014 年 10 月至 2015 年 11 月，栾某为感谢杨某在 Z 公司第三方支付业务许可证的发放和监管过程中提供的帮助，委托他人支付杨某女儿杨某 1 在美国留学期间的住宿费用共计美元 4.1 万余元的事实，不仅有证人栾某、言某、杨某 1 的证言相互印证，且杨某 1 在调查阶段和法庭庭审中均作过稳定的供述，足以认定。J 出具的情况说明系由调查机关依法调取，来源明确，且能够与在案的其他证据相互印证，符合刑事诉讼法的规定，可以作为证据使用。辩护人所提杨某收受栾某贿赂款美元 4.1 万余元事实不清的相关辩护意见不能成立，本院不予采纳。

第二，杨某收受黄某 1 多退还的现金 50 万元的行为定性。

杨某及其辩护人提出，黄某 1 多退还的 50 万元系黄未实际交付房产而支付的违约金，系正常的民事行为，杨不构成受贿罪。

经查，杨某在调查阶段的供述及证人黄某1、金某2、金某3、言某的证言、银行卡交易记录证明，2013年3月，杨某向黄某1提出欲购买其位于江苏省苏州市吴江区××镇××大道××花园××幢别墅，并通过金某2的银行账户向黄转账300万元，后双方未实际交易房产，黄某1退还杨某现金350万元。鉴于杨某与黄某1既未签订房屋买卖协议，又未约定违约金，且黄某1的证言与杨某的供述能够相互印证，证实黄某1多退还的现金50万元系其为感谢杨某在上海A有限公司申领第三方支付牌照以及日常监管中给予照顾的感谢费，故该50万元应认定为贿赂款。杨某及其辩护人相关辩解及意见，本院不予采纳。

第三，杨某是否向王某2索贿30万元。

杨某当庭辩称该30万元系借款且已归还，其辩护人提出，证人王某2曾作出过杨某已归还其30万元的证言，现有证据不足以证明杨某向王某2索贿30万元的事实。

经查，杨某在调查阶段的供述及证人王某2、王某1的证言、银行卡交易记录证明，2012年5月，杨某以其女儿出国需要资金为由向王某2"借款"，王某2通过其儿子王某1的银行账户向杨某转账30万元，杨某得款后未出具借条，亦未与王某2约定还款期限、利息，直至案发均未归还。证人王某2关于杨某是否归还30万元曾作出过两份完全不同的证言，但是关于其所作杨某已归还30万元的证言，王某2称系因杨某与其进行串供所致，且杨某亦供述曾与王某2串供，故相关证言不予采信。杨某当庭所提其以现金方式归还王某230万元的辩解，既与以前的供述不一致，又明显不合情理，故不予采信。

第四，杨某是否构成利用影响力受贿罪，收取的350万元能否认定为贿赂款。

杨某及其辩护人提出，其未利用原职权或地位形成的便利条件，通过其他国家工作人员职务上的便利为黄某2谋取不正当利益，不构成利用影响力受贿罪；其收取的350万元系向黄某2的借款。

经查，××银行上海总部出具的任职证明、任职情况及相关岗位权限，上海市××中心出具的干部任免审批表证明，杨某于2016年4月被正式免职，免职前系国家工作人员；杨某曾任××银行上海总部金融服务一部支付处处长，是时任金融服务一部支付结算处清算组织监管科科长施某的直接领导，杨、施二人属于上下级领导关系；2016 年，施某负责第三方支付公司分类评级初审工作，黄某 2 的具体请托事项在施某的职权范围之内。杨某在调查阶段的供述以及证人黄某 2、施某、王某 3 的证言证明，杨某根据黄某 2 的要求联系施某帮助提高上海 D 有限公司在分类评级中的分值，以顺利通过××银行上海总部对第三方支付牌照续展的审核，并宴请施。杨某在调查阶段的供述、证人黄某 2 的证言以及银行交易记录、微信聊天记录等证明，在约施某吃饭后，杨某以买房缺钱为由，向黄某 2 "借款" 350 万元，杨某得款后未出具借条，亦未约定还款期限、利息，直至案发均未归还，在得知纪检监察部门调查其后，多次与黄某 2 就 350 万元的性质进行串供掩饰。杨某及其辩护人所提杨不构成利用影响力受贿罪及 350 万元系借款的相关意见，本院不予采纳。

综上，本院认为上诉人杨某身为国家工作人员，利用职务上的便利，为他人谋取利益，索取、非法收受他人财物共计 260 万余元，数额巨大，其行为已构成受贿罪。上诉人杨某在离职后，利用原职权、地位形成的便利条件，通过其他国家工作人员职务上的行为，为请托人谋取不正当利益，索取请托人财物 350 万元，数额特别巨大，其行为已构成利用影响力受贿罪。原审法院认定杨某犯受贿罪、利用影响力受贿罪的事实清楚，证据确实、充分，定性准确。原审法院根据杨某的犯罪事实、性质、情节、社会危害程度、认罪悔罪态度、退赃情况，在法定量刑幅度之内对其所作判决，量刑适当。上海市人民检察院第一分院建议驳回上诉，维持原判的出庭意见正确，本院予以采纳。据此，依照《中华人民共和国刑事诉讼法》第二百三十六条第一款第（一）项之规定，裁定如下：驳回上诉，维持原判。

四、非国家工作人员受贿罪

实务要点

1. 国家工作人员身份的认定。职务犯罪案件中，国家工作人员身份的认定问题是首要解决的问题，也是司法实践中的难点问题。伴随着经济的发展，各种形式的经济组织不断出现，包括国家出资企业中的身份认定都是实践中存在的难点问题，亟须得到解决。本案中的江苏省联社是国家金融体制改革中成立的组织，其身份具有特殊性，其组织中的工作人员更是来源多样，工作人员身份认定更为复杂。故此案的焦点问题在于二被告人国家工作人员身份的认定。

2. 银行间债券交易不属于公共事务。公共事务是指组织活动行为涉及公共利益或与政府的关系，本案被告人所从事的行为是银行间债券交易的金融业务，属于江苏省农村信用社联合社为基层信用社联合社提供的服务范畴，不属于公共事务。江苏省联社债券交易的资金来源是该社自有资金以及各信用社缴付资金的结算富余资金，亦不属于监督、管理国有财产。故被告人不属于从事公务的人员，不属于国家工作人员，对其受贿行为应当以非国家工作人员受贿罪判处刑罚。

案例：农村信用社工作人员的身份认定——刘某等受贿案

基本案情

江苏省南京市中级人民法院经审理查明：2000 年，中国人民银行、江苏省人民政府经向国务院请示，在江苏省深入进行农村信用社改革试点。2001 年 9 月，根据国务院同意的江苏省农村信用社改革试点方案，江苏省人民政府经中国人民银行批准，由全省县（市）农村信用社联合发起并出资入股成立了江苏省农村信用社联合社（以下简称"江苏省联社"），工商登记为企业法人，经济性质为集体所有制（合作制）。江苏省联社为省级地方金融性机构，经中国人民银行核准的业务范围为履行对社员社的行业管理职能；组织社员社之间的资金调剂；经中国人民银行批准参加资金市场，为社员社融通资金等。2004 年，国务院办公厅《关于明确对农村信用社监督管理职责分工的指导意见》明确规定，省级人民政府全面承担对当地信用社的管理和风险处置工作，并通过省级联社或其他形式的信用社省级管理机构实现对当地信用社的管理、指导、协调和服务。2009 年，江苏省联社设立信息结算中心。信息结算中心设立资金调剂部、资金清算部等部门。资金调剂部负责制定资金调剂各项管理制度、操作程序，为基层联社提供资金拆借、债券交易与回购等服务。被告人刘某任资金调剂部经理，具体负责江苏省联社参与银行间债券市场债券交易等业务活动；被告人郭某为资金调剂部职员，负责银行间债券市场债券交易的具体操作。江苏省联社用于债券交易的资金来源于江苏省联社注册资本金、历年利润积累以及各信用社缴存至江苏省联社的资金每日清算后的富余资金。

2010 年 9 月至 2011 年期间，被告人刘某利用其作为资金调剂部经理的职务便利，接受哈尔滨某商务信息咨询有限公司（以下简称"某公司"）实际负责人张某某的请托，在江苏省联社购买债券业务过程中为张某某谋取利益，收受张某某给予的 795 万元。被告人郭某利用资金调剂部职员具体负责债券业务交易的职务便利，同样接受张某某的请托，在江苏省联社购买债券业务过程中为张某某谋取利益，收受张某某给予的 180 万元。

2015 年 5 月 22 日，被告人刘某、郭某主动向所在单位投案，并如实交代了自己涉嫌受贿的主要犯罪事实。同日，二被告人被南京市浦口区人民检察院传唤到案后，亦如实供述了上述犯罪事实。案发后，被告人刘某的家属代为退缴犯罪所得 495 万元。

一审宣判后，二被告人均提出上诉。江苏省高级人民法院审理认为，原审判决认定的事实清楚，证据确实、充分，定罪正确，量刑适当，审判程序合法。江苏高院于 2017 年 2 月 15 日作出裁定：驳回上诉，维持原判。

法律依据

《中华人民共和国刑法》

第一百六十三条 【非国家工作人员受贿罪】公司、企业或者其他单位的工作人员，利用职务上的便利，索取他人财物或者非法收受他人财物，为他人谋取利益，数额较大的，处三年以下有期徒刑或者拘役，并处罚金；数额巨大或者有其他严重情节的，处三年以上十年以下有期徒刑，并处罚金；数额特别巨大或者有其他特别严重情节的，处十年以上有期徒刑或者无期徒刑，并处罚金。

公司、企业或者其他单位的工作人员在经济往来中，利用职务上的便利，违反国家规定，收受各种名义的回扣、手续费，归个人所有的，依照前款的规定处罚。

《最高人民法院、最高人民检察院关于办理贪污贿赂刑事案件适用法律若干问题的解释》

第十一条　刑法第一百六十三条规定的非国家工作人员受贿罪、第二百七十一条规定的职务侵占罪中的"数额较大""数额巨大"的数额起点，按照本解释关于受贿罪、贪污罪相对应的数额标准规定的二倍、五倍执行。

刑法第二百七十二条规定的挪用资金罪中的"数额较大""数额巨大"以及"进行非法活动"情形的数额起点，按照本解释关于挪用公款罪"数额较大""情节严重"以及"进行非法活动"的数额标准规定的二倍执行。

刑法第一百六十四条第一款规定的对非国家工作人员行贿罪中的"数额较大""数额巨大"的数额起点，按照本解释第七条、第八条第一款关于行贿罪的数额标准规定的二倍执行。

关联索引

《人民司法·案例》2018 年第 2 期，第 75 页。

裁判文书

刘某、郭某受贿罪二审刑事裁定书

（2016）苏刑终 321 号

江苏省南京市中级人民法院判决认定：

2000 年，中国人民银行、江苏省人民政府经向国务院请示，在江苏省深入进行农村信用社改革试点。2001 年 9 月，根据国务院同意的江苏省农村信用社改革试点方案，江苏省人民政府经中国人民银行批准，由全省县（市）农村信用社联合发起并出资入股成立了江苏省农村信用社联合社（以下简称"江苏省联社"），工商登记为企业法人，经济性质为集体所有制（合作制）。江苏省联社为省级地方金融性机构，经中国人民银行核准的业务范围为履行对社员社的行业管理职能；组织社员社之间的资金调剂；经中国人民银行批准参加资金市场，为社员社融通资金等。2004 年，国务院办公厅《关于明确对农村信用社监督管理职责分工的指导意见》明确规定，省级人民政府全面承担对当地信用社的管理和风险处置工作，并通过省级联社或其他形式的信用社省级管理机构实现对当地信用社的管理、指导、协调和服务。2009 年，江苏省联社设立信息结算中心。信息结算中心设立资金调剂部、资金清算部等部门。资金调剂部负责制定资金调剂各项管理制度、操作程序、为基层联社提供资金拆借、债券交易与回购等服务。被告人刘某任资金调剂部经理，具体负责江苏省联社参与银行间债券市场债券交易等业务活动；被告人郭某为资金调剂部职员，负责银行间债券市场债券交易的具体操作。江苏省联社用于债券交易的资金来源于江苏省联社注册资本金、历年利润积累以及各信用社缴存到江苏省联社资金每日清算后富余资金。

2010 年 9 月至 2011 年间，被告人刘某利用其资金调剂部经理的职务便利，接受哈尔滨某商务信息咨询有限公司（以下简称"某公司"）实际负责人张某某的请托，在江苏省联社购买债券业务过程中为某公司张某某谋取利益，收受张某某给予的人民币共计 795 万元。被告人郭某利用资金调剂部职员具体负责债券业务交易的职务便利，接受张某某的请托，在江苏省联社购买债券业务过程中为某公司张某某谋取利益，收受张某某给予的人民币共计 180 万元。

2015 年 5 月 22 日，被告人刘某、郭某主动向所在单位投案，并如实交代了自己涉嫌受贿的主要犯罪事实。同日，二被告人被南京市浦口区人民检察院传唤到案后，亦如实供述了上述犯罪事实。案发后，被告人刘某的家属代为退缴犯罪所得人民币 495 万元。

上述事实，有下列经庭审举证、质证的证据证实：1.《中国人民银行、江苏省人民政府关于在江苏省深入进行农村信用社改革试点的请示》、《中国人民银行南京分行关于组建江苏省农村信用合作社联合社的请示》、《中国人民银行办公厅关于组建江苏省农村信用合作社联合社问题的函》、《江苏省人民政府关于同意筹建江苏省农村信用合作社联合社的函》、《中国人民银行南京分行关于筹建江苏省农村信用合作社联合社的请示》、《中国人民银行办公厅关于筹建江苏省农村信用合作社联合社的批复》、《中国人民银行关于江苏省农村信用合作社联合社开业的批复》、《国务院办公厅转发银监会、人民银行关于明确对农村信用社监督管理职责分工指导意见的通知》、《关于设立省联社信息结算中心的通知》、《关于江苏省农村信用合作社联合社及信息结算中心工作职责的情况说明》、聘用合同书、干部履历表、员工履历表、干部任免审批表、干部职务变动登记表、工资变动审批表、员工考核登记表、债券交易记录、债券交易凭证、银行卡交易明细、刑事判决书等书证；2. 证人张某某、王某、邢某、吴某、杨某、刘某1、胡某等人的证言；3. 立案决定书、拘留决定书、逮捕决定书、批准延长侦查羁押期限决定书、案发说明、搜查证、搜查笔录、扣押物品文件清单、解除扣押决定书、处理扣押财物清单、户籍证明等；4. 被告人刘某、郭某的供述和辩解等。

江苏省南京市中级人民法院认为，被告人刘某、郭某身为非国家工作人员，利用职务上的便利，非法收受他人财物，数额巨大，为他人谋取利益，其行为均构成非国家工作人员受贿罪。江苏省南京市人民检察院指控被告人刘某、郭某利用职务便利，非法收受他人财物、为他人谋取利益的事实清楚，证据确实充分，但认定二被告人具有国家工作人员身份不当，予以纠正。鉴于被告人刘某、郭某犯罪以后向所在单位投案，并如实供述自己的罪行，均系自首，依法可以从轻或减轻处罚；被告人刘某的大部分赃款已退出，视为有一定悔罪表现，酌情可以从轻处罚。根据二被告人犯罪的事实和情节，决定对二被告人均予以从轻处罚。依照《中华人民共和国刑法》第一百六十三条第一款、第六十七条第一款、第五十九条、第六十四条、《最高人民法院、最高人民检察院关于办理贪污贿赂刑事案件适用法律若干问题的解释》第十一条的规定，以非国家工作人员受贿罪判处被告人刘某有期徒刑八年，并处没收财产人民币八十万元；以非国家工作人员受贿罪判处被告人郭某有期徒刑六年，并处没收财产人民币四十万元。责令被告人刘某退还犯罪所得人民币795万元，责令被告人郭某退出犯罪所得人民币180万元。扣押在案的被告人刘某犯罪所得赃款人民币495万元予以没收上缴国库，计入刘某的退出数额。

上诉人刘某的上诉理由为：其具有自首情节，已退缴大部分赃款，认罪悔罪，原审判决量刑过重。

上诉人刘某的辩护人的辩护意见为：原审判决量刑未能体现受贿罪与非国家工作人员受贿罪之间的差别；刘某主动到案，归案后一直稳定如实供述自己的全部犯罪事实，对该类型自首的从轻、减轻处罚幅度应当较大；刘某系初犯，无索贿，未为张某某谋取非法利益，积极主动退出大部分赃款，上述情节未能在量刑中予以体现。综上，原审判决量刑过重，请求二审法院改判。

上诉人郭某的上诉理由为：1. 其所操作的债券交易是领导交代安排的，其未直接与行贿人联系，未提供银行卡号给行贿人，应认定其主观恶性较小，且原审判决未充分考虑其自首情节，量刑过重；2. 其所患精神疾病是否会影响思维和判断能力直至刑事责任能力，应由医学人士作出鉴定。

江苏省人民检察院的审查意见为：1. 原审判决认定上诉人刘某、郭某犯非国家工作人员受贿罪，事实清楚，证据确实、充分；2. 原审判决已体现上诉人刘某、郭某的各量刑情节，对其二人量刑并无不当；3. 上诉人郭某的职务受贿行为是在其意志控制下实施的行为，其具有完全刑事责任能力。

本院经审理查明的事实与原判决一致。原审判决认定本案事实的证据，经过一审庭审举证、质证，本院予以确认。

关于上诉人刘某及其辩护人提出的原审判决对刘某量刑过重的上诉理由和辩护意见，经查，根据我国法律规定，非国家工作人员受贿数额在人民币一百万元以上的，处五年以上有期徒刑，可以并处没收财产。上诉人刘某受贿数额为人民币795万元，原审法院对其以非国家工作人员受贿罪判处有期徒刑八年并处没收财产人民币八十万元，已充分考虑其犯罪事实、量刑情节等，量刑适当。上诉人刘某及其辩护人提出的该上诉理由和辩护意见不能成立，本院不予采纳。

关于上诉人郭某提出的其主观恶性较小，原审判决对其量刑过重的上诉理由，经查，上诉人郭某作为江苏省联社资金调剂部职员，利用负责银行间债券市场债券交易的职务便利，为他人谋取利益，多次收受他人贿赂，数额巨大，不应认定为主观恶性较小。且原审判决在查明事实的基础上，综合上诉人郭某所具有的自首情节及赃款退缴、认罪态度等情况，依法判处其有期徒刑六年并处没收财产人民币四十万元，量刑适当。上诉人郭某提出的该上诉理由不能成立，本院不予采纳。

关于上诉人郭某提出的其患有精神疾病，应对其有无刑事责任能力作出鉴定的上诉理由，经查，案发期间郭某经手操作了多笔江苏省联社向富某银行、中国民某银行等金融机构购买债券的交易，使张某某获取了高额利益，并多次收受张某某所送钱款合计人民币 180 万元，事后又将上述钱款用于个人投资和消费。上述行为足以说明郭某受贿故意明确，思维意识清楚。上诉人郭某提出的该上诉理由不能成立，本院不予采纳。

本院认为，上诉人刘某、郭某利用职务上的便利，为他人谋取利益，非法收受他人财物，数额巨大，其行为均构成非国家工作人员受贿罪。上诉人刘某、郭某自动投案，如实供述自己的罪行，均系自首，依法可从轻处罚。上诉人刘某主动退缴大部分赃款，可酌情从轻处罚。原审判决认定的事实清楚，证据确实、充分，定罪正确，量刑适当，审判程序合法。依据《中华人民共和国刑事诉讼法》第二百二十五条第一款第（一）项之规定，裁定如下：驳回上诉，维持原判。